DAS GROSSE NARRATIV

Für eine bessere Zukunft

Klaus Schwab
Thierry Malleret

FORUM PUBLISHING

Ausgabe 1.0

Weltwirtschaftsforum
91-93 Route de la Capite
CH-1223 Cologny/Genf
Schweiz
Tel.: +41 (0) 22 869 1212
Fax: +41 (0) 22 786 2744
e-Mail: contact@weforum.org
www.weforum.org

ISBN 978-2-940631-34-6

Über die Autoren

Professor Klaus Schwab (1938, Ravensburg, Deutschland) ist der Gründer und Vorstandsvorsitzende des Weltwirtschaftsforums. 1971 veröffentlichte er das Buch ‚Moderne Unternehmensführung im Maschinenbau'. Er argumentiert in diesem Buch, dass Unternehmen, um langfristig erfolgreich zu sein, nicht nur die Interessen der Aktionäre vertreten, sondern alle Interessengruppen (Stakeholder) bedienen müssen. Um dieses Stakeholder-Konzept zu fördern, gründete er im selben Jahr das Weltwirtschaftsforum. Professor Schwab promovierte in Wirtschaftswissenschaften (Universität Freiburg) und Ingenieurwissenschaften (Eidgenössische Technische Hochschule Zürich) und erwarb einen Master-Abschluss in Public Administration (MPA) an der Kennedy School of Government der Universität Harvard. Zusätzlich zu seiner Führungsrolle beim Forum wurde er 1972 Professor an der Universität Genf. Seitdem erhielt er zahlreiche internationale und nationale Auszeichnungen und ist Ehrendoktor an 17 Universitäten. Seine jüngsten Bücher sind **Die Vierte Industrielle Revolution** (2016), ein weltweiter Bestseller, der in 30 Sprachen übersetzt wurde, und **Die Zukunft der Vierten Industriellen Revolution** (2018).

Thierry Malleret (1961, Paris, Frankreich) ist geschäftsführender Partner des Newsletters Monthly Barometer, einer prägnanten, prädiktiven Analyse für private Investoren, globale CEOs sowie Meinungsbildner und Entscheidungsträger. Im Laufe seiner Karriere gründete er das Global Risks Network des Weltwirtschaftsforums und leitete dessen Programmteam. Malleret studierte an der Sorbonne und der Ecole des Hautes Etudes en Sciences Sociales, Paris sowie am St. Antony's College, Oxford. Er hat einen Master-Abschluss in Wirtschaftswissenschaften und Geschichte sowie einen Doktortitel in Wirtschaftswissenschaften. Während seiner Laufbahn war er in den Bereichen Investmentbanking, Think-Tanks, Wissenschaft und Politik (drei Jahre im Büro des Premierministers in Paris) tätig. Er ist Autor mehrerer Bücher zu wirtschaftlichen und wissenschaftlichen Themen und hat vier Romane veröffentlicht. Mit seiner Frau Mary Anne lebt er in Chamonix, Frankreich.

Inhaltsverzeichnis

Vorwort **8**

1. Einführung **12**

1.1. Verkettung von risiken und systemische konnektivität 16
1.2. Soziale medien und das zeitalter der fake news 17
1.3. Die macht der narrative 20

2. Post-COVID-Pobleme und -Herausforderungen **30**

2.1. Konzeptioneller rahmen 30
2.2. Wirtschaft 43
2.3. Umwelt 59
2.4. Geopolitik 86
2.5. Gesellschaft 97
2.6. Technologie 109

3. Der Weg Nach Vorn - Lösungen **126**

3.1. Zusammenarbeit und kooperation 127
3.2. Fantasie und innovation 140
3.3. Moral und werte 157
3.4. Staatstätigkeit 173

3.5. Resilienz 194
3.6. Die rolle der unternehmen 204
3.7. Der exponentielle fortschritt der technologie 215

4. Schlussfolgerung 231

5. Anhang
Liste der führenden globalen denker und meinungsmacher, die zum projekt *Das große Narrativ* beigetragen haben **245**

Danksagungen 250

Endnoten 253

Vorwort

Wir leben in einer Zeit des beispiellosen Wandels und haben wie nie zuvor die Verantwortung, aber auch das Potenzial, gemeinsam eine bessere Zukunft zu gestalten.

In einer Zeit des beispiellosen Wandels mit großen wirtschaftlichen, ökologischen, geopolitischen, gesellschaftlichen und technologischen Herausforderungen, die zeitlich zusammentreffen und sich gegenseitig verstärken, sind beispiellose Maßnahmen erforderlich. Basierend auf der Überzeugung, dass wir sowohl die Verantwortung als auch das Potenzial haben, auf diese Probleme zu reagieren, ist *Das große Narrativ* ein Aufruf zum kollektiven und individuellen Handeln. Hinter dem Buch steht die tiefe Überzeugung, dass die Welt widerstandsfähiger, gerechter und nachhaltiger werden muss, um der Menschheit eine bessere Zukunft zu sichern.

In *COVID 19: Der große Umbruch*, das im Juli 2020 veröffentlicht wurde, warfen wir diese Fragen auf. In *Das große Narrativ* stehen eine Reihe von möglichen Lösungen dafür im Mittelpunkt. Wie der Epilog zur Menschheitssaga aussehen wird, hängt davon ab, welches Narrativ sich durchsetzen wird.

Warum sind Narrative wichtig? Als Menschen und soziale Tiere sind wir Wesen, die Geschichten erzählen, und diese von uns erzählten Geschichten (die Narrative) sind unser wichtigstes Kommunikations- und Übermittlungsinstrument. Durch Erzählungen verleihen wir unserem Leben einen Sinn; sie liefern uns einen Kontext, der uns hilft, die beobachteten Fakten besser zu interpretieren, zu verstehen und auf sie zu reagieren. Vor allem aber haben fesselnde Erzählungen die Kraft, uns zum Handeln zu inspirieren. Aber weshalb eine einzige große Erzählung? Weil sich die in diesem Buch angebotene Konstellation wichtiger, miteinander verbundener Geschichten zu einer zentralen Geschichte zusammenfügt. Sie befasst sich mit einem breiten Spektrum von Themen, um Licht ins Dunkel zu bringen und Klarheit über unsere Optionen für eine kollektive Reaktion zu schaffen. Dennoch bietet *Das große Narrativ* nur einen Rahmen für zukünftige Maßnahmen an, nicht jedoch ein Rezept.

Das große Narrativ bringt unsere persönlichen Überzeugungen über den besten Weg in die Zukunft zum Ausdruck. Wir sind uns bewusst, dass die Probleme, denen wir als Kollektiv gegenüberstehen, beträchtlich sind, aber wir glauben auch, dass es Lösungen gibt und dass diese für uns erreichbar sind. In diesem Sinne ist es ein hoffnungsvolles Buch, das das Weltuntergangsdenken, das die Menschheit dem Vergessen anheimgibt, kategorisch ablehnt. Die Kreativität und der Einfallsreichtum der Menschen und die ihnen angeborene Sozialität sind dafür viel zu stark und können sich durchsetzen.

Unsere Ansichten und Überzeugungen sind von unseren humanistischen Werten geprägt: Das Buch ist evidenzbasiert und wissenschaftlich fundiert. Es stützt sich außerdem auf 50 Gespräche mit führenden globalen Denkern und Meinungsmachern, die eine ganze Bandbreite akademischer Disziplinen und Standpunkte vertreten. Einige bestätigten unsere Überzeugungen. Andere stellten sie in Frage. Alle haben unser Denken bereichert. Dafür sind wir dankbar.

15. Dezember 2021

Klaus Schwab
Thierry Malleret

1. Einführung

Welche Zukunft haben wir vor uns?
Welche Zukunft wünschen wir uns?
Was müssen wir tun, um dorthin zu gelangen?

Diese drei Fragen beschäftigen uns alle. *Das große Narrativ* gibt eine Antwort auf die beiden ersten Fragen und legt die Grundlage für die Behandlung der dritten. Wir können die Zukunft nicht vorhersehen. Wir können sie uns jedoch ausmalen, ja sie sogar gestalten; kein Ergebnis ist vorherbestimmt, und als kognitive Menschen haben wir die Möglichkeit, die von uns gewünschte Welt zu formen. Am wichtigsten ist vielleicht, dass wir uns auch auf die Zukunft vorbereiten können, indem wir uns sowohl mit den Risiken auseinandersetzen, die wir eingrenzen können, als auch mit den Dingen, die uns überraschen werden.

In diese Kategorie fällt auch die Pandemie. Viele internationale Organisationen und Einzelpersonen hatten seit Jahren vor dem Auftreten einer Pandemie gewarnt, aber trotzdem wurde der größte Teil der Welt völlig davon überrascht. Jetzt (im Dezember 2021), fast zwei Jahre nach ihrem Beginn, scheint die Pandemie kein Ende zu nehmen und zieht sich weiter hin. Zwar hoffen wir, dass die COVID-19-Krise bald vorbei sein wird, aber wird sie das wirklich? „Jeder Ausbruch hat einen Anfang und ein Ende", so eine ehemalige Generaldirektorin der Weltgesundheitsorganisation[1]. Doch Pandemien als soziales und psychologisches Phänomen stellen keine kurze Episode dar: Sie dauern über Jahre hinweg an. Ein Wissenschafts- und Medizinhistoriker formuliert es so: „Wir leben in der COVID-19-Ära, nicht in der COVID-19-Krise. Es wird viele Veränderungen substanzieller und bleibender Natur geben. Wir werden nicht zurückblicken und sagen: ‚Das war eine schreckliche Zeit, aber jetzt ist sie vorbei.' Mit vielen der Auswirkungen von COVID-19 werden wir noch jahrzehntelang zu tun haben."[2]

Wie wahr! Die Lehren aus vergangenen Pandemien zeigen uns, wie schwierig es ist, zu verstehen, wie, wann genau und warum sie enden und welche weitreichenden Auswirkungen sie haben. Die Geschichte zeigt, dass die Auswirkungen der Pandemie nach dem Abklingen der physischen Krankheit, gemessen an der Sterblichkeits- oder Infektionsrate, weiter bestehen bleiben. Sie beeinflussen weiterhin unser Leben, da sich Wirtschaft und Gesellschaft allmählich anpassen und der Einzelne versucht, zu einem Anschein von Normalität zurückzufinden. Der psychologische Schock, der durch die verschiedenen Formen der durch die Krankheit ausgelösten Ängste - wie die Angst vor Erkrankung, die Angst vor Isolation, die Angst vor den „Anderen" oder auch die Angst vor der „Zukunft" - hervorgerufen wird, braucht viel länger, um abzuklingen. Schon jetzt ist klar, dass die COVID-19-Krise tiefgreifende Veränderungen in Gang gesetzt hat, die sich auf vielfältige Weise offenbaren werden. Einige dieser Veränderungen zeichneten sich bereits vor der Krise ab, wurden aber durch die Pandemie noch beschleunigt (sogar mit „Turbogeschwindigkeit", wie einige Experten meinen). Dazu gehören die Beschleunigung der Automatisierung und der Innovation, zunehmende Ungleichheiten, die wachsende Macht der Technik und der Überwachung, die zunehmende Rivalität zwischen den USA und China, der teilweise Rückzug aus der Globalisierung, der wirtschaftliche Paradigmenwechsel und eine zunehmend zerrissene geopolitische Landschaft. Andere sich abzeichnende Veränderungen gehen jedoch über eine bloße Beschleunigung bereits bestehender Trends hinaus, darunter einige, die vor dem Auftreten von COVID-19 undenkbar gewesen wären. Das Überdenken unserer gesellschaftlichen Prioritäten (wie es insbesondere im Phänomen der „Großen Resignation" zum Ausdruck kommt), radikalere Wohlfahrts- und Steuermaßnahmen, neue Formen staatlicher Intervention, die zunehmende Attraktivität von Strategien für Gesundheit und Wohlbefinden und eine neue Wertschätzung der Natur - dies sind nur einige Beispiele für neue systemische Veränderungen, die an Bedeutung gewinnen werden.

In den vergangenen Jahrtausenden waren Pandemien die Regel, nicht die Ausnahme. Wie kann uns also die Geschichte dabei helfen, zu verstehen, was vor uns liegt? Pandemien sind von Natur aus ein Schock, der spaltet und traumatisiert. Als solche verschärfen sie in der Regel dieselben großen Fragen und Probleme, die im Laufe der Menschheitsgeschichte immer wieder aufgetaucht sind: Kriege und Konflikte, Ungleichheiten und Verarmung, sozialer Zusammenhalt und Unruhen, politische Turbulenzen, Störungen bei Angebot und Nachfrage, Verschuldungsprobleme - um nur einige zu nennen. Aufgrund des ihnen innewohnenden, Unruhe stiftenden Charakters können sich Pandemien jedoch auch als treibende Kraft für dauerhafte und oft radikale Veränderungen erweisen. COVID-19 ist da keine Ausnahme. Diese Pandemie hat auf quasi-fotografische Weise zwei Dinge offenbart: (1) die Hauptverwerfungen in der heutigen Welt, wie z. B. soziale Gräben, mangelnde Fairness, eingeschränkte Zusammenarbeit, Versagen der Global Governance, geopolitische Unruhen; aber auch (2) unsere außergewöhnliche Mobilisierungs- und Innovationsfähigkeit, die zutage tritt, wenn wir mit besonders widrigen Umständen konfrontiert sind. Wer hätte in den ersten Tagen der Pandemie auch nur ahnen können, dass so viele Regierungen und Zentralbanken den Gesellschaften und Volkswirtschaften ihrer Länder mit einer so außerordentlich entgegenkommenden Finanz- und Geldpolitik zu Hilfe kommen würden? Wer hätte sich im Frühjahr 2020 vorstellen können, dass weniger als ein Jahr später nicht nur ein, sondern mehrere Impfstoffe zur Verfügung stehen würden? Eine neue Welt (nicht eine „neue Normalität") ist im Entstehen begriffen, deren Umrisse weitgehend von den Erzählungen bestimmt werden, die sich in Bezug auf die Information und die Gestaltung des Wegs in die Zukunft entwickeln.

In der gesamten Menschheitsgeschichte war dies ein Hauptmerkmal von Pandemien. Sie stellen eine existenzielle Bedrohung dar und zwingen uns daher, über die großen Fragen nachzudenken, nicht nur in Bezug auf uns selbst - unser Leben und unsere eigene Sterblichkeit - sondern auch in Bezug auf die anderen. Pandemien sind wie ein großer Spiegel vor unserem kollektiven „Antlitz", der uns zeigt, wer wir wirklich sind, sowohl als Individuen als auch als Gesellschaften. Aus diesem Grund zwingen sie uns wie alle tiefen Krisen, den uns einenden Gesellschaftsvertrag und unsere Handlungsweise zu überdenken, was wiederum Innovationen auslösen und den Weg für institutionelle, politische und gesellschaftliche Umwälzungen ebnen kann. Einschneidende Schocks (wie der durch die Pandemie ausgelöste) können einen folgenschweren Wandel bewirken, und die Bewältigung von Widrigkeiten durch die schiere Kraft des Erfindungsreichtums war schon immer Teil unserer menschlichen Natur. Warum sollte es dieses Mal anders sein? Das wird es nicht, außer dass zwei spezifische Merkmale der heutigen Welt die kommenden Veränderungen abrupter, komplizierter und weitreichender machen werden, als wir uns vorstellen können.

1.1. Verkettung von risiken und systemische konnektivität

Die gegenseitige Abhängigkeit – ein Nebenprodukt des technologischen Fortschritts und der Globalisierung – ist das bestimmende Merkmal des 21. Jahrhunderts. Das bedeutet, dass wir heute an der Schwelle zu großen, folgenschweren Veränderungen stehen, die nicht unabhängig voneinander sind, sondern gleichzeitig stattfinden, wobei ihre Risiken miteinander verkettet (verknüpft) sind und sich durch Kaskaden- und Ansteckungseffekte gegenseitig verstärken[3]. Die Pandemie ist in einer kritischen Zeit eingetreten, einer Zeit, in der unsere Wirtschaftssysteme- und Gesellschaftssysteme schlecht gerüstet scheinen für viele der anstehenden Herausforderungen, in der die geopolitischen und technologischen Landschaften in einer Weise umgestaltet werden, dass sie in wenigen Jahren nicht mehr wiederzuerkennen sein werden, in der die Umwelt am Rande einer Katastrophe steht und der Klimawandel eine existenzielle Bedrohung darstellt. Das Zusammentreffen all dieser Herausforderungen, die gleichzeitig auftreten und sich gegenseitig beeinflussen, definiert die „systemische Konnektivität" und macht unsere gegenwärtige Ära einzigartig in der Geschichte: Es finden nicht nur alle Veränderungen gleichzeitig statt, sondern darüber hinaus werden sie noch durch die Pandemie verschärft (und vollziehen sich sehr rasch). Wie wir sehen werden, gibt es Lösungen für die großen Herausforderungen, vor denen wir stehen, und sie sind in greifbarer Nähe, aber sie erfordern ein hohes Maß an Innovation und dramatische Veränderungen in unseren Volkswirtschaften und Gesellschaften sowie in den Institutionen und bei den Gesetzen und Vorschriften, die sie regeln. Auch unsere Lebens- und Konsumgewohnheiten werden sich drastisch ändern müssen.

1.2. Soziale medien und das zeitalter der fake news

Unwahrheiten, Falschinformation, Desinformation und Verschwörungen hat es schon immer gegeben, aber heute werden sie durch die Dominanz und Reichweite der sozialen Medien und die Viralität von Fake News noch verstärkt und gefördert. Darüber hinaus kann die Art und Weise, wie soziale Medien heute die Kommunikation zwischen Individuen strukturieren, die kollektive Fähigkeit bestimmter Gruppen zur Ausbildung zuverlässiger Überzeugungen beeinträchtigen. Dies äußert sich in zweierlei Hinsicht. (1) Wir können uns dafür entscheiden, wie wir es so oft in den sozialen Medien praktizieren, nur mit Menschen zu interagieren, die unsere Überzeugungen teilen, und uns der Auseinandersetzung mit Menschen, die sie in Frage stellen, verweigern. Indem wir uns nur mit Gleichgesinnten verbinden, verlieren wir die wahre Verbundenheit und verschließen wichtige Kommunikationskanäle. Dies erzeugt Spaltungen und Polarisierungen. (2) Sämtliche Einflussnehmer, seien es Regierungsbehörden, Industriekonzerne oder sogar Einzelpersonen, haben nun direkten Zugang zu „vorgefertigten" großen Menschengruppen, mit denen sie ein Vertrauens- und Abhängigkeitsverhältnis aufbauen können, wodurch die Polarisierung verschärft und angeheizt wird. Es sollte nicht überraschen, dass während der Pandemie durchgeführte Untersuchungen einen Zusammenhang zwischen COVID-bedingter Unsicherheit und Angst und einer erhöhten Wahrscheinlichkeit, Verschwörungstheorien zu übernehmen, aufgedeckt haben.[4] Dies ist einer der Gründe, warum mächtige Anti-Wissenschafts-Bewegungen das Abklingen der COVID-19-Pandemie hinauszögern und sowohl die öffentliche Gesundheit als auch, was noch wichtiger ist, unsere Fähigkeit, gemeinsam voranzukommen, behindern. Auch jenseits der Pandemie beeinträchtigen die Fülle von Fake News und die Tatsache, dass sie die Polarisierung verstärken und manipulieren können, unsere Fähigkeit, die bedeutenden, ein gemeinsames Handeln erfordernden Probleme, vor denen die Menschheit steht, erfolgreich zu bewältigen.

Wie können wir vor diesem Hintergrund die Notwendigkeit und Bedeutsamkeit der bevorstehenden Veränderungen am besten verstehen, die Art und Weise, wie wir ihren Verlauf beeinflussen können, und die Rolle, die systemische Konnektivität, soziale Medien und Fake News bei all dem spielen? Das ist schwierig, und es gibt keine einfache Antwort. Wir müssen eine Antwort finden auf Fragen wie diese: Was machen wir als nächstes? Welche Entscheidungen wollen wir treffen? Wie können wir erkennen, was nicht funktioniert? Wie können wir die entsprechenden neuen Politiken und Lösungen einführen? Wie können wir die sie unterstützenden Ideen erfassen? Wie können wir diese Ideen schmackhaft machen, damit eine große Mehrheit der Bürger sie annimmt? Das Ausmaß der Aufgabe ist unvorstellbar! Ihre Komplexität übersteigt bei weitem die kognitiven Fähigkeiten eines einzelnen Menschen oder das kollektive Verständnis einer einzelnen akademischen Disziplin und/oder beruflichen Praxis. Der Grund dafür liegt auf der Hand: Akademiker und andere Fachleute neigen dazu, in einem engen Bereich zu denken und sich dabei auf einen bestimmten konzeptionellen und methodischen Rahmen zu stützen, so dass wenig oder gar keine Zeit bleibt, Verbindungen zu anderen Disziplinen oder Berufen herzustellen. Dies kann zur gemeinsamen Sorge führen – und tut dies auch oft -, von der Komplexität der Aufgabe überfordert zu sein und ihre Tragweite nur in begrenztem Maße zu verstehen. Nehmen wir als Beispiel die Verkettung von wirtschaftlichen, geopolitischen, gesellschaftlichen, technologischen und ökologischen Fragen. Abgesehen von den offensichtlichen kognitiven Einschränkungen, die uns die Informationsflut und die zunehmende Komplexität auferlegen, sind wir alle durch die Grenzen unseres Berufslebens in unserem Verständnis der Dinge eingeschränkt. Wenn wir Wirtschaftswissenschaftler sind, sind wir auf die Wirtschaft spezialisiert und können nur schwer erfassen, was in anderen Bereichen wie Geopolitik, Technologie oder Umwelt passiert. Als Spezialist für künstliche Intelligenz (KI) fällt es uns vielleicht schwer zu verstehen, was im Bereich der Sozialwissenschaften geschieht und inwieweit Kultur und soziale Normen darüber entscheiden, ob und wie Gesellschaften neue Technologien „annehmen" und sich an sie anpassen. Und so weiter. Der Punkt ist, dass wir alle dazu neigen, innerhalb unserer eigenen Denksilos zu arbeiten und es oft versäumen, die unverzichtbaren Verbindungen zwischen den verschiedenen Bereichen herzustellen. Daher hängt unsere Reaktion auf neue Fakten oder Situationen und die Art und Weise, wie wir uns einen Reim auf die Welt machen, zu sehr davon ab, wie es die Menschen, die wir kennen oder denen wir vertrauen, damit halten. Dieser grundlegende Prozess des Austauschs, des Verstehens und der Bewertung findet über Geschichten oder Narrative statt.

1.3. Die macht der narrative

Als wirksamste Vermittler von Ideen haben Narrative, also Erzählungen, die einzigartige Fähigkeit, uns dabei zu helfen, herauszufinden, was vor sich geht, was vor uns liegt und was getan werden muss - daher der Titel dieses Buches. Die einfachste Definition lautet: Eine Erzählung ist eine Geschichte über etwas. Im Sinne von *Das große Narrativ* ist sie auch „eine Art der Darstellung oder des Verständnisses einer Situation oder einer Reihe von Ereignissen, die einen bestimmten Standpunkt oder einen Wertekatalog widerspiegelt und fördert."[5] Einige der „Erzähler", die wir für dieses Buch interviewt haben, gehen noch weiter, wie John Hagel, der zwischen Geschichten und Erzählungen unterscheidet: „Geschichten sind in sich abgeschlossen - sie haben einen Anfang, eine Mitte und ein Ende (...). Bei Erzählungen [ist] der Ausgang ungewiss. Es gibt noch keine Auflösung. Es existiert irgendeine große Bedrohung oder Chance in der Zukunft, und es ist noch unklar, wie damit umgegangen werden wird. Die Auflösung der Erzählung hängt von Ihnen ab - von den Menschen, an die sich die Erzählung wendet. Ihre Entscheidungen und Handlungen werden mitbestimmen, wie die Geschichte weitergeht.[6]

Geschichten sind essenziell für uns, denn als Menschen und soziale Tiere sind wir Wesen, die Geschichten erzählen. Der Philosoph Jean-Paul Sartre hat es in seinem Buch *Nausea* (1938) so gesagt: „Der Mensch ist immer ein Geschichtenerzähler, er lebt umgeben von seinen Geschichten und den Geschichten anderer, er sieht alles, was ihm widerfährt, durch sie hindurch; und er versucht, sein Leben so zu leben, als würde er es erzählen." Robert Shiller, der „Vater" der narrativen Wirtschaft, geht noch einen Schritt weiter und stellt eine Verbindung zwischen

Erzählungen und den von uns getroffenen Entscheidungen her: „Das menschliche Gehirn richtet sich bei der Rechtfertigung aktueller Handlungen seit jeher in hohem Maße an Erzählungen aus, egal, ob diese auf Tatsachen beruhen oder nicht."[7] Die reichhaltige wissenschaftliche Literatur über Narrative verdeutlicht, dass wir in Begriffen von Erzählungen denken, handeln und kommunizieren, und dass jede Interpretation, jedes Verständnis oder Modell der Funktionsweise der Welt mit einer Geschichte beginnt. Erzählungen liefern den Kontext, in dem die von uns beobachteten Fakten interpretiert, verstanden und umgesetzt werden können. In diesem Sinne sind sie viel mehr als die Geschichten, die wir erzählen, schreiben oder bildlich darstellen; sie werden letztendlich zu Wahrheiten oder zu Ideen, die wir als Wahrheiten akzeptieren, die die Wahrnehmungen untermauern, welche unsere „Realitäten" und über die Zeit hinweg unsere Kulturen und Gesellschaften formen. Durch Erzählungen erklären wir, wie wir die Dinge sehen, wie sie funktionieren, wie wir Entscheidungen treffen und sie begründen, wie wir unseren Platz in der Welt verstehen und wie wir versuchen, andere zur Annahme unserer Überzeugungen und Werte zu bewegen.[8] Zusammenfassend lässt sich sagen, dass Narrative unsere Wahrnehmungen formen, die wiederum unsere Realitäten gestalten und schließlich unsere Entscheidungen und Handlungen beeinflussen. Durch sie finden wir den Sinn des Lebens.

Dieses Buch bietet eine Reihe zusammenhängender Erzählungen, die Aufschluss darüber geben, was auf uns zukommt und wie wir uns verhalten können. *Das große Narrativ* konzentriert sich auf eine zentrale Geschichte und ist das Ergebnis einer Zusammenarbeit mit einigen der weltweit führenden Denker mit dem Ziel, längerfristige Perspektiven zu entwickeln und gemeinsam ein Narrativ zu erschaffen, das dazu beitragen kann, eine widerstandsfähigere, inklusivere und nachhaltigere Vision für unsere gemeinsame Zukunft zu entwickeln. Das Buch stützt sich in erheblichem Maße, aber nicht ausschließlich, auf Interviews mit 50 der weltweit führenden globalen Denker und Meinungsmacher, die aus einem breiten Spektrum akademischer Disziplinen kommen, aus unterschiedlichen geografischen Regionen stammen und unterschiedliche Hintergründe mitbringen. Zweifellos gibt es Tausende von prominenten Akademikern, Forschern, Wissenschaftlern, Professoren, Zukunftsforschern und einflussreichen Schriftstellern, die auf dieser Liste hätten stehen können. Die Festlegung auf die Zahl 50 erfolgte daher in gewisser Weise willkürlich. Wir sind jedoch zuversichtlich, dass die von uns ausgewählten 50 Personen in dem Sinne „legitim" sind, als sie alle in ihrem Fachgebiet (und oft auch darüber hinaus) Eindruck hinterlassen und tendenziell auch von Menschen außerhalb ihres Fachgebiets gehört werden. Kurz gesagt, ihre Erzählungen sind einflussreich - sie sind wichtig. Unabhängig davon, ob wir mit ihnen einer Meinung sind oder nicht, regen diese Erzählungen unsere Fantasie an und verleiten uns dazu, uns den Ideen, die sie propagieren, anzunähern (oder uns sogar darauf einzulassen). Dies ist von entscheidender Bedeutung. Allzu oft neigen wir dazu, eingefahrene Vorstellungen zu bevorzugen, die tief mit unserem persönlichen und beruflichen Leben verwoben sind und von diesem beeinflusst werden. Anders ausgedrückt: Wir denken nicht oft genug über den Tellerrand hinaus. Das hat zur Folge, dass wir nur begrenzt mit anderen Ideen in Berührung kommen, die einen „Aha"- oder „Heureka"-Moment auslösen können und uns zwingen, ein wenig anders zu denken, einige unserer Überzeugungen und Annahmen in Frage zu stellen und neue gedankliche Verknüpfungen herzustellen. Wir hoffen, dass Sie bei der Lektüre dieses Buches zu der Erkenntnis gelangen, dass die 50 Erzählungen uns helfen können, die Welt mit anderen Augen zu sehen und unsere mentale Landkarte darüber zu erweitern, was getan werden muss, um sie zu einem besseren Ort zu machen. Jede Erzählung tut dies aus ihrer eigenen Perspektive heraus und einzig aufgrund der kognitiven Vielfalt. Jede konfrontiert uns mit den einflussreichen Ideen anderer Menschen. Zusammengenommen ergeben sie ein interessantes Bild - eine großartige Serie aus Erzählungen, auf deren Grundlage wir die Gesellschaft und die Wirtschaft gestalten können, die wir uns wünschen.

In diesem Buch geht es darum, die in den verschiedenen Erzählungen enthaltenen Ideen aufzuzeigen und zu besprechen. Sie in Sachen Entscheidungsfindung und Politik voranzubringen, ist ebenfalls Teil unseres Bestrebens. Maßnahmen, Lösungen und Politiken beginnen immer mit einer „großen" Idee. Große Ideen treiben nicht nur unsere Volkswirtschaften an (sie sind der eigentliche Motor des Wirtschaftswachstums), sondern sie bewegen auch die Welt. Wenn sich eine große Idee durchsetzt und einflussreich wird, kann sie zu einer viralen Erzählung werden: Sie setzt sich durch, wird ansteckend und findet ihren Weg in die Politik sowie in die Entscheidungen von Unternehmen und Investoren. Allein durch die Arbeit und den Einfallsreichtum derer, die sie hervorbringen, beflügeln Ideen die Kreativität und werden zur Grundlage für Entdeckungen, Innovationen und Veränderungen. Sie können auch zu einer Aufforderung zum Handeln werden. Würden Ideen als Wirtschaftsgut betrachtet, würden Ökonomen sie in ihrer Fachsprache als „nicht ausschließbares" und „nicht rivalisierendes" Gut bezeichnen. Ideen sind aufgrund ihres freien Charakters nicht ausschließbar: Niemand kann tatsächlich davon ausgeschlossen werden, eine Idee anzuwenden (oder hervorzubringen). Ideen sind darüber hinaus nicht rivalisierend, weil sie von jemandem genutzt werden können, ohne dass dadurch ihre Verfügbarkeit für andere eingeschränkt wird: Jeder kann eine Idee „anwenden", ohne andere am selben Vorgehen zu hindern. Wie das Sprichwort sagt: „Wenn ich dir einen Dollar gebe und du mir einen Dollar gibst, hat jeder von uns nur einen Dollar. Aber wenn du mir eine Idee gibst und ich dir eine andere, dann haben wir beide zwei Ideen." Diese Besonderheit von Ideen verleiht ihnen „die natürliche Eigenschaft, aggregierte, nicht abnehmende Skalenerträge zu generieren".[9] Im Klartext: Je mehr, desto besser, und je mehr Ideen wir haben, desto mehr werden sie hervorbringen! *Das große Narrativ* bietet eine Fülle interessanter und manchmal verblüffender Ideen, vermittelt durch unsere Interviews mit 50 globalen Denkern und Meinungsmachern.

In diesem Buch geht es um Ideen und darum, wie sie sich zu einem großen Narrativ zusammenfügen können. Es geht auch und vor allem darum, wie einige dieser Ideen ihren Weg in die Politik und die Entscheidungsfindung finden können oder sollten. Um es noch einmal zu sagen: Sie gehen über die reine Theorie hinaus und sind ein Aufruf zum Handeln. Wir sind der Ansicht, dass unsere Gesellschaften und Volkswirtschaften im Zuge ihrer Erholung von der Pandemie und der Einleitung eines radikalen und beschleunigten Wandels inklusiver und besser auf die Bedürfnisse unserer globalen Gemeinschaft abgestimmt - und außerdem resilienter werden sollten.

Das große Narrativ ist eine Mischung aus Essay, Manifest und gut verständlicher, akademischer Zusammenfassung. Sie befasst sich mit einer so großen Bandbreite von Themen, dass sie zwangsläufig sehr synthetisch ist (Synthese ist ein Prozess der Vereinfachung, aber es versteht sich von selbst, dass einfach nicht gleichbedeutend ist mit grob vereinfachend). Einige der im Buch vorgestellten Ideen und Erzählungen mögen etwas abseits des Mainstreams liegen, aber sie werden stets durch die in der akademischen Literatur und in politischen Kreisen verfügbaren Fakten gestützt und belegt. *Das große Narrativ* verwendet bewusst möglichst wenige wissenschaftliche Fachausdrücke, um für eine möglichst breite Leserschaft attraktiv zu sein. Der Text ist zugänglich und leicht zu lesen, bleibt aber konzeptionell und methodisch solide. Um den Fluss so wenig wie möglich zu unterbrechen, erscheinen die zahlreichen Verweise auf die wissenschaftliche und wirtschaftliche Literatur am Ende. *Das große Narrativ* basiert in erster Linie auf den Interviews und Gesprächen, die wir von Juni bis November 2021 mit 50 ausgewählten globalen Denkern und Meinungsmachern geführt haben. Diese werden ergänzt durch zahlreiche weitere Gespräche, die wir mit führenden Vertretern aus Wirtschaft, Regierung, Zivilgesellschaft und Wissenschaft führen durften. Darüber hinaus profitiert das Buch vom Input einer zweitägigen Brainstorming-Sitzung, die im November 2021 von der Regierung der Vereinigten Arabischen Emirate in Dubai mit den meisten unserer 50 Erzähler und einigen ihrer Kollegen veranstaltet wurde (ein äußerst günstiger Ort für die Ausarbeitung einer großen Erzählung, da die VAE unseres Wissens das einzige Land der Welt sind, das über ein „Ministerium der Möglichkeiten" verfügt, das „neue Regierungssysteme für die Zukunft" entwickeln soll). In diesem Sinne ist unser Buch ein Gemeinschaftsprojekt, das Produkt der durch die Vision einer Gruppe (der Forumsgemeinschaft) „erleuchteten Weisheit". Direkte Zuschreibungen wurden auf ein Minimum reduziert, aber alle Interviewpartner werden namentlich erwähnt, wenn wir auf ihre Ideen Bezug nehmen oder sie wörtlich zitieren. Die Liste der 50 Mitwirkenden befindet sich am Ende des Buches.

Wir würden uns freuen, wenn dieses Buch einigen unserer Leserinnen und Lesern eine Erweiterung ihrer Sichtweise ermöglicht oder sogar einige von ihnen dazu anregt, ihre Meinung über ein bestimmtes Thema zu ändern und ihnen dabei hilft, es sinnvoller anzugehen. Es sei erneut betont, *Das große Narrativ* ist ein Aufruf zum Handeln und eine Plattform, um die Agenda in einigen der wichtigsten Fragen, mit denen wir alle konfrontiert sind, voranzubringen.

Das große Narrativ ist in zwei Hauptblöcke gegliedert. Im ersten Teil geht es um Probleme. Im zweiten Teil geht es um Lösungen. Die Einleitung gibt den Rahmen vor. Im ersten Teil werden die Probleme und Herausforderungen, denen wir uns in unserer Post-Pandemie-Ära gemeinsam gegenübersehen werden, in fünf miteinander verflochtenen Makrokategorien bewertet: Wirtschaft, Umwelt, Geopolitik, Gesellschaft und Technologie. Der zweite Teil befasst sich mit den Lösungen und dem Weg nach vorn aus einer Vielzahl von Perspektiven - sowohl individueller als auch kollektiver Natur - heraus. In der Schlussfolgerung wird untersucht, wie unsere Denkweise und unser Sinn für Optimismus, Pessimismus oder Pragmatismus uns dabei helfen können, den derzeitigen Strudel zu überwinden (oder auch nicht). Die Liste der wichtigsten globalen Denker und Meinungsbildner und ihre Titel sind im Anhang aufgeführt.

2. Post-COVID-Probleme und -Herausforderungen

Die Welt steht vor einem wahren Strudel globaler Herausforderungen. Um nur einige der wichtigsten zu nennen: nicht nachhaltiges Wirtschaftswachstum, geopolitische Rivalitäten, Umweltzerstörung, Ungleichheiten, Pandemien und Cyberkriminalität. Ziel dieser einleitenden Abschnitte ist es, die Hauptthemen anhand von fünf verschiedenen Prismen, die häufig in Wechselwirkung zueinander stehen, abzugrenzen und in den Mittelpunkt zu stellen.

2.1. Konzeptioneller rahmen

Ohne einen soliden konzeptionellen Rahmen ist es unmöglich zu verstehen, was in den komplexen Zeiten, die die heutige Welt kennzeichnen, vor sich geht. Zu diesem Zweck verwenden wir das vom Global Risks Network des Weltwirtschaftsforums entwickelte Modell, das die globalen Probleme in fünf Makrokategorien unterteilt: Wirtschaft, Umwelt, Geopolitik, Gesellschaft und Technologie.[10] Dies ist eine saubere, einfache und doch „allumfassende" Kategorisierung dessen, was in der Welt geschieht. Jedes globale

Problem von Bedeutung gehört zwangsläufig zu einer dieser fünf Makro-Kategorien.

In den folgenden Abschnitten werden sie aus Gründen der Zweckmäßigkeit und Einfachheit linear (nacheinander) dargestellt, aber wie bereits in der Einleitung kurz erwähnt, bestimmen Interdependenz und systemische Konnektivität unsere Welt. Auch wenn unser Gehirn dazu neigt, in linearen Begriffen und innerhalb der Grenzen einer Wissenschaftsdisziplin zu denken, ist die Welt, die uns umgibt, nicht linear und ein Gemenge aus Themen, die nicht in ein bestimmtes Silo passen. Unsere Welt ist komplex, anpassungsfähig, schnelllebig und mehrdeutig, und wie wir in *Der große Umbruch* dargelegt haben, besitzt sie Quanteneigenschaften. Wir stellen sie uns oft so vor, als sei sie eine Emanation der klassischen Welt der postnewtonschen Physik - gekennzeichnet durch Linearität, Vorhersagbarkeit und in gewissem Maße sogar Determinismus -, aber eine solche Welt gibt es nicht. Heute, aufgrund der zunehmenden Interdependenz vielleicht mehr denn je, weist sie sogar gewisse Eigenschaften der Quantenphysik auf: Sie ist stark vernetzt, unsicher und unglaublich komplex. Die Quantenmetapher (obschon nur diese) scheint geeignet, eine solche Welt zu beschreiben.

Es ist daher limitierend und konzeptionell falsch, über eine bestimmte Makrokategorie nachzudenken, ohne die Art und Weise zu berücksichtigen, in der sie sich mit den anderen überschneidet. Über Wirtschaft nachzudenken, ohne sie mit sozialen Fragen in Verbindung zu bringen, oder über Geopolitik, ohne die Technologie mit einzubeziehen, oder überhaupt über eine der fünf Makrokategorien isoliert von den vier anderen zu reflektieren, führt in eine Sackgasse. Der Grund dafür ist einfach: Die fünf, die wir als konzeptionellen Rahmen gewählt haben, sind eng miteinander verknüpft. Die Risiken und Chancen, die sie bergen, sind vollständig miteinander verknüpft. Jedes einzelne Risiko steht immer in Wechselwirkung mit den anderen, und jedes hat das Potenzial, Rebound-Effekte zu erzeugen, indem es weitere Risiken provoziert. So kann beispielsweise ein extremes Wetterereignis (ein Umweltrisiko) die Inflation der Lebensmittelpreise (ein wirtschaftliches Risiko) verschärfen, was wiederum zu einer umfangreichen unfreiwilligen Migration (ein gesellschaftliches Risiko) und möglicherweise zu einem Staatszerfall (ein geopolitisches Risiko) führen könnte. Dies zeigt das Phänomen der Ansteckung durch systemische Konnektivität. Ebenso kann eine Chance, die sich in einer Makrokategorie ergibt (wie die rasche Beschleunigung von Innovation und der Einsatz neuer Technologien), durch eine spezifische und direkte Auswirkung einer anderen Makrokategorie unmittelbar zugutekommen. Ein Beispiel dafür ist die (bis vor wenigen Jahren noch undenkbare) Drohnenüberwachung zur Eindämmung des Risikos der Abholzung von Wäldern (ein zentrales Umweltrisiko). Risiken, aber auch Chancen sind miteinander verbunden.

Wie in der Einleitung festgestellt, finden die schnellen und abrupten Veränderungen in unseren fünf Makrokategorien alle gleichzeitig statt und verstärken sich gegenseitig. Am deutlichsten wird dies bei der Umwelt. Umweltzerstörung und Klimawandel haben bereits tiefgreifende Auswirkungen auf das Funktionieren unserer Wirtschaft, Gesellschaft und internationalen Beziehungen (Geopolitik). Die Technologie wiederum spielt eine entscheidende Rolle bei der Bewältigung des Klimawandels und der Abschwächung einiger seiner Risiken. Die Verkettung dieser fünf Makrokategorien bedeutet, dass wir uns inmitten von Übergängen epischen Ausmaßes befinden. Jede lebende Generation glaubt, an der Schwelle zu einer „neuen Ära" zu stehen, aber könnte es dieses Mal wirklich wahr sein? Wir wissen es nicht, aber es ist schwer zu leugnen, dass sich die Welt schneller verändert, als uns möglicherweise bewusst ist, und dass wir in einer Zeit tiefgreifender Veränderungen leben. Es kommt nur selten vor, dass sich unsere Wirtschaft, unsere Gesellschaft, die Geopolitik, die Umwelt und die Technik gleichzeitig, schnell und oft abrupt verändern, mit zweiten, dritten, vierten und weiteren Auswirkungen, die alle betreffen. Unsere kollektiven Jurys wissen noch nicht, wohin das alles führen wird, vor allem wegen zweier Begriffe, die den Kern unseres konzeptionellen Rahmens bilden: Komplexität und Geschwindigkeit.

2.1.1. Komplexität

Bei den Recherchen zu diesem Buch und während unserer Interviews tauchte das Wort „Komplexität" immer wieder auf, oft in Anspielung darauf, dass es dadurch schwieriger wird, zu verstehen, was in der Welt vor sich geht. In privaten Gesprächen hörten wir auch, wie Entscheidungsträger zugaben, dass sie „ein bisschen verloren sind" oder „nicht wirklich wissen, was vor sich geht". Das ist verständlich: Komplexität setzt unserem Wissen und Verständnis der Dinge Grenzen. Es könnte also sein, dass die zunehmende Komplexität der heutigen Zeit die Fähigkeit der Entscheidungsträger überfordert, die angemessensten, vernünftigsten oder am besten unterrichteten Entscheidungen zu treffen. Was für Entscheidungsträger gilt, gilt natürlich auch für den Rest von uns. Moisés Naím drückte es treffend aus, als er sagte: „Ich fühle mich sehr mit der Aussage von José Ortega y Gasset, einem berühmten spanischen Philosophen und Denker, aus den 1930er Jahren verbunden, der sagte: „Wir wissen nicht, was mit uns geschieht." Und das ist genau das, was mit uns passiert. Es gibt alle möglichen tektonischen Veränderungen, große gesellschaftliche Veränderungen, von denen wir wissen, dass sie sich auf uns auswirken - der Klimawandel zum Beispiel. Er wird unser Leben, unsere Familien, unsere Arbeit, unsere Angestellten, unsere Kunden, unsere Kollegen, unsere Gesellschaft und unsere Gemeinwesen beeinflussen - unser Lebensstil wird sich ändern. Aber wir wissen nicht, was am Ende dabei herauskommen wird."[11] Das ist Komplexität bei der Arbeit. Das stellt uns vor ein Rätsel.

Einfach ausgedrückt ist Komplexität „etwas, das wir nicht oder nur schwer verstehen können". Nach den Worten des Psychologen Herbert Simon ist ein komplexes System „ein System, das aus einer großen Anzahl von Teilen besteht, die auf komplizierte Weise zusammenwirken".[12] Komplexe Systeme zeichnen sich häufig dadurch aus, dass es keine sichtbaren kausalen Verbindungen zwischen ihren Elementen gibt, so dass sie nicht vorhersehbar sind. Intuitiv begreifen wir, dass wir, je komplexer ein System ist, desto weniger in der Lage sind, es zu verstehen[13] und zu kontrollieren, und desto größer die Wahrscheinlichkeit ist, dass etwas schief geht und ein Problem auftritt und sich ausbreitet.

Komplexität lässt sich grob an drei Dingen messen: (1) Menge an Informationen oder Anzahl der Komponenten in einem System; (2) Vernetzung - definiert als Dynamik der gegenseitigen Reaktion - zwischen diesen Informationsbits oder Komponenten; und (3) Auswirkung der Nichtlinearität (nichtlineare Elemente werden oft als „Kipppunkte" bezeichnet, die im Zusammenhang mit dem Klimawandel in Abschnitt 2.3 ausführlicher behandelt werden). Nichtlinearität ist ein wesentliches Merkmal von Komplexität, da sie bedeutet, dass eine Änderung in nur einer Komponente eines Systems zu einer überraschenden und unverhältnismäßigen Wirkung an anderer Stelle führen kann. Die Begriffe „schwarze Schwäne", „bekannte Unbekannte" oder „Schmetterlingseffekte" stehen für Nichtlinearität. Es ist daher nicht verwunderlich, dass viele Erzählungen über die heutige Welt und ihre Komplexität letztere mit „Überraschungen", „Turbulenzen", „Volatilität" und „Unsicherheit" in Verbindung bringen.

In nur wenigen Jahrzehnten haben die Menge an Informationen und die Vernetzung dramatisch zugenommen, so dass die Systeme, in denen wir agieren (unsere Gesellschaften und Volkswirtschaften, unsere Regierungssysteme, unsere Gesellschaftsverträge, unsere Finanzmärkte, unsere Lieferketten usw.), komplexer sind als in der Vergangenheit. Sie alle sind „komplexe adaptive Systeme", was bedeutet, dass ihre Eigenschaften nicht in Stein gemeißelt sind und sich nicht auf die eleganten und vorhersagbaren mathematischen Formalismen reduzieren lassen, die für physikalische Wissenschaften wie Astronomie und Physik gelten. Die Systeme im lebenden Universum müssen stattdessen als sowohl komplexe als auch adaptive Systeme aus Wechselwirkungen betrachtet werden. Unsere Gesellschaften, Volkswirtschaften, unsere politischen Systeme und alle unsere Institutionen stellen ein „Fadenspiel" aus gegenseitigen Abhängigkeiten und Verflechtungen dar. Sie sind adaptiv in dem Sinne, dass ihr Verhalten durch Interaktionen zwischen Menschen bestimmt wird, die auf Ereignisse und Situationen reagieren, indem sie sich an die veränderten Bedingungen anpassen (und damit die Ausgangsbedingungen verändern). Viele Modelle, insbesondere in der Wirtschaft, lassen uns glauben, dass wir dies auf eine rationale Weise tun, die über die Zeit hinweg konstant bleibt. Weit gefehlt! Unsere Entscheidungen werden nicht immer von unseren besten Interessen geleitet, und unsere „Präferenzen" sind alles andere als stabil; sie ändern sich ständig. Das Bild des *homo oeconomicus*, der durch Maximierung des Nutzens unermüdlich seinen Eigennutz verfolgt, ist eine Karikatur. Unser Verhalten als Menschen wird auch von Gefühlen wie Empathie und Großzügigkeit bestimmt, und unsere Entscheidungen beruhen oft auf Emotionen wie Angst, Überraschung und Glück. Da das „Verhalten" solcher komplexer adaptiver Systeme von den Interaktionen zwischen den Knotenpunkten (den Organisationen, den Institutionen, den Menschen - uns!) bestimmt wird, können sie in Stresssituationen verwirrt und „widerspenstig“ werden. Kurz gesagt: Komplexe adaptive Systeme sind chaotisch! Sie besitzen insofern widersprüchliche Eigenschaften, als sie gleichzeitig robust und zerbrechlich sein können. Alle adaptiven Netze weisen eine Kipppunkteigenschaft auf, d. h. die Verbindungen dienen als Stoßdämpfer, werden aber ab einem bestimmten kritischen Punkt zu Stoßverstärkern und die Probleme kaskadieren. Außerdem verstärken Rückkopplungseffekte unter Stress die Zerbrechlichkeit mit großer Geschwindigkeit. Das haben wir bei so unterschiedlichen großen Makroschocks wie der großen Finanzkrise (mit dem Ausverkauf von Vermögenswerten nach dem Zusammenbruch von Lehman Brothers im September 2008 und dem anschließenden Horten von Liquidität) und der Pandemie (als die Reproduktionsrate des Virus so hoch wurde, dass sie ein exponentielles Wachstum der Inzidenzraten verursachte und fast alles zum Stillstand brachte) gesehen. Als Faustregel gilt: Je größer die Komplexität, desto größer die Unsicherheit: Komplexität verstärkt die Unsicherheit, weil es unmöglich wird, das schwächste Glied in der Kette zu erkennen.

Die Wissenschaft der komplexen Systeme ist interdisziplinär. Durch die Vermischung von Mathematik, Informatik, Biologie, Physik, Psychologie, Ökonomie, Ökologie, Epidemiologie und anderen Disziplinen werden die künstlichen Barrieren, die Silos zwischen akademischen Berufen errichten, durchbrochen. David Krakauer, Professor für Komplexe Systeme und Präsident des Santa Fe Institute, erklärte in unserem Gespräch, dass eine Reihe von Konzepten zum Verständnis der „komplexen Kausalität in der heutigen Welt beitragen". Diese Konzepte sind relativ neu und gehören zu dieser Konstellation von Konzepten, die wir unter anderem als Übertragbarkeit, Infektiosität und Kaskaden bezeichnen könnten und die eher aus der Erforschung von Krankheiten bekannt sind (was durch COVID-19 für alle deutlich wurde). Aber es gibt noch andere: Kipppunkte, kritische Punkte, Skalierungsphänomene, Fragen der kollektiven Intelligenz und die Weisheit der Vielen. In den letzten Jahrzehnten sind viele Ideen entstanden, die uns helfen sollen, die Welt besser zu verstehen, aber sie sind sehr neu. Eine Konstellation von Konzepten, die sich aus komplexen Systemen ergibt, ist sehr nützlich, aber wir wissen nicht, wie sie alle zusammenhängen. Sie verweisen auf diese einheitlichere Theorie oder das synthetische Verständnis der komplexen Realität.[14] In *Das große Narrativ* beziehen wir uns oft auf solche Begriffe, weil sie am sinnvollsten erklären, was jetzt vor sich geht. Ebenso müssen sie Teil unseres konzeptionellen Rahmens sein, denn nur sie können das Chaos oder die Mehrdeutigkeit dessen, was als Nächstes kommt, erklären. Wie die Futuristin Amy Zalman es ausdrückte: „Die Menschheit tritt in eine Zeit ein, die chaotisch ist und schwer zu benennen sein wird, so dass es tatsächlich eine Phase mit mehreren Dingen sein wird, in der sich vielleicht Utopien und Dystopien vor uns entfalten."

2.1.2. Geschwindigkeit

Alles geschieht viel schneller als früher, denn der technologische Fortschritt und - in geringerem Maße - die Globalisierung haben eine Kultur der Unmittelbarkeit geschaffen. Wir leben in einer Echtzeitgesellschaft, in der alles sofort benötigt und gewollt wird. Das führt dazu, dass wir uns ständig unter Zeitdruck fühlen und das Gefühl haben, dass sich der Lebensrhythmus immer mehr beschleunigt. Diese neue Kultur der Unmittelbarkeit, die von Geschwindigkeit besessen ist, scheint alle Aspekte unseres Lebens zu durchdringen, von den „Just-in-Time"-Lieferketten (die sich durch COVID rasant entwickelten) bis zum „Hochfrequenzhandel", vom Speed-Dating bis zum Fast Food und zur Expresslieferung. Sie ist so allgegenwärtig, dass einige Denker dieses neue Phänomen als „Diktatur der Dringlichkeit" bezeichnet haben.[15] Das allgemeine Ergebnis davon ist, dass die Lebensdauer eines Produkts oder einer Idee, der Lebenszyklus eines Geschäftsführers oder eines Projekts, stark und in oft unvorhersehbarer Weise abnimmt. Es entsteht außerdem der Eindruck, dass sich die globalen Ereignisse in einem rasanten Tempo abspielen, so rasant, dass wir kognitiv auf der Strecke bleiben und unfähig sind, dem Geschehen einen Sinn zu geben. Dieses Gefühl der Verwirrung wird durch den ständigen „Lärm", dem wir alle ausgesetzt sind, zusätzlich verstärkt. Vergleichbar mit dem Aufkommen der 24-Stunden-Nachrichtenkanäle vor 40 Jahren bombardieren uns heute die unzähligen Informationsschreiben und der unaufhörliche Nachrichtenfluss der sozialen Medien und anderer digitaler Kanäle mit einem nicht enden wollenden Strom aus Meldungen und Benachrichtigungen, die unser Verständnis oft eher verringern als verbessern. Uns liegen so viele Informationen und Analysen vor, dass es schwierig ist, sie alle sinnvoll zu verarbeiten. Die Geschwindigkeit nimmt nicht nur extreme Formen an, sondern kann auch abwegige Effekte hervorrufen. „Ungeduld" und unangemessene Erwartungen wirken sich beispielsweise auf das Verhalten vieler gesellschaftlicher Gruppen aus, von Teilnehmern an den Finanzmärkten, die vom Momentum Trading (basierend auf der Geschwindigkeit) besessen sind, bis hin zu Wählern, die von den Politikern, die sie gewählt haben, quasi-unmittelbare Ergebnisse fordern, und Verbrauchern, die sich darüber aufregen, dass die physische Lieferung ihrer digitalen Bestellung länger als ein paar Stunden dauern könnte, als ob ein Buch oder ein Kleid oder ein Staubsauger, der in 12 statt in vier Stunden geliefert wird, den Sinn des Lebens verändern würde!

Hauptgründe für diese erstaunliche Zunahme der Geschwindigkeit sind zweifellos die Technologie und die digitale Konnektivität. Mehr als 60 % der Weltbevölkerung sind heute online, gegenüber 42 % im Jahr 2015 und weniger als 8 % noch vor 20 Jahren. Ende 2021 werden mehr als 80 % der Weltbevölkerung ein Smartphone besitzen. Insgesamt sind 57 % der Weltbevölkerung in den sozialen Medien aktiv, in Nordamerika sind es sogar über 80 %. Andere Erklärungen für den Anstieg der Geschwindigkeit verweisen auf den Aspekt der „Verknappung": Je reicher die Gesellschaften werden, desto wertvoller wird die Zeit, die daher als immer knapper empfunden wird. Dies wird durch Studien belegt, die zeigen, dass Menschen in wohlhabenden Städten immer schneller gehen als in armen Städten und dass reiche Menschen generell dazu neigen, schneller zu gehen als arme Menschen. Unabhängig von der kausalen Erklärung liegt das Ergebnis auf der Hand: Wir alle sind einem ständigen, aber diskontinuierlichen und schnellen Wandel ausgesetzt. Geschwindigkeit ist allgegenwärtig, ob es sich um Krisen, soziale Unzufriedenheit, Technologie, geopolitische Umwälzungen, die Finanzmärkte oder Schocks wie die Pandemie handelt; alles läuft jetzt im Schnelldurchlauf und neigt dazu, uns zu überraschen. Dies war Ende 2021 der Fall. Rückblickend haben uns einige der wichtigsten makroökonomischen Ereignisse in dieser Zeit überrascht: sei es die Plötzlichkeit von Störungen aufgrund von Angebotsschocks, die Rückkehr der Inflation, das Aufkommen einer globalen Energiekrise, die Schroffheit bestimmter politischer Maßnahmen des chinesischen Präsidenten Xi Jinping gegen die Tech-Industrie oder das Wiederaufleben von COVID-19 in Europa. Sie alle traten schneller ein als die meisten Analysten und die Öffentlichkeit erwartet hatten. Oft ist exponentielles Wachstum der Grund für diese scheinbar extreme Schnelligkeit. Wir setzen exponentielles Wachstum oft (und fälschlicherweise) mit schnellem Wachstum gleich, aber es ist etwas anderes. Schnell bedeutet hohe Geschwindigkeit, während exponentielles Wachstum eher die Art und Weise beschreibt, in der sich die Geschwindigkeit selbst weiterentwickelt. Vereinfacht ausgedrückt handelt es sich bei einer festen Verdopplungszeit um ein exponentielles Wachstum, d. h. es nimmt im Laufe der Zeit immer mehr zu. Pandemien neigen dazu, diesem Muster zu folgen (sie können rasend schnell voranschreiten, wobei sich die Infektionsrate in nur wenigen Tagen verdoppelt, wie bei COVID-19 im März 2020). Das Gleiche gilt derzeit für den technologischen Fortschritt.[16] Exponentielles Wachstum ist schwer zu fassen. Es ist in der Tat so verwirrend für unsere kognitiven Fähigkeiten, dass wir im Umgang damit häufig eine exponentielle „Kurzsichtigkeit" entwickeln[17] und es einfach als „sehr schnell" betrachten. In einem berühmten Experiment aus dem Jahr 1975 fanden zwei Psychologen jedoch heraus, dass wir einen exponentiellen Prozess oft um den Faktor 10 unterschätzen, wenn wir ihn vorhersagen sollen.[18] Es ist keine Überrascchung, dass wir von den Ereignissen überholt werden! Naím bemerkte in unserem Gespräch mit ihm, dass „wir zwar die Trends richtig einschätzen, aber bei der Geschwindigkeit ständig eines Besseren belehrt werden. Wir kennen die Veränderungen, die die Welt beeinflussen werden, aber wir unterschätzen ihre Geschwindigkeit, und das schon seit langem."

Eine wichtige und weitreichende Konsequenz der Geschwindigkeit ist folgende: Führungskräfte und Entscheidungsträger verfügen über mehr Informationen und mehr Analysen als je zuvor, haben aber weniger Zeit für Entscheidungen. Darüber hinaus hat die Geschwindigkeit ein Problem der Asynchronizität zwischen verschiedenen Gruppen mit unterschiedlichen Zeithorizonten geschaffen. Entscheidungsträger in Politik und Wirtschaft müssen sich Zeit lassen, denn sie sind gezwungen, verschiedene Gruppen und unterschiedliche Interessen zu berücksichtigen. Im Gegensatz dazu reagieren nicht-staatliche und nicht unternehmensgebundene Akteure wie die Zivilgesellschaft, Aktivisten, Händler oder die Wählerschaft nahezu sofort auf alles, was geschieht (oder nicht geschieht). Diese unterschiedliche Geschwindigkeit kann geradezu verblüffend sein.

Besonders problematisch ist dies in liberalen Demokratien, da sie den Unwägbarkeiten des Wahlzyklus unterworfen sind. Weltweit und ganz allgemein erwarten wir, dass sich alles beschleunigt, aber auch verbessert. Dies führt zu Burnout, einem Gefühl der Entfremdung und einem nagenden Gefühl der Unruhe oder des Unbehagens.

2.2. Wirtschaft

Im Jahr 2020 und in weiten Teilen des Jahres 2021 stand allein die Politik der Regierungen zwischen der Weltwirtschaft und dem Abgrund. Die Pandemie stellte die jahrzehntelang vorherrschende wirtschaftliche Orthodoxie auf den Kopf und veranlasste die politischen Entscheidungsträger, die Sparpolitik aufzugeben und in den Weg aus der Pandemie heraus zu investieren. Alle Länder, die es sich leisten konnten, leiteten eine „koste-es-was-es-wolle-Phase mit groß angelegten, aus dem Rahmen fallenden finanz- und geldpolitischen Entscheidungen" ein.[19] In den reichen Ländern hat sich die Entscheidung der Regierungen und Zentralbanken, eine außerordentlich lockere Finanz- und Geldpolitik zu verfolgen, als wirksam erwiesen, und wurde durch erfolgreiche Impfkampagnen zusätzlich unterstützt (eine Erinnerung daran, dass Wirtschaft und Epidemiologie nicht zu trennen sind).[20] Trotz des drastischen globalen BIP-Rückgangs im Jahr 2020 dürften alle OECD-Länder den verlorenen Boden bis 2022 wieder aufgeholt haben. In den Entwicklungsländern und den meisten Schwellenländern ist die Situation ganz anders und könnte nicht heftiger sein. Ihre geld- und finanzpolitische

Unterstützung war sehr viel begrenzter, wenn nicht gar inexistent, denn ihr Spielraum für eine expansive Politik ist aufgrund der Gefahr, dass ihre Währungen unter Druck geraten und eine Inflation ausgelöst werden könnte, sehr gering; darüber hinaus hatten sie nur begrenzten Zugang zu Impfstoffen. Der Schaden, den die Pandemie anrichtet, wird daher in den Entwicklungsländern schwerwiegender sein und länger anhalten. Weltweit geht die Erholung auf Kosten einer drastischen Verschlechterung der staatlichen Schuldenquote, und es bleiben große Fragezeichen hinsichtlich der Zukunft von Wachstum und Schuldenkrisen. Die Erholung wird sich daher hinziehen und uneinheitlich und ungewiss ausfallen.

2.2.1. Wachstum

Wirtschaftswachstum ist wichtig, sowohl als Maßstab für den Erfolg als auch für die Rolle, die es als Motor des menschlichen Fortschritts spielen kann. Grundsätzlich gilt: Je stärker ein Land wächst, desto besser kann es sein volles wirtschaftliches, soziales und menschliches Potenzial ausschöpfen. Daher stehen Regierungschefs, Beamte und Politiker unter dem ständigen Druck, ein höheres und schnelleres Wachstum zu erzielen und zu melden.

Zum Zeitpunkt der Erstellung dieses Berichts Ende 2021 erholt sich das Wachstum in den fortgeschrittenen Volkswirtschaften, was jedoch für die meisten Schwellen- und Entwicklungsländer weitaus weniger gilt. Wenn die auf die Pandemie folgende Erholung vorbei ist und sich die Kraft des Aufschwungs erschöpft hat, wird das globale Wachstum wahrscheinlich auf die mäßigen Niveaus der Zeit vor 2020 zurückfallen. In absehbarer Zukunft wird die Weltwirtschaft aus mehreren profanen Gründen weniger wachsen als in der Vergangenheit. Dazu gehören – in keiner besonderen Reihenfolge – die globale Alterung, Ungleichheiten,[21] ein teilweiser Rückzug aus der Globalisierung und die damit verbundenen Versorgungsrisiken, die hohe Verschuldung, geopolitische Unruhen und die unvermeidliche Verlangsamung des chinesischen Wachstums. Jeder dieser Faktoren, die sich häufig gegenseitig überschneiden und in ihren Auswirkungen verstärken, wird das künftige Wirtschaftswachstum einschränken.

Aber welche Art von Wachstum messen wir, und welche Art von Wachstum streben wir an? Die Pandemie und die große Finanzkrise (2008-2009), die ihr vorausging, haben deutlich gemacht, dass das BIP ein unzureichender Maßstab für den Fortschritt ist. Es soll als Messgröße für unseren gemeinsamen Wohlstand und unseren globalen wirtschaftlichen Aufstieg dienen, aber es wird inzwischen fast allgemein anerkannt, dass es die wichtigsten Faktoren nicht erfasst, nämlich Klimamaßnahmen, Nachhaltigkeit, Inklusivität, globale Zusammenarbeit, Gesundheit und Wohlbefinden. Wirtschaftswissenschaftler und politische Entscheidungsträger erkennen zwar an, dass die Länder Wirtschaftswachstum brauchen, um sich von der Pandemie zu erholen, sie wollen aber auch sicherstellen, dass dieses Wachstum mit dem Wohlergehen der Menschen, Gesellschaften und der Umwelt vereinbar ist. Sie wünschen sich daher ein Instrument, das misst, wie sich unsere Produktions- und Konsumentscheidungen auf die Natur auswirken, das wichtige (aber nicht finanziell vergütete) Beiträge zur Gesellschaft wie Kinderbetreuung und Freiwilligenarbeit einbezieht oder das berücksichtigt, wie die Gewinne verteilt werden. Bei der Messung des BIP wird nichts von alledem berücksichtigt. Die Bestrebungen, das BIP durch eine bessere Messgröße für den menschlichen Fortschritt zu ersetzen oder zu ergänzen, gehen auf den Wirtschaftswissenschaftler Simon Kuznets zurück, der das BIP kurz vor dem Zweiten Weltkrieg konzipierte und sofort erkannte, dass es keine Aussage über das Wohlergehen der Gesellschaft machen kann. Wie Robert Kennedy ein paar Jahrzehnte später sagte: Das BIP misst alles „außer dem, was das Leben lebenswert macht", einschließlich Gesundheit, Bildung und Wohlergehen der Kinder.[22] Seitdem wird immer wieder nach Alternativen zum BIP gesucht. Dazu gehören unter anderem Bhutans „Bruttonationalglück", Malaysias „Lebensqualitätsindex", der „echte Fortschrittsindikator", der von der OECD gebilligte „Better Life Index"[23] und das Projekt „One-Earth-Balance Sheet" (Eine-Erde-Bilanz).[24] Alle zielen darauf ab, das BIP durch soziale und/oder ökologische Faktoren zu ergänzen oder sogar zu ersetzen, schlagen dafür aber unterschiedliche Methoden vor. Während die Suche weitergeht, macht es möglicherweise am meisten Sinn, das Pro-Kopf-BIP (d. h. das BIP pro Person) anstelle des Gesamt-BIP zu verwenden. Das Pro-Kopf-BIP erfasst ein entscheidendes Phänomen, das von den meisten Alternativen ignoriert wird: den Bevölkerungsrückgang in einigen Ländern. Japan ist der Beweis dafür. In den meisten Berichten wird es als hoffnungsloser Fall einer

Nation dargestellt, in der Bevölkerungsrückgang und fehlendes Wachstum aufeinandertreffen, aber wenn man die Daten um die demografische Entwicklung bereinigt und das Gesamt-BIP in ein Pro-Kopf-BIP umrechnet, schneidet Japan besser ab als die meisten anderen Länder. Das Pro-Kopf-BIP ist hoch und wächst, und seit 2007 ist das reale BIP pro Bevölkerungsmitglied im erwerbsfähigen Alter (eine noch engere Definition als pro Kopf) tendenziell schneller gestiegen als in jedem anderen G7-Land. Da die Welt altert und immer mehr Länder ein negatives Netto-Bevölkerungswachstum verzeichnen, wird das Pro-Kopf-BIP die beste Messgröße sein: Es kann selbst in einer Rezession steigen, wenn die Bevölkerung stärker schrumpft als das Gesamt-BIP, was ein weniger alarmierendes Bild ergibt, als es sonst der Fall wäre. Für das Pro-Kopf-BIP spricht unter anderem, dass es in der Regel mit Messgrößen korreliert, die die Lebenszufriedenheit (Glück) gut vorhersagen, wie etwa eine höhere Lebenserwartung, ein besseres soziales Sicherheitsnetz, eine niedrigere Kindersterblichkeit und ein geringeres Armutsniveau, weniger Luftverschmutzung und Korruption. Dies wird durch den jährlich erscheinenden *World Happiness Report*[25] bestätigt, in dessen jüngster Ausgabe nur ein Land mit einem Pro-Kopf-BIP von weniger als 15.000 Dollar (Costa Rica) unter den besten 25 und keines mit einem Pro-Kopf-BIP von mehr als 15.000 Dollar unter den schlechtesten 60 rangiert.

In den kommenden Jahren werden viele Staats- und Regierungschefs, unabhängig davon, was mit den potenziellen Ersatzgrößen geschieht, weiterhin von der Maximierung des

BIP-Wachstums besessen sein, so dass das BIP weiterhin die meisten wirtschaftspolitischen Entscheidungen bestimmen wird. Da sich die Welt jedoch unweigerlich in eine Richtung bewegt, die eine andere Linse zur Messung des Fortschritts verwendet und sich der Notwendigkeit bewusst wird, das zu bewahren, was das BIP nicht misst (wie die biologische Vielfalt und den sozialen Zusammenhalt), könnten wir, zumindest in den reichen Ländern, die Ansicht vertreten, dass es keine Katastrophe ist, mit ein paar Basispunkten weniger BIP-Wachstum zu leben, insbesondere in Ländern, die bei den ökologischen und sozialen Leistungsindikatoren gut abschneiden (d. h. deren Wachstum „ausgewogen" und qualitativ ist). Wir könnten sogar feststellen, dass wir mit einem solchen Szenario ganz gut leben können! Dies ist keine rhetorische Frage. Stellen Sie sich Folgendes vor: Würden Sie lieber in einem Land leben, das in Bezug auf das subjektive Wohlbefinden (Glück) konstant einen der vorderen Plätze belegt und strenge Umweltstandards einhält, bei unscheinbaren, aber anständigen Wachstumsraten des BIP, oder in einem Land, das im Durchschnitt um 1 oder 2 Prozentpunkte mehr wächst, aber in Bezug auf Umwelt und Soziales schlechter abschneidet? Würden Sie eine Wachstumsrate von 2 % in einem intakten und sozial stabilen Umfeld vorziehen oder 4 % an einem stark verschmutzten Ort mit wenig sozialem Zusammenhalt? Am einen Ende des Spektrums sind der hohe Lebensstandard und die hohen Werte bei den Indikatoren für Wohlbefinden in Japan eine heilsame Lektion, die zeigt, dass es auch dann Hoffnung gibt, wenn das Gesamt-BIP nahezu gar nicht wächst (aber das Pro-Kopf-BIP ordentlich zulegt). In unserem Gespräch bezeichnete Shu Yamaguchi diese Situation als „Vollendung der Zivilisation" und fügte hinzu: „Ich möchte es eine ‚Plateau-Gesellschaft' nennen, nicht eine ‚Aufstiegsgesellschaft'. Im 20. Jahrhundert war Japan eine Aufstiegsgesellschaft, die emporkletterte und mit den Vereinigten Staaten und dem Vereinigten Königreich gleichzog. Damals funktionierte es sehr gut, aber jetzt nicht mehr. Es handelt sich nicht um eine Stagnation, sondern um die Vollendung der Modernisierung."[26] Dieses Argument spiegelt sich in den Konsumgewohnheiten einiger wohlhabender Verbraucher wider. Sie können den Wunsch zum Ausdruck bringen, demonstrativen Konsum und Anhäufung materieller Güter durch neue Unterscheidungsmerkmale zu ersetzen, z. B. durch Lebenserfahrungen anstelle von materiellen Gütern. Sie reichen von Konzerten über kulinarische Experimente bis hin zu Besuchen an abgelegenen Orten (oft mit einem bestimmten Ziel) und sind im Dienstleistungssektor (dem Sektor der „nicht handelbaren" Güter) zu finden, in dem es viel schwieriger ist, die Produktivität zu steigern.[27] Dies führt zu einem geringeren BIP-Wachstum, könnte aber als Zeichen des sozialen Fortschritts gewertet werden.

Ganz anders sieht es in den armen Ländern (und den Entwicklungsländern im Allgemeinen) aus, in denen das BIP-Wachstum weiterhin eine große Rolle spielen wird. Dambisa Moyo wies darauf hin, als sie Folgendes bekräftigte:

> Wir sollten sehr besorgt sein über politische Maßnahmen, die Menschen in armen Ländern

(unbeabsichtigt) benachteiligen. Vielleicht täusche ich mich, aber ich vermute, dass diejenigen, die sagen, wir könnten unseren Lebensstandard senken, Menschen sind, die bereits wohlhabend sind. Wenn man keinen Zugang zu Energie, Gesundheitsversorgung oder Bildung hat, sind die Aussichten für die nächste Generation ziemlich schlecht, was für Schwellenländer gilt, in denen 90 % der Weltbevölkerung leben. Dort ist die Vorstellung von Wachstum nach wie vor sehr attraktiv, weshalb China in dieser Geschichte natürlich eine wichtige Rolle spielt.[28]

2.2.2. Öffentliche Verschuldung

In den letzten vier Jahrzehnten war weltweit der stärkste, schnellste und umfassendste Anstieg der Gesamtverschuldung zu beobachten. Im Jahr 2021 verdreifachte sich der Anstieg auf 350 % des BIP, wobei allein die Staatsverschuldung fast 100 % des BIP erreichte – ein Anstieg, der durch die Pandemie noch erheblich verstärkt wurde. Seit Beginn des COVID-19-Ausbruchs haben die Regierungen in aller Welt 17 Billionen Dollar (das entspricht 16 % des globalen BIP) für Finanzhilfen ausgegeben, während die Zentralbanken ihre Bilanzen um insgesamt fast 8 Billionen Dollar ausweiteten. Es ist schwer, wenn nicht gar unmöglich, zu sagen, ab welchem exakten Niveau die Staatsverschuldung problematisch wird. Die jüngsten politischen Maßnahmen deuten darauf hin, dass die entscheidende Frage nicht

„wie viel", sondern „wofür" lautet. Es liegt auf der Hand, dass Staatsschulden, die zur Verhinderung eines Zusammenbruchs unserer Volkswirtschaften und Gesellschaften aufgenommen werden, sich von denen unterscheiden, die zur Finanzierung einer unproduktiven politischen Agenda dienen sollen. Möglicherweise ist dies der Grund dafür, dass heute eine viel höhere Staatsverschuldung als in der Vergangenheit toleriert wird und die Märkte (vorerst) nicht beunruhigt zu sein scheinen. Doch die Staatsverschuldung kann nicht unbegrenzt ausgeweitet werden, ohne dass massive Probleme entstehen, und letztlich (d. h. auf sehr lange Sicht) muss man sie bekämpfen durch: (1) höheres Wachstum; (2) höhere Inflation; oder (3) Zahlungsausfall. Die Monetarisierung der Schulden – eine Notfalloption – kann hier nur bis zu einem bestimmten Punkt helfen. Abgesehen von einer höheren Produktivität (eine Möglichkeit, auf die weiter unten eingegangen wird) ist mit einem höheren Wachstum in ausreichender Größenordnung aus den oben genannten Gründen nicht sicher zu rechnen. Wenn ein robustes, langfristig höheres Wachstum ausbleibt, könnte es zu einer toxischen Mischung aus niedrigem Wachstum und hoher Inflation kommen. Die Gefahr, dass ein solches Szenario mit Inflation und Zahlungsausfall eintritt, ist in den Schwellen- und Entwicklungsländern am größten.[29]

Die Inflation (oder vielmehr ihr Ausbleiben) spielte eine Schlüsselrolle beim Aufbau der Staatsverschuldung. Ihre jahrelange Inexistenz bedeutete, dass die Zentralbanken steigende Haushaltsdefizite nicht nur duldeten, sondern sogar begünstigten.

Da die Regierungen ihre Ausgaben erhöhten, ohne gleichzeitig die Steuern zu erhöhen, gaben sie Anleihen aus, um das daraus resultierende Defizit zu finanzieren. Im Gegenzug kauften die Zentralbanken diese Anleihen von den Anlegern im Rahmen der quantitativen Lockerungsprogramme. Auf diese Weise senkten sie die Zinssätze, zu denen die Regierungen Kredite aufnehmen. Wie Sebastian Mallaby in „The Age of Magic Money" schreibt: „Ein Finanzministerium, das Schulden an seine nationale Zentralbank verkauft, tätigt, grob gesagt, eine Anleihe bei sich selbst. Ebenso wie die Zentralbanker die Grenzen zwischen Geld- und Haushaltspolitik verwischen, erhalten auch die Haushaltsbehörden einen Teil der alchemistischen Macht der Zentralbanker."[30]

Die Tatsache, dass die weltweite Staatsverschuldung derzeit den höchsten Stand der Nachkriegszeit erreicht hat, während die Bilanzen der Zentralbanken in der Vergangenheit nur in Kriegszeiten ähnliche Höhen erreichten, erschwert die Normalisierung der Finanz- und Geldpolitik und „stellt die politischen Entscheidungsträger vor gewaltige Herausforderungen",[31] insbesondere in einer Zeit wiederauflebender Inflation. Wenn die Zinssätze zu steigen beginnen, ist die Tragfähigkeit der Schulden unmittelbar gefährdet: Die Schuldendienstkosten der Regierungen könnten dann drastisch steigen.

*****

Was lässt diese Welt des geringeren Wachstums und der höheren Verschuldung erahnen? Aus den unzähligen Effekten stechen vier besonders hervor: (1) das Ende der Konvergenz; (2) das Wiederaufleben der Inflation; (3) das mögliche Wiederaufleben der Produktivität; und (4) das starke Aufkommen von Kryptowährungen. Die beiden ersten Punkte sind Anlass zu großer Sorge. Der dritte bietet Grund zur Hoffnung. Der vierte zeigt die großen Unbekannten und Ungewissheiten, mit denen wir zu kämpfen haben.

(1) Das Ende der Konvergenz zwischen reichen und ärmeren Ländern könnte vorläufig sein oder zu einem systemischen Merkmal der ökonomischen Landschaft nach der Pandemie werden. Was derzeit sicher scheint, ist, dass die Erholung der Weltwirtschaft von der Pandemie unterschiedlich verlaufen wird. Die Aussichten für die meisten Schwellen- und Entwicklungsländer sind weitaus schlechter als für die am weitesten entwickelten Länder - eine Divergenz, die zu einer Weltwirtschaft der zwei Geschwindigkeiten führen wird. Internationale Institutionen wie der Internationale Währungsfonds (IWF) gehen davon aus, dass die Produktion in der reichen Welt bis 2022 wieder auf das Niveau vor der Pandemie zurückkehren und dann leicht darüber steigen wird, während sie in der übrigen Welt bis mindestens 2025 deutlich unter dem Trend liegen wird. Dafür gibt es zwei wesentliche Gründe: (1) die Unterschiede bei den Impfungen und (2) die Unterschiede bei der steuerlichen und finanziellen Unterstützung. Was den ersten Aspekt betrifft, so waren im Oktober 2021 fast 60 % der Menschen in der reichen Welt vollständig gegen COVID-19 geimpft, während es in

den Schwellenländern nur 36 % und in den ärmsten Ländern kaum 5 % waren. Das bedeutet, dass das Leben nur in der reichen Welt zur „Normalität" zurückkehren kann. Was den zweiten Aspekt betrifft, so hatten die meisten Schwellenländer und fast alle Entwicklungsländer keinen oder nur einen geringen finanzpolitischen Spielraum, um auf den negativen Schock der Pandemie zu reagieren. Als sich einige Länder dennoch zu einer expansiven Finanzpolitik entschlossen, kam es zu Kapitalabflüssen, die ihren Wechselkurs unter Druck setzten und die Inflation anheizten. Schlimmer noch, sie hatten Schwierigkeiten, ihre bestehenden Schuldenstände zu wahren, weil ihre Gläubiger sich aus Angst vor einer Verschärfung der Krise weigerten, ihre Kredite zu verlängern. In den ersten Monaten der Pandemie baten mehr als 90 Länder den IWF um Hilfe. Im weiteren Verlauf und wenn zusätzlich die Politik in den USA gestrafft wird, wird dies höchstwahrscheinlich zu großen Kapitalabflüssen aus den Schwellenländern und damit zu einem Anstieg der Kapitalkosten führen. Dominoeffekte sind nahezu unvermeidlich: Probleme in den Entwicklungsländern werden sich auf die reichen Länder auswirken. Je größer die Divergenz (statt Konvergenz), desto größer ist das Risiko finanzieller Instabilität durch Ansteckungseffekte, unkontrollierter Migrationsströme und geopolitischer Unruhen.

(2) Die meisten Analysten und politischen Entscheidungsträger haben das Wiederaufleben der Inflation im dritten Quartal 2021 nicht vorhergesehen. Die Weltwirtschaft hat sich von

der Rezession des letzten Jahres sehr stark erholt (so stark wie seit 80 Jahren nicht mehr), aber das ging mit einem ebenso schnellen Wiederanstieg der weltweiten Inflation einher. Zunächst gingen die meisten politischen Entscheidungsträger und Analysten sowie die Märkte insgesamt davon aus, dass sich dieses Wiederaufleben als vorübergehend erweisen würde - eine Folge der durch den Aufschwung ausgelösten robusten Nachfrage und der daraus resultierenden Unfähigkeit der Lieferketten, sich rasch anzupassen. Die Geldpolitik ist schlecht geeignet, um auf inflationsbedingte Angebotsschocks zu reagieren, so dass die Zentralbanken beschlossen, „abzuwarten". Der Anstieg der Inflation erwies sich jedoch als stärker und länger anhaltend als ursprünglich erwartet. Wenn es in Ländern mit hohem Einkommen Anzeichen für einen Lohndruck gibt (was zum Zeitpunkt der Veröffentlichung dieses Buches durchaus der Fall sein könnte), könnte dies zu einer Lohn-Preis-Spirale führen - dem „Albtraum" der Zentralbanker. Zum Zeitpunkt der Fertigstellung dieses Manuskripts Mitte Dezember 2021 baut sich weltweit ein Inflationsdruck auf. Infolgedessen haben mehrere systemrelevante Länder wie die Vereinigten Staaten und viele Schwellenländer kaum (bzw. gar keinen) Spielraum, um die Geldpolitik locker und die Zinsen auf einem sehr niedrigen Niveau zu halten. Entsprechend äußerte sich am 15. Dezember 2021 auch Jerome Powell, der Vorsitzende der Federal Reserve, als er ankündigte, dass die Fed einen viel aggressiveren Ansatz zur Eindämmung der wiederauflebenden Inflation verfolgen werde. Wenn die Pandemie länger andauert und weitere Versorgungsstörungen verursacht, die wiederum den Inflationsdruck verstärken, könnte die Gefahr einer Stagflation (geringes Wachstum in Verbindung mit erheblicher Inflation) zu einem echten Problem werden und den Aufschwung gefährden.

(3) Die letzten 15 Jahre waren durch das so genannte „Produktivitätsparadoxon“ gekennzeichnet: Trotz des offensichtlichen technologischen Fortschritts stagnierte das Produktivitätsniveau in den fortgeschrittenen Volkswirtschaften oder war in einigen Fällen sogar rückläufig. „Doch ein Produktivitätsboom wird kommen“, betont Erik Brynjolfsson, Professor an der Stanford University.[32] Sollte er eintreten, wäre das Wiederaufleben der Produktivität eine hervorragende Nachricht für das Wirtschaftswachstum. So lautet die weithin bekannte Aussage des Wirtschaftswissenschaftlers Paul Krugman: „Produktivität ist nicht alles, aber auf lange Sicht ist sie fast alles. Die Fähigkeit eines Landes, seinen Lebensstandard im Laufe der Zeit zu verbessern, hängt fast ausschließlich von seiner Fähigkeit ab, die Produktionsleistung pro Arbeitnehmer zu steigern.“[33] „Dank“ der Pandemie scheint die Produktivität endlich in Gang gekommen zu sein. In den USA, Europa und Japan deuten die Daten auf einen Anstieg der totalen Faktorproduktivität - die gängigste Art der Produktivitätsmessung, die im Wesentlichen darin besteht, mit weniger Mitteln mehr zu erreichen - um mehr als 2 % hin. Die wahrscheinlichste Erklärung liegt in der hohen Akzeptanz der Technik und der verstärkten Einführung

von Digital- und Automatisierungstechnologien während der Pandemie. Der Arbeitskräftemangel in der zweiten Jahreshälfte 2021 dürfte das Produktivitätswachstum nicht nur stützen, sondern könnte es sogar noch weiter ankurbeln, da die Unternehmen zu mehr Innovation gezwungen sind. Da das Ausmaß des Wirtschaftswachstums mit der Entwicklung der Produktivität und der Zahl der Arbeitskräfte gleichzusetzen ist, wäre ein möglicher Produktivitätsanstieg eine hervorragende Nachricht für das Wirtschaftswachstum, umso mehr in einer Zeit, in der die Zahl der Arbeitskräfte in weiten Teilen der Welt zurückgeht.

(4) Das starke und rasche Aufkommen von Kryptowährungen und im weiteren Sinne von Fintech verschränkt die Wirtschaftswissenschaften auf so komplexe Weise mit der technologischen Innovation, dass es schwierig ist, die Kausalität zu erkennen und einige der potenziellen Anwendungen und politischen Auswirkungen zu bestimmen. Analysten und Medienberichte erwecken den Eindruck, dass nationale Währungen bereits mit Kryptowährungen konkurrieren, da Einzelpersonen und Institutionen digitale Geldbörsen mit beliebigen Kryptowährungen besitzen können. Wie Parag Khanna feststellt:

> Wir sind dabei, in ein Zeitalter des globalen Währungswettbewerbs einzutreten, in dem sich die nationalen Währungen zu jeder Stunde des Tages ihren Platz im Portemonnaie verdienen müssen,

> selbst bei den Bürgern ihres eigenen Landes. Die digitale Version des japanischen Yen wird in ein-en globalen Kopf-an-Kopf-Wettbewerb mit dem Schweizer Franken, dem brasilianischen Real und jedem anderen Vermögenswert mit offenem Kapitalkonto, einschließlich Bitcoin, treten. Jeder wird ständig zum Devisenhändler, und nur die besten nationalen Währungen - oder Kryptowährungen - werden jemals von jemandem gehalten.[34]

Es könnte sein, dass staatlich unterstützte Kryptowährungen miteinander konkurrieren, wie von Khanna angedeutet. In diesem Fall würden sie die Grenze zum Fiat-Geld verwischen und das Finanzsystem im Hinblick auf die Finanzstabilität und die traditionelle Geldpolitik in einer Weise verändern, die noch niemand vorhersagen kann.

Derzeit geben sowohl Währungsbehörden als auch private Institutionen Kryptowährungen als praktikable, gängige Zahlungsmittel aus. Zentralbanken und Regierungen experimentieren mit „Govcoins“ oder digitalem Zentralbankgeld (Central Bank Digital Currencies), während private „Sponsoren“ „Stablecoins“ entwickeln - Kryptowährungen, deren Wert an den Wert eines Basiswerts gekoppelt ist. Die weitere Entwicklung und der Ausgang für Govcoins und Stablecoins sind noch nicht bekannt, aber ihr jeweiliges Schicksal könnte letztlich durch die Akzeptanz und vor allem die Regulierung (die Macht des Staates) entschieden werden. Sicher ist nur, dass ihre wirtschaftlichen, gesellschaftlichen und möglicherweise geopolitischen Auswirkungen erheblich sein werden. Wird physisches Bargeld weiterhin akzeptiert werden? Werden Kryptowährungen unsere Privatsphäre durchdringen? Wie werden sie die Rolle der Technologie in unserem täglichen Leben neu definieren? Welche Auswirkungen werden sie auf die Wirksamkeit der Geldpolitik haben? Könnten sie eine stärkere finanzielle Eingliederung fördern? Könnten Kryptowährungen Umweltziele und die sie unterstützenden politischen Maßnahmen fördern? Könnten sie dazu verwendet werden, den Niedergang des US-Dollars zu beschleunigen? Werden sie zu einem Instrument der geopolitischen Vorherrschaft werden? Dies sind nur einige der Fragen, auf die wir noch keine eindeutige Antwort haben.

Die Verflechtung wirtschaftlicher, ökologischer, geopolitischer, gesellschaftlicher und technologischer Fragen erweitert ständig das Universum dessen, was wir weder wissen noch verstehen. Darüber hinaus behindert die Geschwindigkeit dieses sich ständig weiterentwickelnden Wandels unser Verständnis und damit auch die Fähigkeit der politischen Reaktionen auf die damit verbundenen Herausforderungen zusätzlich. Die Umwälzung wird kommen. Sie wird sowohl gut als auch schlecht, aber vor allem erheblich sein.

2.3. Umwelt

Unsere derzeitige offensichtliche Unfähigkeit, die bedenkliche Umwelt- und Klimakrise zu beenden (die ein und dieselbe ist, da Natur und Klima untrennbar miteinander verbunden sind) oder sie zumindest unter Kontrolle zu halten, ist das größte kollektive Handlungsproblem, mit dem wir je konfrontiert waren.[35] Die Menschheit stand noch nie vor einem komplexeren, ehrgeizigeren und weitreichenderen Unterfangen als dem, den Zusammenbruch unseres Ökosystems aufzuhalten und das Klima zu stabilisieren.

2.3.1. Die Fakten und die Wissenschaft

Seit mehr als 50 Jahren wissen wir von der globalen Erwärmung. Einige Industriezweige sind sich des Risikos seit Jahrzehnten bewusst, haben aber nichts gesagt, während einige Experten aus der Wissenschaft und einige Vordenker bereits in den 1970er Jahren begannen, öffentlich davor zu warnen. Bestimmte Meilensteine zeigen, dass sich die internationale Gemeinschaft bereits vor 30 Jahren der Gefahr des Klimawandels bewusst war und bereit war, sich damit auseinanderzusetzen.[36] 1992 unterzeichneten mehr als 130 Staaten auf dem Erdgipfel in Rio die UN-Konvention zum Klimawandel. Im Jahr 1997 legten 36 reiche Länder in Kyoto Reduktionsziele fest. Im Jahr 2015 einigten sich die Unterzeichner des Pariser Abkommens darauf, den Anstieg der globalen Erwärmung auf unter 2 °C zu begrenzen. All das war (fast) umsonst. So heißt es in einem maßgeblichen UN-Bericht vom Oktober 2021: „Die bisherigen Klimamaßnahmen sind durch halbherzige Versprechungen gekennzeichnet, die noch nicht eingehalten wurden."[37] Leider trägt das Ergebnis der COP26 wenig dazu bei, dieses Urteil zu revidieren. Die positiven

Schritte, die unternommen wurden, sind zu begrüßen, aber sie stehen in keinem Verhältnis zu der enormen Herausforderung.

Laut *UN Emissions Gap Report* bleiben wir immer noch hinter unseren kollektiven Verpflichtungen zur Verringerung der Kohlenstoffemissionen zurück. Die aktuellen nationalen Zusagen (Stand: Ende Oktober 2021, kurz vor der COP26) verringern die für 2030 prognostizierten Emissionen nur um 7,5 %. Das ist völlig unzureichend. Um das Ziel des Pariser Abkommens, die Erwärmung auf 1,5-2°C zu begrenzen, zu erreichen, sind weitaus ehrgeizigere Zusagen erforderlich. Wie der UN-Bericht feststellt, sind bis 2030 Reduktionen von 30 % erforderlich, um auf dem kostengünstigsten Pfad für 2°C zu bleiben, und von 55 % für 1,5°C. Die Wissenschaftler, die den Bericht verfasst haben, schätzen, dass wir bis zum Ende dieses Jahrhunderts höchstwahrscheinlich eine globale Erwärmung von etwa 2,7°C erreichen werden, wenn die Länder ihre bedingungslosen nationalen Klimaschutzbeiträge (NDCs)[38] nur in der jetzigen Form umsetzen. Die neue Bewertung der UN, die während der COP26 vorgenommen wurde, um die in Glasgow eingegangenen Verpflichtungen und Zusagen zu berücksichtigen, ändert nichts an dieser Prognose. Ebenso wenig ein Bericht, der kurz nach der COP26 von Climate Action Tracker veröffentlicht wurde.[39] Der EU-Kommissar Franz Timmermanns brachte es auf den Punkt: „Die schonungslose Wahrheit ist, dass wir nicht da sind, wo wir sein müssten, nicht einmal annähernd."[40] Möglicherweise lässt sich die globale Erwärmung durch zusätzliche Netto-Null-Zusagen wie die von Unternehmen in den Bereichen Umwelt,

Soziales und Unternehmensführung (ESG) um weitere 0,5°C reduzieren, doch diese sind vage, basieren oft auf zweifelhaften Daten und wissenschaftlichen Erkenntnissen, werden häufig hinausgezögert, nicht immer in die NDCs integriert und sind in nahezu keinem Fall bindend. In den Worten von Tariq Fancy, einem ehemaligen Chief Investment Officer für nachhaltige Investitionen bei BlackRock, werden sie[41] bei der Behebung des größten Marktversagens der Geschichte eine „vernachlässigbare Wirkung" haben. Die Situation ändert sich sehr schnell, und die Finanzindustrie wird diese Vorhersage hoffentlich entkräften, aber eine überwältigende Zahl von Wissenschaftlern stimmt mit der düsteren Prognose eines Temperaturanstiegs um 2,7°C bis zum Ende dieses Jahrhunderts überein. Einige gehen noch weiter: Eine kürzlich von *Nature*[42] durchgeführte Umfrage zeigt, dass viele Autoren des Berichts des Zwischenstaatlichen Ausschusses für Klimaänderungen (IPCC) davon ausgehen, dass sich die Welt bis zum Ende des Jahrhunderts um mindestens 3°C erwärmen wird. Sie erwarten auch, dass sie die katastrophalen Auswirkungen des Klimawandels noch zu ihren Lebzeiten erleben werden.

Kurzum, Experten und Wissenschaftler haben die existenzielle Bedrohung, der die Menschheit ausgesetzt ist, noch nie so klar analysiert und bewertet. „Es ist eindeutig": So lauten die ersten drei Worte des sechsten und jüngsten IPCC-Berichts:[43] „Es ist eindeutig, dass der menschliche Einfluss die Atmosphäre, die Ozeane und das Land erwärmt hat. Es sind weitreichende und rasche Veränderungen in der Atmosphäre, den Ozeanen, der

Kryosphäre und der Biosphäre eingetreten." Der Klimawandel ist inzwischen für jeden von uns sichtbar und spürbar. Überall kommt es zu extremen Wetterereignissen (die allmählich zur Norm werden) und zu Wetterkatastrophen wie Jahrtausend-Überschwemmungen, riesigen Waldbränden, tödlichen Hitzewellen und starken Wirbelstürmen. Die Daten machen dies deutlich. Die Weltorganisation für Meteorologie berichtete kürzlich, dass die Zahl der durch den Klimawandel verursachten Katastrophen in den letzten 50 Jahren um 500 % gestiegen ist, was zu Schäden im Wert von 3,64 Billionen Dollar und zum Verlust von 2 Millionen Menschenleben geführt hat, wobei die ärmeren Länder unverhältnismäßig stark betroffen sind.[44] In der Wissenschaft gibt es kaum Zweifel daran, dass dies erst der Anfang ist und dass sich der Klimawandel in den kommenden Jahren noch verschärfen wird. Wir alle stehen am Rande eines nicht nur abrupten und gewaltsamen Wandels, sondern einer Katastrophe, denn wir haben den Punkt erreicht, an dem es kein Zurück mehr gibt.

In unserem Gespräch mit ihm entwickelte Johan Rockström ein „großes Narrativ", das es wert ist, ausführlich zitiert zu werden, weil es auf geradezu meisterhafte Weise Ausmaß und Dringlichkeit des Problems sowie die Bedeutung des Begriffs „no return" hervorhebt:

> Wenn man alle Beweise aus allen Wissenschaftsbereichen auf den Tisch legt, wird leider klar, dass wir jetzt die folgende Frage untersuchen müssen:

Besteht die Gefahr, dass wir den gesamten Planeten destabilisieren? Besteht also die Gefahr, dass wir das lebenserhaltende System, von dem wir abhängig sind, untergraben, und dass wir den Planeten aus dem außerordentlich stabilen Zustand herausdrängen, in dem er sich seit der letzten Eiszeit befindet und der die Entwicklung von Zivilisationen ermöglicht hat? Mein Fokus liegt auf der Beschreibung eines sicheren Arbeitsraums für die Menschheit auf einem stabilen und widerstandsfähigen Planeten. Das ist das große Narrativ: Jetzt, mitten im Zeitalter des Anthropozäns, in dem die Menschheit die dominierende Kraft des Wandels ist, müssen wir uns wieder mit dem Planeten verbinden, zu Verwaltern des Planeten werden und erkennen, dass der Planet Grenzen hat, die nicht verhandelbar sind. Die große neue Zukunft der Menschheit besteht darin, erfolgreich, gerecht und ertragreich zu sein - alles wünschenswerte Attribute innerhalb des sicheren Arbeitsraums eines stabilen Planeten. Das ist die große Herausforderung: zurückzukehren und sicher auf der Erde zu landen. (...) Wir stehen vor einer existenziellen Krise - nicht etwa, weil wir morgen unterzugehen drohen, doch das größte Risiko besteht darin, dass wir in das entscheidende Jahrzehnt für die Zukunft der Menschheit auf der Erde eingetreten sind. Das ist eine sehr dramatische Aussage, eine existenzielle Aussage. Bedeutet das, dass wir am 1. Januar 2031 über einen Abhang stürzen, wenn wir scheitern? Nein. Was auf dem Spiel steht, ist, dass wir sehr nahe an einem Punkt sind, an dem eine Umkehr nicht mehr möglich ist, an dem wir Gefahr laufen, Schwellen zu überschreiten und auf Knöpfe für irreversible Veränderungen zu drücken, was nicht bedeutet, dass der Planet über eine Klippe stürzt, sondern unumkehrbar in einen Zustand abdriftet, der die moderne Welt, wie wir sie kennen, nicht mehr erhalten kann. Vielleicht dauert es 100, 200 oder 300 Jahre, bis 40 % der Landfläche der Erde unbewohnbar sind, der Meeresspiegel um 10 Meter ansteigt und wir mit extremen Wetterereignissen, Bränden und Krankheiten konfrontiert werden. Die vollen Auswirkungen davon spüren wir womöglich erst im Laufe einer langen Reise, aber der uns jetzt laut Wissenschaft in die Hand gegebene Schlüssel ist, dass wir in den nächsten zehn Jahren entscheiden, welchen Weg wir wählen: ob wir alle zukünftigen Generationen auf diesen negativen Weg der Untergrabung ihrer Existenz festlegen, oder ob wir in eine neue Zukunft abbiegen, was bedeutet, dass wir die Welt wieder auf einem stabilen Planeten verankern. Um dieses Drama geht es. Deshalb spreche ich von einer planetarischen Notlage. Eine Notlage liegt vor, wenn Sie einem katastrophalen Risiko ausgesetzt sind, aber allein die Tatsache, dass Sie einem solchen Risiko ausgesetzt sind, schafft noch nicht unbedingt eine Notlage. Eine Notlage besteht, wenn ein katastrophales Risiko mit Zeitmangel multipliziert wird. Die Wissenschaft warnt schon seit Jahrzehnten vor den katastrophalen Risiken, aber jetzt läuft uns auch die Zeit davon. Das globale Kohlenstoffbudget ist aufgebraucht; es gibt keine Ozeane und keine Atmosphäre mehr, die wir ausbeuten können; die Regenwälder verschwinden, und es gibt keine gemäßigten Wälder mehr, auf die wir uns verlassen können. Wir können das System nicht weiter vorantreiben. Wir haben einen Sättigungspunkt erreicht. Wenn man also das Katastrophenrisiko mit einem kleinen Zeitfenster multipliziert, ergibt sich ein Notfall. Deshalb rückt man mit der Feuerwehr aus, um einen Brand in seinem Haus zu löschen, weil man sich in einer zeitlichen Notlage befindet. Wir haben schon seit langem wissenschaftlich nachgewiesen, dass 2020 die letzte Chance ist, um die globale Emissionskurve zu krümmen. Das stand im vierten und fünften Bericht des IPCC, doch haben wir die Kurve gekrümmt? Nein. Wir haben das Jahr 2020 hinter uns gelassen und sind in das entscheidende Jahrzehnt eingetreten. Wir müssen die Emissionen halbieren, wir müssen den Verlust

> der biologischen Vielfalt stoppen, und wir müssen diesen nicht nachhaltigen Weg beenden. Das ist es, was die Sache existenziell macht.

Dies ist - sowohl im buchstäblichen als auch im metaphorischen Sinn - eine dramatische Aussage von einem der einflussreichsten Wissenschaftler auf diesem Gebiet. Um zu verstehen, wie sich der Klimawandel entwickeln wird, ist es wichtig, auf den entscheidenden Unterschied zwischen einem „Sättigungspunkt" und einem „Kipppunkt" hinzuweisen. Ersteres bedeutet, dass wir den Punkt erreicht haben, an dem der globale durchschnittliche Kohlendioxidgehalt in der Atmosphäre an seine Grenzen stößt, denn die Wissenschaft sagt uns, dass wir den Sättigungspunkt der Atmosphäre erreichen, wenn wir 350 Teile pro Million überschreiten (wir liegen derzeit bei 415 Teilen pro Million). Dies deutet darauf hin, dass „wir die gesamte Kapazität des Erdsystems, den vom Menschen verursachten Stress und Druck zu absorbieren, ohne Auswirkungen zu verursachen, ausgeschöpft haben (...). Wir haben so viel Druck ausgeübt, wir haben so viel abgeholzt und ausgebeutet, dass der Planet das nicht mehr aushält."[45] Der Kipppunkt hingegen ist wissenschaftlich festgelegt. Ein Kipppunkt ist ein exakter Punkt, die Schwelle, ab der eine bedeutende und oft unaufhaltsame Veränderung stattfindet. Ein System profitiert von mehreren stabilen Zuständen, die durch Schwellenwerte getrennt sind, welche durch eine Veränderung der Rückkopplungen überschritten werden können. Ein gesundes Regenwaldsystem könnte beispielsweise in eine Savanne umkippen, wenn es aufgrund von Abholzung den Kipppunkt überschreitet, an dem seine Baummasse sein Wasserrecycling-Ökosystem nicht mehr aufrechterhalten kann. Ebenso könnte eine stabile Eisdecke (oder ein Gletscher) in den Bergen umkippen und unwiderruflich schmelzen und zu einem See werden. Eisdecken profitieren von einer guten Rückkopplung, weil sie weiß sind (weiße Oberflächen reflektieren die eindringende Wärme und bleiben kühl), „aber sobald sie zu schmelzen beginnen, werden sie dunkler, und an einem bestimmten Punkt - einem sehr spezifischen Punkt - überschreiten sie die Schwelle, die Rückkopplung ändert die Richtung und sie erwärmen sich selbst, weil sie dunkler werden, und das ist dann ein Kipppunkt". Wie Rockström feststellte, wissen wir zwar, dass es die Kipppunkte gibt, aber wir wissen nicht genau, wo die Schwelle liegt. Es gibt jedoch Anzeichen dafür, dass wir uns einigen Kipppunkten rasch nähern oder einige davon bereits überschritten haben. „Das westantarktische Schelfeis hat den Kipppunkt bereits überschritten, ebenso das arktische Sommereis und die tropischen Korallenriffe (...). Die große Gefahr ist jetzt die AMOC [Atlantic Meridional Overturning Circulation - die atlantische meridionale Umwälzbewegung], das Umkippen der Wärme im Nordatlantik, zusammen mit dem Amazonas-Regenwald, den ganzen Permafrostsystemen der Tundra in Sibirien, den großen gemäßigten Regenwäldern und den Borkenkäferausbrüchen, und die Frage, ob Grönland noch lange stabil bleiben wird."

2.3.2. Was zu tun ist

Experten und Wissenschaftler wissen, was zu tun ist, um den Klimawandel zu bremsen oder zumindest sein Fortschreiten abzuschwächen und das Risiko weiterer Kipppunkte zu verhindern.

Für die Klimawissenschaftler läuft es darauf hinaus, dass wir unsere Treibhausgasemissionen (THG) so stark und so schnell wie möglich reduzieren müssen. Auch die CO2-Sequestrierung wird notwendig sein. Um das Ziel des Pariser Abkommens zu erreichen, die globale Erwärmung auf unter 2°C und idealerweise auf 1,5°C zu begrenzen, wären nach ihren Schätzungen zusätzlich zu den bereits erwähnten NDCs von über 120 Ländern weitere CO2-Reduzierungen um 17-20 Gt und eine 40-prozentige Reduzierung der Methanemissionen erforderlich.[46] Darüber hinaus hat der IPCC berechnet, dass wir bis zum Ende des Jahrhunderts 100 Milliarden bis 1 Billion Tonnen CO2 entfernen müssen.[47] Der Stolperstein ist jedoch die Wirtschaft. Zum jetzigen Zeitpunkt ist es aus den unten erläuterten Gründen äußerst schwierig, politische Maßnahmen zu ergreifen, mit denen sich solche ehrgeizigen Ziele erreichen lassen. Die (oft auf die Probe gestellte) Hoffnung ist, dass dies mit der Verschärfung der Klimakrise leichter wird, da diese die Menschheit an die Wand drückt und den Entscheidungsträgern keine andere Wahl bleibt, als radikal zu handeln.

Es gibt drei wesentliche Gründe für die bisher nur geringen Fortschritte: (1) das Fehlen eines Preises für Kohlenstoffemissionen, (2) die relative Ineffizienz bei der Förderung kohlenstoffarmer Technologien und (3) die schlecht funktionierende Architektur der internationalen Klimavereinbarungen.[48]

(1) Es wird niemals einen echten Anreiz zur Dekarbonisierung geben, wenn nicht weltweit ein Preis für Kohlendioxidemissionen eingeführt wird. Andernfalls werden Regierungen,

Unternehmen und Verbraucher ihr Verhalten einfach nicht in einem Umfang und Ausmaß ändern, das von Bedeutung ist. Derzeit liegt der weltweite Preis für Kohlenstoffemissionen nahezu bei Null (2019 schätzte ihn die Weltbank auf etwa 2 $ pro Tonne, der IWF sieht ihn heute bei 3 $). Es gibt verschiedene Pläne zur Bepreisung von Kohlenstoff (der größte davon ist das Emissionshandelssystem der Europäischen Union), aber sie alle haben Mängel. Entweder setzen sie einen relativ hohen Preis fest, der aber nur einen Bruchteil ihrer Volkswirtschaften betrifft (im Falle der EU weniger als die Hälfte), oder sie haben eine sehr hohe Abdeckungsrate, aber eine sehr niedrige Steuer (wie das kalifornische Cap-and-Trade-System). Um wirksam zu sein, muss ein Kohlenstoffpreis in allen Ländern und Sektoren gleich hoch sein, und er muss hoch genug sein, um eine spürbare Wirkung zu haben. William Nordhaus schätzt, dass die Kohlenstoffpreise bis 2030 auf 300 bis 500 Dollar pro Tonne und bis 2050 auf bis zu 1.000 Dollar pro Tonne steigen müssten, um entweder das Zwei-Grad-Ziel oder das Ziel von Null Nettoemissionen bis 2050 zu erreichen. Er weist darauf hin, dass diese Schätzungen auf Modellen beruhen, die stark variieren, weil die für die Erreichung von Nullemissionen erforderlichen Technologien noch in der Entwicklung sind und daher spekulativ. Allerdings liegen die geschätzten Preise um ein Vielfaches (ein Hundertfaches) höher als heute.

(2) Die unzureichenden Investitionen in kohlenstoffarme Technologien sind auf das zurückzuführen, was Nordhaus als

„fehlgeleitete Innovationsanreize" bezeichnet. Da noch immer mehr als 80 % des weltweiten Primärenergieverbrauchs auf fossile Brennstoffe entfallen, werden in den nächsten vier Jahrzehnten mehrere hundert Billionen an neuem Kapital benötigt, um Netto-Null-Emissionen zu erreichen (grob geschätzt 100 bis 300 Billionen Dollar).[49] Dies wird nur möglich sein, wenn die Regierungen ihre Unterstützung für kohlenstoffarme Technologien weltweit massiv erhöhen. Dafür gibt es zwei Gründe: (1) Der Übergang zu einer kohlenstofffreien Weltwirtschaft wird den Austausch der meisten Teile der Energieinfrastruktur erforderlich machen; (2) Dies wiederum wird die Entwicklung neuer Technologien zur Kohlenstoffentfernung erfordern, die es heute noch nicht (oder kaum) gibt. Eine solche Entwicklung kann nur mit starker staatlicher Unterstützung stattfinden, da, wie Nordhaus erklärt, „F&E unter einer enormen Externalität leidet, ähnlich wie der Klimawandel", da die öffentlichen Erträge aus grünen Innovationen viel größer sind als die privaten Erträge. Der Grund dafür ist folgender: Da die wirtschaftlichen Erträge rasch auf andere Unternehmen und künftige Verbraucher übergreifen, erhalten grüne Erfinder und Unternehmer nur einen kleinen Teil der Erträge aus ihren Innovationen (wie dies bereits bei Investitionen in die Kohlenstoffabscheidung und -sequestrierung der Fall ist). Die niedrigen Preise für Emissionen (die so dramatisch unterbewertet sind) verschärfen das Problem noch. Es bleibt daher den Regierungen und Behörden überlassen, neue kohlenstoffarme Technologien und neue Energiequellen (wie Wasserstoff oder Fusionsenergie) zu entwickeln, eine Situation, die so lange anhalten wird, bis die Kohlenstoffemissionen nicht mehr in geradezu lächerlicher Weise unterbewertet sind. Auch die Prioritäten der Regierungen müssen neu gewichtet werden, um der Bedrohung durch den Klimanotstand angemessen Rechnung zu tragen. Nordhaus weist darauf hin, dass die US-Regierung im Jahr 2019 60 Milliarden Dollar für Forschung und Entwicklung im Bereich der militärischen Systeme ausgab, aber 30-mal weniger (2 Milliarden Dollar) für Forschung und Entwicklung im Bereich der modernen und erneuerbaren Energien. Er meint: „Dieses Missverhältnis mag eine politische Logik haben, [aber] angesichts der Klimabedrohungen, denen sich die Welt in den kommenden Jahren gegenübersieht, gibt es keine gesellschaftliche Logik dafür."

(3) Die Architektur der internationalen Klimaabkommen und ganz allgemein die Struktur der internationalen Klimapolitik ist mit dem Problem des Trittbrettfahrens behaftet, das besteht, wenn jemand (eine Einzelperson, ein Unternehmen oder ein Land) keinen Anreiz hat, freiwillig zur Bereitstellung eines öffentlichen Gutes (in diesem Fall eines lebenswerten Planeten) beizutragen, aber dennoch davon profitiert. Kurz gesagt, Trittbrettfahrer folgen dem Motto „sollen doch die anderen die harte Arbeit machen und dafür bezahlen". Trittbrettfahren ist einer der Hauptgründe, warum die Welt in den letzten 30 Jahren so wenig Fortschritte bei der Bekämpfung des Klimawandels gemacht hat. Viele Länder erwarten, dass andere

Länder zuerst handeln (vielleicht aus „legitimen" Gründen, wie weiter unten erörtert), und warten darauf, dass sie die „schwere Arbeit" erledigen, was die Beschlüsse und unverbindlichen Zusagen, die im Rahmen internationaler Vereinbarungen gemacht wurden, dramatisch untergräbt. Die Standardreaktion der Wirtschaft auf das Trittbrettfahrerproblem kann zwei Formen annehmen: (1) Zwang durch Besteuerung und Regulierung oder (2) der Appell an die altruistischen Gefühle des Trittbrettfahrers und an seinen Sinn für soziale Zwecke. Keine dieser beiden hypothetischen Lösungen kann für den Klimawandel funktionieren. Der grundlegende Mangel internationaler Abkommen wie des Kyoto-Protokolls oder des Pariser Abkommens besteht darin, dass ihnen eine verbindliche internationale Übereinkunft fehlt. Alle Verpflichtungen und Zusagen, die auf den 26 UN-Konferenzen (und anderswo) gemacht wurden, sind „weich", und oft fehlen sogar die effektiven politischen Mechanismen zu ihrer Implementierung. Seit die internationale Gemeinschaft begonnen hat, sich mit dem Klimawandel zu befassen, wurden keinerlei Sanktionen für die Nichtbeteiligung, den Bruch eines Versprechens oder einer Verpflichtung oder gar den Rückzug aus einer Vereinbarung (wie im Fall der USA und des Kyoto-Protokolls) verhängt. Dies ermöglicht und fördert das Trittbrettfahren in großem Umfang. Was den Altruismus anbelangt, so neigen die Länder dazu, ihre nationalen Interessen über die globalen Interessen zu stellen und vernachlässigen somit ihren Teil bei der Bewältigung globaler Probleme, was zu

Ergebnissen führt, die alle Beteiligten schlechter dastehen lassen. Dies gilt insbesondere für den Kampf gegen den Klimawandel.

Eine übergreifende internationale Klimapolitik muss diese drei voneinander abhängigen Fehler beheben, indem sie einen universellen Mechanismus zur Bepreisung von Kohlenstoff, ein robustes System zur öffentlichen Förderung kohlenstoffarmer Technologien und eine neue Architektur für internationale Klimaabkommen einführt. Die meisten Experten und Marktteilnehmer sind sich einig, dass es ohne systemische, ja sogar „aggressive" Reformen, zu denen nur die Regierungen in der Lage, fähig und legitimiert sind, keine echten Fortschritte geben wird. So werden beispielsweise verantwortungsvolle Investitionen nach ESG-Kriterien „eine Fiktion bleiben"[50], solange nicht eine wirksame globale Kohlenstoffsteuer eingeführt, einheitliche ESG-Standards implementiert und eine Reihe von breit angelegten Vorschriften zur Bestrafung unangemessenen Verhaltens erlassen werden. Doch trotz der Notwendigkeit, heftige Kapitalverschiebungen zu vermeiden, ist die Zeitvorgabe von entscheidender Bedeutung. Welche anderen Maßnahmen können bis dahin ergriffen werden?

Unmittelbar vor der COP26 verpflichtete sich die Energy Transitions Commission, eine globale Koalition aus führenden Persönlichkeiten aus der gesamten Energiewirtschaft, dazu, bis zur Mitte des Jahrhunderts Netto-Null-Emissionen zu erreichen, und zählte sechs spezifische Maßnahmenpakete auf, die, wenn sie auf der Konferenz vereinbart und in den restlichen 2020er Jahren umgesetzt werden, das Erreichen des 1,5°C-Ziels ermöglichen könnten. Alle sechs sind technisch machbar und könnten von Regierungen und/oder Unternehmen vorangetrieben werden, ohne dass umfassende internationale Abkommen ausgehandelt werden müssten. Diese Maßnahmen sind:[51]

(1) Eine signifikante und schnelle Reduzierung der Methanemissionen.
(2) Der Stopp der Abholzung und der Beginn der Wiederaufforstung.
(3) Die Dekarbonisierung des Stromsektors und die Beschleunigung des Ausstiegs aus der Kohle.
(4) Die Beschleunigung der Elektrifizierung des Straßenverkehrs.
(5) Die Beschleunigung der Dekarbonisierung der Lieferketten in Gebäuden, in der Schwerindustrie und im Schwerlasttransport.
(6) Die neuerliche Stärkung der Energie- und Ressourceneffizienz.

In Bezug auf diese Maßnahmen ist das Ergebnis der COP26 bestenfalls gemischt. Es wurden einige positive Schritte unternommen, vor allem Zusagen zur Verringerung der Methanemissionen und der Abholzung, aber insgesamt bleiben sie hinter dem zurück, was erforderlich ist, um den Klimanotstand ernsthaft zu bekämpfen. Die gemachten Versprechungen sind weder verbindlich noch von einem konkreten Aktionsplan begleitet. Was die aktivere Beteiligung des Privatsektors an der Verwirklichung der Netto-Null-Ziele bis 2050 angeht (die Glasgow Financial Alliance for Net Zero[52] (GFANZ) hat einen Kapitalpool von über 130 Billionen Dollar zur Verfügung gestellt, um die Wirtschaft auf Netto-Null umzustellen), so kann dies nur in großem Maßstab mit einer internationalen Kohlenstoffbepreisung, der Abschaffung von Subventionen für fossile Brennstoffe und der obligatorischen Offenlegung klimarelevanter Finanzdaten funktionieren. Nichts von alledem wird wahrscheinlich sofort geschehen, da die politischen Maßnahmen und Vorschriften fehlen, die notwendig sind, um privates Kapital in großem Umfang und schnell zu kanalisieren. Kurz gesagt, die Kluft zwischen Absicht und Handeln hat sich vergrößert, und das Risiko, dass die Klimakrise unbeherrschbar wird, ist gestiegen. Positiv zu vermerken ist jedoch, dass sich der Zeitgeist, wie im zweiten Teil erwähnt, unumstößlich verändert hat. Eine beträchtliche Mehrheit der Länder und Branchen erkennt nun die Notwendigkeit an, entschiedene Maßnahmen zu ergreifen und weitere Verpflichtungen einzugehen. Reden ist einfach, aber jetzt werden Aktivisten, die öffentliche Meinung und zunehmend auch die Aufsichtsbehörden ein wachsames Auge darauf haben, dass den Worten auch Taten folgen.

2.3.3. Das Dilemma der Klimaschutzmaßnahmen

Abgesehen von einigen eingefleischten Klimaskeptikern kann niemand Nicholas Sterns Aussage widersprechen, dass „die Kosten des Nichthandelns in der Klimaproblematik [weit] höher sind als die Kosten des Handelns“.[53] Es gibt jedoch keinen Grund, um den heißen Brei herumzureden: Klimamaßnahmen sind schwierig, komplex und oft chaotisch.

Warum ist die Kluft zwischen den Bestrebungen und der Politik so groß? Warum scheinen Klimaschutzmaßnahmen so heikel zu sein, und warum ist es so schwierig, Maßnahmen und Strategien einzuführen, die das Risiko der Umweltzerstörung und des Klimawandels wirksam eindämmen könnten? Dafür gibt es im Wesentlichen zwei (miteinander verwobene) Gründe. Einer davon betrifft die Schwierigkeit der Umsetzung der erforderlichen Maßnahmen, die sich oft auf das Wesentliche beschränken. Der andere hat mit Klimagerechtigkeit zu tun und mit dem Eindruck, dass die derzeitigen Maßnahmen ungerecht sind, da sie diejenigen bestrafen, die am wenigsten für das Problem verantwortlich sind.

Der Übergang zu sauberer Energie und die vielfältigen Innovationen, die für die Dekarbonisierung unseres Planeten erforderlich sind, stellen mittel- und langfristig zwei potenziell gigantische Chancen dar: Sie werden eine „neue Wachstumsstrategie" untermauern (wie Ursula von der Leyen bei der Vorstellung des Europäischen Green Deals sagte) und Millionen von Arbeitsplätzen schaffen. Kurzfristig gesehen sind sie jedoch auch mit Kosten und politischen Risiken verbunden. Da (wie bereits erwähnt) Öl und Gas in unserem globalen Energiemix vorherrschen, ist der Übergang zu sauberer Energie zunächst gleichbedeutend mit dem, was Ökonomen einen „negativen Angebotsschock" nennen, der eine Energiepreisinflation auslösen wird (wie bereits im Herbst 2021 deutlich wurde). Darüber hinaus wird in Zukunft die absolute Notwendigkeit, einen globalen Preis für Kohlenstoffemissionen einzuführen, weiter zur Energiepreisinflation beitragen. Unabhängig davon, wie hoch der Preis für Kohlenstoffemissionen sein wird (der IWF rechnet mit einer Steigerung von derzeit 3 Dollar pro Tonne auf 75 Dollar im Jahr 2030,[54] viel weniger als Nordhaus für notwendig hält), werden die CO2-Kosten die Inflation um einige Prozentpunkte erhöhen - um nur ein Beispiel zu nennen, von 0,6 auf 2 im Vereinigten Königreich, nach Angaben der Bank of England.[55] Dies wird sich auf die Haushaltslage der Länder auswirken, die Programme zum Schutz der schwächsten Haushalte vor den Auswirkungen der Energiepreisinflation aufgelegt haben, und die Aufgabe der Klimapolitik wird schwieriger werden.

Die „Gelbwesten"-Episode in Frankreich erinnert daran, dass bei der Bekämpfung des Klimawandels immer die Gefahr sozialer Unruhen besteht. Die Einführung einer geringfügigen Erhöhung der Kraftstoffsteuer im Jahr 2018 hat die *Gilets Jaunes-Krise* ausgelöst, da sie Arbeitnehmer mit niedrigem und mittlerem Einkommen unverhältnismäßig stark trifft, denn diese haben keine andere Wahl, als mit dem Auto zur Arbeit zu fahren. Dies verdeutlicht einen Punkt, der in Abschnitt 2.5 hervorgehoben wird: Jeder bedeutsame Übergang von einem System zu einem anderen bringt Gewinner und Verlierer hervor. Die Energiewende und der Kampf gegen den Klimawandel bilden da keine Ausnahme. Solange die komplexen Fragen der Umverteilung, der Auswirkungen auf den Arbeitsmarkt und der Gerechtigkeit bei der Ausarbeitung der Klimapolitik nicht berücksichtigt werden, wird die Akzeptanz der Bürger, „die sich mehr Sorgen um das Ende des Monats als um das Ende der Welt machen“ (das Leitmotiv der *Gilets Jaunes-Bewegung*), ausbleiben, was zu Unzufriedenheit und einer gesellschaftlichen Gegenreaktion gegen die Klimamaßnahmen führen wird.

Diese zeitliche Diskrepanz zwischen kurzfristigen Belastungen und langfristigen Gewinnen erklärt die Häufigkeit des „Not in my term of office“-Syndroms (NIMTOF - nicht in meiner Amtszeit) bei bestimmten Entscheidungsträgern. Das Akronym NIMTOF, das in den Anfängen (2005) des Global Risks Network beim Weltwirtschaftsforum geprägt wurde, beschreibt die Haltung einiger politischer Entscheidungsträger und Wirtschaftsführer, die eine bestimmte Politik oder Strategie nicht weiterverfolgen, solange sie am Ruder sind, obgleich sie wissen, dass diese notwendig ist, es aber vorziehen, die Verantwortung und den Schwarzen Peter an ihren Nachfolger weiterzureichen. Das ist ein allgemeiner menschlicher Charakterzug und ein Zeichen unserer menschlichen Schwäche. Für manche Entscheidungsträger liegt die Wahrscheinlichkeit einer möglichen künftigen Katastrophe jenseits ihrer unmittelbaren Anliegen und sie sagen sich: „Wenn uns die Klimakatastrophe dann wirklich hart trifft, bin ich nicht mehr da, also überlasse ich das lieber denen, die nach mir kommen.“ Führung bedeutet, unter unsicheren Umständen harte und schwierige Entscheidungen zu treffen, aber die Bekämpfung des Klimawandels ist eine so große Herausforderung mit so komplexen Auswirkungen, dass es für einen für fünf Jahre gewählten Politiker oder eine Führungskraft in der Wirtschaft (die selten länger als fünf Jahre an der Spitze steht) „einfacher“ sein mag, diese schwierige Aufgabe der nachfolgenden Führungskraft zu überlassen.

Die Aufgabe von Führungskräften und Entscheidungsträgern wird zusätzlich durch drei spezifische Gruppen erschwert, die die Relevanz von Klimaschutzmaßnahmen in Frage stellen oder ein persönliches Interesse daran haben, sie zu verhindern oder zu ignorieren.

(1) Die erste Gruppe besteht aus denjenigen, die die wissenschaftlichen Fakten des Klimawandels nicht anerkennen oder einfach leugnen. Zahlreiche Umfragen in verschiedenen Regionen der Welt haben ergeben, dass eine beträchtliche Anzahl von Menschen immer noch der Meinung ist, dass es keinen vom Menschen verursachten Klimawandel gibt. Die Vereinigten Staaten sind das Epizentrum der Leugnung der Klimawissenschaft: 30 % der Amerikaner bezweifeln, dass es den vom Menschen verursachten Klimawandel überhaupt gibt, und 10 % behaupten, dass sich das Weltklima nicht verändert - eine Ansicht, die vor allem von der politischen Rechten vertreten wird, die eher dazu neigt, der Wissenschaft zu misstrauen und Verschwörungstheorien zu glauben.[56] Solche Haltungen gibt es überall auf der Welt, aber die Zahl der Zweifler und Leugner ist in anderen Ländern geringer als in den USA. Zweifler und Leugner sind jedoch ein großer Hemmschuh, da sie die Polarisierung vorantreiben und die Politik ausbremsen (oder sogar verhindern). Der Klimawandel ist heute in vielen Ländern eines der am stärksten politisch polarisierenden Themen. Das macht die Politik unweigerlich viel schwieriger.

(2) Die zweite Gruppe besteht aus Menschen, die die Bedeutung der Klimapolitik anerkennen, aber nicht wollen, dass sie sich direkt auf ihre Lebensweise auswirkt. Dies ist das Klima-Äquivalent zur „Not in my backyard"-Bewegung (NIMBY - Sankt-Florians-Prinzip). Die Dekarbonisierung unserer Volkswirtschaften erfordert den Ersatz fossiler Brennstoffe durch erneuerbare Energien wie Wind, Sonne und andere kohlenstofffreie oder -arme Energien, die nicht jeder gerne in seinem Umfeld sieht. Täglich berichten die lokalen Zeitungen über den Widerstand vor Ort, auch von einigen Umweltgruppen, der solche Entwicklungen verhindert oder verzögert. Ohne den entscheidungserheblichen Sachverhalt zu kennen und ohne sich ein Urteil zu erlauben, kann man mit Fug und Recht behaupten, dass die im November 2021 in Maine erfolgte Abstimmung gegen eine geplante 145 Meilen lange Energieübertragungsleitung, mit der saubere kanadische Wasserkraft nach Neuengland gebracht werden sollte, die aber die Wälder des Staates zerstört hätte,[57] in diese Kategorie gehört. Solche Fragen verdeutlichen die komplexen Abwägungen, mit denen lokale und regionale Politiker konfrontiert sind, wenn sie sich zwischen dem Übergang zu sauberer Energie und dem Erhalt von Naturlandschaften entscheiden müssen. Auf breiterer Ebene verdeutlicht eine Umfrage, die kurz vor der COP26 in 10 Ländern durchgeführt wurde, das Problem persönlicher Überzeugungen bei der Auseinandersetzung mit dem Klimawandel und der Umweltzerstörung. Die Studie ergab, dass die Weltbürger über den Klimanotstand besorgt sind, aber eine Mehrheit glaubt,

dass sie bereits mehr für den Schutz des Planeten tun als alle anderen, einschließlich ihrer Regierung, und nur wenige sind bereit, ihren Lebensstil grundlegend zu ändern. Drei Viertel (76 %) der Befragten gaben an, dass sie strengere Umweltvorschriften und -regelungen akzeptieren würden, aber fast die Hälfte (46 %) war der Meinung, dass sie ihre persönlichen Gewohnheiten nicht wirklich ändern müssten.[58]

(3) Die dritte Gruppe ist ein bunter Haufen „menschlicher Raubtiere", die - legal oder nicht - die indigenen Gemeinschaften bedrohen, auf deren Land ein großer Teil der weltweit noch verbliebenen Wälder und einige der am besten funktionierenden Ökosysteme liegen. Ihre Gebiete sind ein grundlegender Bestandteil der naturbasierten Lösung zur CO2-Sequestrierung und zum Schutz funktionierender Ökosysteme, aber sie sind durch industrielle Landwirtschaftsbetriebe, Bergleute, Holzfäller und manchmal auch durch Tierhändler und Drogenschmuggler bedroht. Dieses Phänomen ist besonders in den letzten verbliebenen großen Naturschutzgebieten wie dem Amazonas und dem Kongobecken zu beobachten.

2.3.4. Klimagerechtigkeit

Umweltzerstörung und Klimawandel schaden unverhältnismäßig stark denjenigen, die am wenigsten für die Verursachung verantwortlich sind, sei es in Bezug auf Länder (die reiche Welt gegenüber Entwicklungs- und Schwellenländern), Generationen (die Jungen und kommende Generationen gegenüber den Alten) oder Wohlstand und Einkommen (die wohlhabendsten Mitglieder der Gesellschaft gegenüber den anderen).[59]

Dieses grundlegende Problem der Asymmetrie verlangt nach fairen und gerechten Lösungen. Dieser Abschnitt konzentriert sich ausschließlich auf die historischen Verantwortlichkeiten für den Klimawandel und die globale Lösung für „Klimagerechtigkeit", da diese Faktoren die Komplexität und manchmal scheinbare Ausweglosigkeit von Klimaschutzmaßnahmen noch verstärken. Chandran Nair hat dies in unserem Gespräch mit ihm unmissverständlich zum Ausdruck gebracht, als er sagte:

> Die globale Minderheit [d.h. die westliche Welt] hat im Zuge ihrer Fortschritte über die letzten 200 Jahre den größten Teil der Emissionen freigesetzt und emittiert auch weiterhin ein Vielfaches der globalen Mehrheit [d.h. des Rests der Welt]. Die USA beispielsweise haben weit mehr CO2 emittiert als jedes andere Land: ein Viertel aller Emissionen seit 1751 sind dort entstanden. Trotz des enormen Anstiegs der Emissionen in China im letzten Jahrzehnt sind die Emissionen pro Person immer noch weniger als halb so hoch wie in den USA. Die eine Milliarde Menschen, die in Afrika südlich der Sahara leben, emittieren nur ein Zwanzigstel des Durchschnitts-US-Amerikaners. Indem man die Verantwortung für die Klimakrise nicht eindeutig dem übermäßigen

> Konsum in den Ländern der Minderheit zuschreibt, macht man politische Ausflüchte und Untätigkeit möglich und lässt zu, dass sich die Situation verschlimmert und den gesamten Planeten beeinträchtigt, einzig zugunsten der Minderheit.[60]

Die Daten zeigen die Notwendigkeit, diesem Vermächtnis Rechnung zu tragen, und zwar anhand der kumulativen Pro-Kopf-Kohlenstoffemissionen zwischen 1850 und 2021. In diesem Zeitraum emittierten die Kanadier am meisten (1.751 Tonnen pro Kopf), gefolgt von den Amerikanern (1.547), den Neuseeländern (1.388), den Russen (1.181) und den Briten (1.100). Im Gegensatz dazu stießen die Chinesen im gleichen Zeitraum 197 Tonnen pro Kopf aus und die Inder 61 Tonnen.[61] Heute gehören die Chinesen und die Inder in absoluten Zahlen zu den größten Emittenten der Welt, aber die Rangliste in relativen Zahlen (d.h. Emissionen pro Kopf) wird immer noch von den Amerikanern dominiert.

Dieses Problem kann umfassend erklären, warum sich einige Schwellenländer „berechtigt" fühlen, von den Anstrengungen einiger reicher Länder zu profitieren. Warum sollten sie, wie so viele politische Entscheidungsträger und Analysten ausführen, ihre Entwicklungsbemühungen aufgeben, um die Emissionen niedrig zu halten, wenn sie keine oder nur eine sehr geringe Verantwortung für die aktuelle Klimakrise tragen? Nair sieht in diesem Bestreben, die Emissionen weltweit zu senken, eine

Form des „Öko-Imperialismus", der seiner Meinung nach besonders deutlich in der Agenda zur Förderung einer Netto-Null-Welt 2050 zum Ausdruck kommt. Seiner Meinung nach „ist das kollektive Streben nach Kohlenstoffneutralität, das die Internationale Energieagentur als ‚Netto-Null-Emissionen bis 2050 (NZE2050)' bezeichnet, grundlegend irreführend und unerreichbar. Es ist einfach keine praktikable globale Lösung", weil es „auf einer Mischung aus marktbasierten Mechanismen und schnellen und einfachen technologischen Lösungen (...) beruht, die für reichere Nationen entwickelt wurden [aber nicht] für die globale Mehrheit [die nicht-westliche Welt] funktionieren", und zwar sowohl aus technischen als auch aus politischen Gründen. Seine Argumentation lautet wie folgt: „Die Hauptkomponenten von NZE2050 betreffen die Umstellung von fossilen Brennstoffen auf erneuerbare Energien, den Einsatz von Kohlenstoffabscheidung und -sequestrierung sowie den Kohlenstoffausgleich. (...) Diese Methoden mögen teilweise für ein Land oder eine Region (z.B. die EU) funktionieren, aber sie können innerhalb des Zeitrahmens von 30 Jahren, der für die Bewältigung der klimatischen Herausforderungen erforderlich ist, nicht Teil einer globalen Lösung (...) in armen Ländern (Ländern, die global gesehen die Mehrheit bilden) sein [weil sie nicht möglich sind]. (...) Diese Länder brauchen die nötige Energie, um ihre Nationen aufzubauen und die Grundbedürfnisse ihrer großen, unversorgten Bevölkerung zu decken. Dies kann nicht durch die technologiebasierten Methoden von NZE2050 umgangen oder ‚übersprungen' werden - wenn nicht einmal die Länder, die weltweit in der Minderheit sind, nicht in der Lage sind,

CO_2-reduzierende Technologien in großem Maßstab einzuführen, wie könnten dann die Länder, die weltweit in der Mehrheit sind, dies erreichen?"[62]

Für Nair und viele andere, die sich zur Klimapolitik äußern, stellt diese Divergenz zwischen der reichen Welt und den Schwellenländern ein großes, wenn nicht sogar unüberwindbares Hindernis bei unserer gemeinsamen Suche nach einer Lösung dar, es sei denn, ein anderes, positiveres oder „gerechteres" Narrativ tritt an die Stelle des „wir gegen sie". Nair: „Die Wahrheit ist, dass jede Nation und jede Region in den kommenden Jahrzehnten einen eigenen Weg einschlagen muss: Die Industrieländer werden damit zu kämpfen haben, ihre Bevölkerung zu beruhigen, wenn die Notwendigkeit eines geringeren Ressourcenverbrauchs und geringerer Emissionen vordringlich wird, während die Entwicklungsländer weiterhin damit zu kämpfen haben werden, Sicherheit zu gewährleisten und die Grundbedürfnisse ihrer Bevölkerung zu befriedigen, wenn sich die Auswirkungen des Klimawandels verschärfen."

2.4. Geopolitik

Die Pandemie hat die geopolitischen Verwerfungen verschärft, die bereits vor der Pandemie zu erkennen waren. Es scheint, dass das 21. Jahrhundert eine Zeit ohne absoluten Hegemon sein wird, in der keine Macht die absolute Vorherrschaft erlangt. Infolgedessen werden Macht und Einfluss chaotisch und in einigen Fällen widerwillig umverteilt werden. In den nächsten

Jahrzehnten wird die Welt unsicherer und weniger stabil sein als in der jüngsten Vergangenheit. Sie wird durch eine schroffe Rückkehr zum Wettbewerb der Großmächte gekennzeichnet sein, der die Merkmale eines Nullsummenspiels aufweist („Ich gewinne - du verlierst“) und einem Schachbrett ähnelt, auf dem der Rivale besiegt werden muss. Das chaotische Ende des Multilateralismus, das derzeitige Vakuum in der globalen Zusammenarbeit und der Aufstieg verschiedener Formen des Nationalismus und populistischer Regime werden es schwieriger machen, eine gemeinsame Basis zu finden, wenn eine Krise ausbricht. Heute, wo man sagen könnte, dass die Notwendigkeit dafür größer denn je ist, ist keine neue globale Ordnung in Sicht - nur ein chaotischer Übergang zu größerer Unsicherheit und Unbeständigkeit.

Dieser Abschnitt befasst sich mit der wachsenden Rivalität zwischen den USA und China. In der Welt der Geopolitik gibt es noch viele andere drängende Probleme, wie das Aufkommen von Illiberalismus, Nationalismus und Populismus, die Bewaffnung mit Cyberwaffen, Migration und andere Formen der hybriden Kriegsführung, das Fehlen einer wirksamen internationalen Zusammenarbeit und die wachsende Zahl fragiler und scheiternder Staaten. Die wachsende und scheinbar unlösbare Rivalität zwischen China und den USA stellt jedoch aus zwei Gründen die größte geopolitische Sorge unserer Zeit dar: (1) die Rivalität hat das Potenzial, globale Auswirkungen in einem noch nie dagewesenen Ausmaß und in einer Vielzahl von Bereichen hervorzurufen; und (2) kein globales Problem kann ohne ein gewisses Maß an Zusammenarbeit zwischen den beiden Rivalen wirklich angegangen werden. Die Gründe für die derzeitige Konfrontation lassen sich mit der Metapher der Thukydides-Falle[63] beschreiben - die strukturelle Spannung, die unweigerlich entsteht, wenn eine aufstrebende Macht (China) den herrschenden Hegemon (die USA) herausfordert. Diese Konfrontation wird in den kommenden Jahren eine Quelle globaler Unordnung, Störung und Unsicherheit sein, denn unabhängig davon, ob man die USA „mag" oder nicht, werden die Infragestellung ihrer globalen Rolle und ihr fortschreitender Rückzug von der internationalen Bühne die internationale Volatilität erhöhen. Länder, die sich bisher tendenziell auf die vom Hegemon USA bereitgestellten globalen öffentlichen Güter (für den Kampf gegen den internationalen Terrorismus, die Sicherheit der Seewege und andere globale Fragen) verlassen haben, sind nun mehr und mehr selbst gefragt. Infolgedessen wird die geopolitische Landschaft unter einem „globalen Ordnungsdefizit" leiden. Das jüngste Phänomen, dass mittelgroße Mächte viel selbstbewusster werden und ihre eigene Agenda verfolgen, ist ein konkreter Ausdruck davon. Man denke nur an das Vorgehen der Türkei im Kaukasus, an das von Belarus an der Grenze zur EU, das von Pakistan in Afghanistan oder das von Saudi-Arabien im Jemen. Alle diese Bestrebungen sind zwar regionaler Natur, aber schlecht für die globale Stabilität, da sie die Welt gefährlicher und unübersichtlicher machen. Wenn es den einzelnen Nationen und internationalen Organisationen nicht gelingt, Lösungen für eine bessere Zusammenarbeit auf globaler Ebene zu finden, laufen wir Gefahr, in ein „Zeitalter der Entropie" einzutreten, in dem Sparmaßnahmen, Ressentiments, Zersplitterung, Verdruss und Engstirnigkeit unsere Welt zunehmend bestimmen und sie unverständlicher und ungeordneter machen.

Aus all diesen Gründen wird die Qualität der Beziehungen zwischen China und den USA in den kommenden Jahren der überragende Faktor sein, der den größten Teil der globalen Ergebnisse bestimmt, natürlich geopolitisch, aber auch in anderen Bereichen. Die vielschichtige Natur ihrer Interdependenz berührt alle wichtigen Aspekte der internationalen Angelegenheiten: den Klimawandel und die Umwelt, das globale Wirtschaftswachstum und die finanzielle Stabilität, den internationalen Handel und die Investitionen, Konflikte und regionale Instabilität, die Zukunft der Tech-Governance, den tiefsitzenden Konflikt zwischen Autoritarismus und liberalen Demokratien, den Wettlauf um die Vorherrschaft im Weltraum - und diese Liste ist nicht vollständig. Der Ausgang jeder dieser wichtigen Fragen hängt in hohem Maße von der Fähigkeit Chinas und der USA zur Zusammenarbeit ab. Doch nach 40 Jahren strategischen Engagements scheinen die beiden Länder zu dem Schluss gekommen zu sein, dass sie die ideologischen, politischen und strategischen Gräben, die sie trennen, nicht überbrücken können. Weit davon entfernt, die beiden Giganten zu vereinen, bewirkte die Pandemie genau das Gegenteil, indem sie ihre Rivalität verschärfte und den Wettbewerb zwischen ihnen intensivierte. Infolgedessen driften sie nun auseinander, obwohl ihre starke wirtschaftliche und finanzielle Verflechtung nahelegt, dass eine vollständige Entkopplung ein äußerst schwieriges und schmerzhaftes Unterfangen wäre. Eine vollständige Trennung wäre in der Tat mit erheblichen Kosten auf beiden Seiten verbunden, wie zwei Beispiele zeigen: Der Handel der USA mit China beläuft sich auf mehr als 500 Mrd. USD, während China US-Schatzpapiere im Wert von mehr als 1 Billion USD hält (etwa 4 % der gesamten US-Staatsschulden). Dieselbe Logik gilt für die meisten traditionellen Verbündeten der USA, für die China inzwischen zum wichtigsten Handelspartner geworden ist. Für die EU, Japan, Südkorea, Saudi-Arabien und die Vereinigten Arabischen Emirate ist es fast unmöglich, „Partei" zwischen China und den USA zu ergreifen. „Wir können uns das nicht leisten", sagte uns ein politischer Entscheidungsträger aus dem Nahen Osten. Die meisten Führungskräfte globaler Unternehmen würden dem zustimmen. In den kommenden Jahren werden sie den Spagat so gut wie möglich meistern müssen. Dies könnte äußerst unangenehm werden.

Für Realisten und andere Verfechter der Großmachtpolitik dürfte diese zunehmende Rivalität keine Überraschung sein. „Wer kann es der chinesischen Führung verdenken, dass sie Asien dominieren und der mächtigste Staat der Welt werden will", fragt der Politikwissenschaftler John Mearsheimer. Er fügt hinzu:

> Sicherlich nicht die Vereinigten Staaten, die eine ähnliche Agenda verfolgten und zu einem Hegemon in ihrer eigenen Region und schließlich zum sichersten und einflussreichsten Land der Welt

> aufstiegen. Und auch heute handeln die Vereinigten Staaten genau so, wie es die realistische Logik vorhersagen würde. Seit langem gegen den Aufstieg anderer regionaler Hegemone, sehen sie Chinas Ambitionen als direkte Bedrohung und sind entschlossen, den weiteren Aufstieg des Landes zu stoppen. Das Ergebnis sind unweigerlich Wettbewerb und Konflikte. Das ist die Tragödie der Großmachtpolitik (...) Die meisten Amerikaner erkennen nicht, dass Peking und Washington demselben Drehbuch folgen, weil sie glauben, die Vereinigten Staaten seien eine edle Demokratie, die anders handelt als autoritäre und rücksichtslose Länder wie China. Aber so funktioniert internationale Politik nicht. Alle Großmächte, ob sie nun Demokratien sind oder nicht, haben kaum eine andere Wahl, als in einem Nullsummenspiel um Macht zu konkurrieren. Dieser Imperativ motivierte beide Supermächte während des Kalten Krieges. Das motiviert China heute und würde seine Führer auch motivieren, wenn das Land eine Demokratie wäre. Und es motiviert auch die amerikanische Führung, die entschlossen ist, China einzudämmen.[64]

Nicht jeder wird dieser Logik der „realistischen“ Schule der internationalen Angelegenheiten zustimmen, dass ein Konflikt unvermeidlich ist. Zweifellos wird sich der Wettbewerb zwischen den beiden Supermächten weiter verschärfen, aber ist ein tatsächlicher bewaffneter Konflikt wahrscheinlich? Großmächte äußern selten ihre Bereitschaft, in einen Krieg zu ziehen, aber die Geschichte liefert viele Beispiele dafür, wie sie in einen solchen stolpern können. Frühere Fälle der Thukydides-Falle zeigen, dass eine dominante Macht, die anfängt, sich Sorgen zu machen und sich unsicher zu fühlen, möglicherweise beginnt, überzureagieren und sich zu verkalkulieren. In ähnlicher Weise könnte sich die aufstrebende Macht durch die Aussicht auf Vorherrschaft ermutigt fühlen, übermütig werden und dasselbe tun: überreagieren und sich verkalkulieren. In einem unserer Gespräche bemerkte Niall Ferguson: „Es ist nur allzu leicht, eine Abfolge von Ereignissen zu erkennen, die zu einem weiteren unnötigen Krieg führen könnte, höchstwahrscheinlich um Taiwan, das Herr Xi begehrt und das Amerika gegen eine Invasion zu verteidigen zugesagt hat (in nicht ganz eindeutiger Weise) - eine Zusage, der es zunehmend an Glaubwürdigkeit mangelt, da sich das militärische Kräfteverhältnis in Ostasien verschiebt." Xue Lan schob die Verantwortung dafür, dass die beiden Länder in die Thukydides-Falle geraten sind, voll und ganz den USA zu: „Wissenschaftler haben uns schon vor einiger Zeit vor dieser möglichen Falle gewarnt. Dennoch zeigen die Geschehnisse zwischen den USA und China, dass die amerikanische Innenpolitik trotz aller Warnungen so funktioniert, dass es für jeden Politiker unmöglich ist, einer solchen Falle zu entkommen. Die Menschen hatten gehofft, dass eine neue US-Regierung die Dinge ändern würde, aber leider haben sie sich getäuscht. Die neue Administration folgt mehr oder weniger einem ähnlichen

Weg. Es ist nicht so einfach, als dass ein einzelner Politiker daran etwas ändern könnte."

Die meisten Erzählungen über die gegenwärtigen und zukünftigen Beziehungen zwischen China und den USA sind eher „pessimistisch". Warum ist das so? Das liegt daran, dass sich die beiden Länder in absehbarer Zukunft wahrscheinlich so entwickeln werden, dass sie sich weniger veranlasst sehen, nach Wegen für eine effektive Zusammenarbeit zu suchen.

Dafür gibt es folgende Gründe: Zum jetzigen Zeitpunkt haben weder die USA noch China ein Interesse daran, die Konfrontation zu entschärfen.

Nach Jahrzehnten unangefochtener globaler Dominanz befinden sich die USA derzeit in einem Prozess der „strategischen Kontraktion".[65] Womöglich dominieren sie die geopolitische Landschaft noch viele Jahre lang, doch ihre absolute Vorherrschaft ist nun vorbei und zwingt ihre Führung dazu, den unvermeidlichen, allmählichen Niedergang so sanft wie möglich zu gestalten. Wie Ferguson es formulierte, ist „der Rückzug aus der globalen Vorherrschaft selten ein friedlicher Prozess" - eine Beobachtung, die der amerikanische Truppenabzug aus Afghanistan schmerzlich vor Augen führte. In dem Maße, wie der globale Hegemon auf eine globale Polizeiarbeit verzichtet, stachelt er alle möglichen erklärten Feinde und andere Akteure dazu an, seine Entschlossenheit auf die Probe zu stellen, und ermutigt sie, anderswo Ärger zu machen. Darüber hinaus haben viele amerikanische und ausländische Beobachter Zweifel an der Art und Weise geäußert, in der sich das US-System entwickelt, und daran, ob sein soziales Gefüge und seine politischen Strukturen heute so widerstandsfähig sind wie in der Vergangenheit. Sie machen sich Sorgen darüber, ob die US-Gesellschaft und ihr Regierungssystem durch Polarisierung und Vetternwirtschaft strukturell beeinträchtigt wurden. Moisés Naím schloss sich diesen Bedenken an, als er sagte:

> Die nächsten Zwischenwahlen in den Vereinigten Staaten werden ein wichtiger Test dafür sein. Wir werden sehen, wie viele illiberale Initiativen und Ideen ins Spiel gebracht werden und an Unterstützung gewinnen. Ich sage voraus, dass die Finanzierung des US-Militärs stärker umstritten sein wird. Das Land gibt jedes Jahr etwa 738 Milliarden Dollar für die Verteidigung aus, das ist mehr als die nächsten 10 Länder zusammen. Und es gab die stillschweigend geduldete Vereinbarung, dass das Pentagon unbegrenzt Geld ausgeben kann, ohne Einschränkungen. Aber was hat das den Vereinigten Staaten oder der Welt in den letzten 20 Jahren in Afghanistan oder im Irak gebracht? Wann haben die Vereinigten Staaten das letzte Mal in einer groß angelegten Operation einen Sieg errungen? Ist es das die Ausgabe von 738 Milliarden Dollar pro Jahr wert? Diese Debatte wird sehr wichtig sein. In der

> Vergangenheit kümmerten sich die Lobbyisten und der Militär-, Industrie- und Finanzkomplex um den Schutz dieses Haushalts, da sie von diesem Haushalt profitierten und ihn aufzehrten. Das könnte in Zukunft schwieriger werden. Die hohen Militärausgaben werden nicht verschwinden, aber sie werden umstrittener und politisch kostspieliger werden.

Was China betrifft, so strahlt sein Führer/seine Führung Zuversicht hinsichtlich des politischen Systems des Landes, seiner Position gegenüber den USA und der langfristigen Stabilität der Kommunistischen Partei Chinas aus. Das Land scheint entschlossen zu sein, das zurückzufordern, was es als seine rechtmäßige globale Position ansieht, und das zu einem Zeitpunkt, an dem es über die wirtschaftlichen und militärischen Möglichkeiten für ein selbstbewussteres Auftreten verfügt. Nach Jahrzehnten einer ununterbrochenen rasanten wirtschaftlichen und militärischen Entwicklung ist das Land nun an einem Wendepunkt angelangt: Das Wachstum verlangsamt sich, und die Herausforderungen in einem globalen Umfeld, das von einigen als feindlicher gegenüber den chinesischen Interessen empfunden wird, nehmen zu.[66] Aus diesem Grund ist Xi der Ansicht, dass „jetzt mutige Maßnahmen ergriffen werden müssen, wenn das Land bis 2035 eine ‚moderne sozialistische Nation' werden soll".[67] Viele Analysten weisen jedoch darauf hin, dass Chinas Aufstieg zur globalen Dominanz keineswegs unaufhaltsam ist. Die

Bevölkerung altert sehr schnell und die Zahl der Arbeitskräfte schrumpft, während die Überschuldung und das Platzen der Immobilienblase einen starken und abrupten Wachstumsrückgang auslösen könnten. Sollte dies der Fall sein, so argumentieren einige Experten, wären es eher die Schwächen des Landes als seine Stärken, die die größte Gefahr für die geopolitische Stabilität darstellen würden. Sie argumentieren, dass die chinesische Führung bei wachsenden wirtschaftlichen Schwierigkeiten den Nationalismus durch eine Eskalation der Konfrontation mit den USA anheizen könnte, wobei Taiwan das verlockendste Ziel wäre.

Kurz gesagt, die Wahrscheinlichkeit, dass die chinesischen Führer ihr Wertesystem aufgeben, um den Amerikanern ähnlicher zu werden, ist genauso gering wie die Wahrscheinlichkeit, dass die amerikanischen Führer das ihre aufgeben, um den Chinesen ähnlicher zu werden. In den kommenden Jahren wäre eine friedliche Koexistenz zwischen den beiden Rivalen und die nachweisliche Fähigkeit zur Zusammenarbeit in einigen globalen Fragen wie dem Klimawandel das bestmögliche Ergebnis, aber es ist keine Selbstverständlichkeit. Der Hedge-Fonds-Manager Ray Dalio sagte dazu: „Es gibt fünf Arten von Kriegen, und nicht alle sind heiße Kriege. Es gibt einen Handelskrieg, einen Technologiekrieg, einen geopolitischen Krieg, einen Kapitalkrieg, und es könnte einen militärischen Krieg geben. Die ersten vier Kategorien finden sicherlich in unterschiedlichem Maße aktuell statt, und es gibt guten Grund, sich über die fünfte Art Sorgen zu machen.[68]

2.5. Gesellschaft

Unter den vielen gesellschaftlichen Herausforderungen, denen wir uns als Kollektiv gegenübersehen, ist die Ungleichheit die schädlichste und am tiefsten verwurzelte. Oder wie UN-Generalsekretär António Guterres es ausdrückt: „Ungleichheit bestimmt unsere Zeit."[69] Ihre Erscheinungsformen sind so vielfältig und haben ein solches Ausmaß erreicht, dass sie nicht weniger als eine Neudefinition unseres Gesellschaftsvertrags erfordern.

COVID-19 hat die bereits bestehenden Ungleichheiten verschärft und in mehrfacher Hinsicht verschlimmert. Erstens dadurch, dass das Problem der sozialen Ungleichheiten durch Verdeutlichung der schockierenden Unterschiede im Hinblick auf das Ausmaß des Risikos, dem die verschiedenen sozialen Schichten ausgesetzt sind, verschärft wurde (die Ober- und Mittelschichten waren viel weniger von COVID betroffen als die Mitglieder der Arbeiterklasse). Zweitens durch Aufdeckung der tiefen Kluft zwischen dem Wesen und dem Wert einer geleisteten Arbeit und der dafür bezahlten wirtschaftlichen Entlohnung. Mit anderen Worten: COVID hat deutlich gemacht, dass wir die Personen, die die Gesellschaft in Krisenzeiten am meisten braucht (wie Krankenschwestern, Lieferpersonal oder Reinigungskräfte), wirtschaftlich am wenigsten wertschätzen. Drittens durch die Feststellung, dass die weltweit verfolgte, extrem akkommodierende Geldpolitik das Wohlstandsgefälle vergrößerte, indem sie die Preise von Vermögenswerten, vor allem auf den Finanzmärkten und bei Immobilien, in die Höhe trieb.

Dem *Global Wealth Report 2021* von Credit Suisse zufolge hat das Wohlstandsgefälle zwischen Erwachsenen im Jahr 2020 in den meisten Ländern und in der Welt insgesamt zugenommen. Die Zahl der Millionäre stieg weltweit um 5,2 Millionen auf 56,1 Millionen. Infolgedessen benötigt ein Erwachsener heute mehr als 1 Million Dollar, um zum 1 % der Spitzengruppe zu gehören. Die Gruppe der sehr vermögenden Personen verzeichnete einen Mitgliederzuwachs um 24 % und damit die höchste Steigerungsrate seit 2003.[70] Diese Beobachtungen bringen in unserer Vorstellungskraft eine „soziale" Saite zum Klingen. Einer der (vielen) Gründe, warum „Squid Games" zu einem solchen Welterfolg wurde, ist, dass die Serie ein Gefühl anspricht, das den Menschen auf der ganzen Welt vertraut ist. Es scheint, dass Wohlstand in den reichen Ländern immer schwerer zu erreichen ist und dass die übermäßige Verschuldung, die man eingeht, um mit den anderen Schritt zu halten, viele zu einem Leben im Elend verdammt. Ganz allgemein herrscht in weiten Teilen der Welt ein tiefes Gefühl der Ungerechtigkeit. Mehr und mehr setzt sich die Erkenntnis durch, dass es für diejenigen, die von Geburt an arm sind und über wenig soziales Kapital verfügen, viel schwieriger ist als in der jüngsten Vergangenheit, die soziale Leiter emporzuklettern. Das System scheint die weniger privilegierten Mitglieder der Gesellschaft zutiefst zu benachteiligen. In unserem Gespräch fasste es der Staatsphilosoph Martin O'Neill wie folgt zusammen:

> Die Gesellschaften, in denen wir leben - die Art der Volkswirtschaften, die institutionellen

Strukturen, in denen wir zusammenleben -, haben einen schweren Fehler gemacht, indem sie zugelassen haben, dass sich ein solches Maß an Ungleichheit entwickelt (...). In Gesellschaften wie der meinen (dem Vereinigten Königreich) und anderen entwickelten Ländern ist das Ausmaß der Ungleichheit inzwischen so groß, dass es die Legitimität der institutionellen Strukturen unserer Gesellschaften ernsthaft bedroht. Aber die Art von Ungleichheit, über die wir uns Sorgen machen sollten, betrifft nicht nur die Ungleichheit bei der Einkommens- oder Vermögensverteilung - sie wird nicht nur durch den Gini-Koeffizienten innerhalb einer Gesellschaft erfasst -, sondern das Problem besteht darin, dass wir in vielen dieser Gesellschaften eine multidimensionale Ungleichheit haben, die nicht damit vereinbar ist, dass alle Bürgerinnen und Bürger einer Gesellschaft alle Rechte haben, die gleichberechtigte Menschen haben sollten. Das klingt ein bisschen abstrakt, aber ich nehme an, eine Möglichkeit, über Ungleichheit und die Dinge, die uns daran stören, nachzudenken, sind nicht nur Fakten über die wirtschaftliche Verteilung, sondern auch Fakten über die Verteilung von Macht, Stimme, Status, Einfluss und Möglichkeiten; es ist die Kombination all dieser Dimensionen der Ungleichheit zusammen, die uns besorgen sollte.

Die Messung der globalen Ungleichheit ist schwierig. Branko Milanovic, eine der weltweit führenden Autoritäten auf diesem Gebiet, stellt Folgendes fest:

> Die globale Ungleichheit ist seit etwa Mitte oder Ende der 1990er Jahre rückläufig. (...) Dies ist den hohen Wachstumsraten in den ehemals relativ armen asiatischen Ländern zu verdanken, insbesondere in China und in jüngster Zeit in Indien. Diese beiden Giganten - ich nenne sie „Sumo-Ringer" der globalen Ungleichheit - ringen die globale Ungleichheit nieder. Es stimmt also nicht, dass die globale Ungleichheit heute so hoch ist wie nie zuvor; sie ist deutlich geringer als in den 1960er bis 1980er Jahren. Einige Menschen wissen das entweder nicht oder argumentieren, dass bei Zugrundelegung der absoluten Einkommensunterschiede der Abstand in der Tat größer geworden ist, weil das BIP der Welt sehr stark gestiegen ist und die absoluten Einkommensunterschiede zwischen den Menschen ebenfalls zugenommen haben. In diesem Sinne stimme ich zu [dass die Welt nie so ungleich war wie heute], aber man sollte sich darüber im Klaren sein, dass dieser absolute Abstand immer größer wird, wenn das BIP eines Landes oder in diesem Fall der Welt steigt. Die absoluten Einkommensunterschiede sind in den heutigen

> Vereinigten Staaten viel größer als zu Zeiten der Sklaverei. Aber „absolut" ist, wie dieses Beispiel zeigt, ein falscher Maßstab, um Ungleichheit im Zeitverlauf zu untersuchen.

Die Tatsache, dass die Ungleichheiten zwischen den Ländern abgenommen haben, ist ein schwacher Trost für die Menschen, die sich bezogen auf die Ungleichheit als Opfer von Ungerechtigkeit fühlen, denn letztlich sind es die Ungleichheiten innerhalb der Länder, die für die Bürger von Bedeutung sind. In dieser Hinsicht sind die Belege für einen Anstieg der Ungleichheit unbestreitbar. Der jüngste *Weltungleichheitsbericht*[71] zeigt, dass der Anteil der unteren 50 % der Bevölkerung am Gesamteinkommen fast überall auf der Welt (mit Ausnahme Europas) unter 15 % liegt (und unter 10 % in Lateinamerika, Afrika südlich der Sahara und der MENA-Region (Naher Osten und Nordafrika)), während der Anteil der reichsten 10 % über 40 % und in vielen Regionen sogar bei 60 % liegt. Was den Reichtum betrifft, so beträgt der Anteil der unteren 50 % der Welt am gesamten globalen Reichtum 2 %, während der Anteil der oberen 10 % 76 % beträgt. Auffallend ist die extreme Konzentration der Wirtschaftsmacht in den Händen einer sehr kleinen Minderheit von Superreichen. Der Reichtum der obersten 10 % der Weltbevölkerung, die in den reichen Ländern die Mittelschicht und in den armen Ländern einfach die Reichen ausmachen, wächst langsamer als der Weltdurchschnitt, aber das oberste 1 % wächst viel schneller; zwischen 1995 und 2021 entfallen auf dieses 1 % 38 % des weltweiten Vermögenszuwachses, während die unteren 50 % nur 2 % erreichen. Im gleichen Zeitraum stieg der Anteil des Vermögens der weltweit führenden 0,1 % von 7 % auf 11 %. Ganz allgemein zeigen die Daten, dass sich die Ungleichheiten in Bezug auf Wohlstand, Einkommen, Chancen, Geschlecht, Rasse, Bildung und Generation während der Pandemie verschärft haben.[72] Das Vermächtnis der COVID-19-Pandemie wird also eine ungleichere Welt sein.[73]

Außerdem sind die Ungleichheit und die ihr zugrunde liegende Ungerechtigkeit für alle sichtbar. Anders als noch vor zehn Jahren leben wir heute in einem transparenten Zeitalter, das in rasantem Tempo immer mehr zu einer Welt der ständigen und nahezu durchgängigen Beobachtung führt. Die Technologie macht jede unserer Bewegungen leicht nachverfolgbar, und wir müssen uns mit der Vorstellung abfinden, dass es keine Privatsphäre mehr gibt: Unsere persönlichen und beruflichen Daten werden nach und nach vollständig überwacht, für viele sichtbar und damit transparent. Durch den Zugang zu relevanten Informationen und manchmal auch einfach durch die Offenlegung der Wahrheit macht Transparenz (gefördert durch Whistleblower) die Öffentlichkeit und insbesondere die junge Generation sensibler für das Problem der Ungleichheit und schärft ihr Bewusstsein für das „Fehlverhalten" einiger öffentlicher Entscheidungsträger, Unternehmenslenker und reicher Einzelpersonen. Nichts machte dies deutlicher als die fast 12 Millionen vertraulichen Finanzdaten in den Pandora Papers, die 2021 an die Öffentlichkeit gelangten (2016 gingen die Panama Papers und 2017 die Paradise Papers voraus). Sie werfen ein Licht auf das System der „legalen Korruption", das auf den höchsten Ebenen von Politik und Wirtschaft in großem Umfang stattfindet. Am bedrückendsten ist, dass die politischen Entscheidungsträger, die befugt sind, das System zu beenden, möglicherweise auch zu denen gehören, die ein Interesse an seinem Fortbestand haben. Mehr als 330 der in den Pandora Papers entlarvten Personen sind Politiker aus 90 Ländern, darunter 35 amtierende und ehemalige Staats- oder Regierungschefs, von denen einige nach großspurigen Anti-Korruptionskampagnen gewählt wurden. Nach Ansicht eines Wissenschaftlers, der als Vermögensverwalter zugelassen ist, um diesen Wirtschaftszweig von innen heraus erforschen zu können, werden Steueroasen nicht eingerichtet, um Steuern zu vermeiden, sondern um einigen Mitgliedern der Elite zu helfen, die Rechtsstaatlichkeit zu umgehen, die für den Rest der Bevölkerung gilt. So trägt die Offshore-Finanzindustrie wesentlich zur wirtschaftlichen und politischen Ungleichheit bei, die die Welt destabilisiert.[74] In dem Maße, in dem die Öffentlichkeit von diesen undichten Stellen erfährt, wird die grundlegende Prämisse der Gerechtigkeit - d. h., dass Regierungen dem Volk dienen und die Rechtsstaatlichkeit gleichberechtigt auf alle anwenden - ernsthaft untergraben und letztlich zerstört. Dies löst Verärgerung bei den Menschen aus, sie sind überzeugt, dass das System manipuliert ist, und verlieren den Glauben oder die Hoffnung, dass sich die Dinge eines Tages für sie bessern könnten. Ein toxisches Gefühl der Ungerechtigkeit durchdringt ihr Leben.

Vor diesem Hintergrund ist es nicht verwunderlich, dass die zunehmende Ungleichheit mit einer wachsenden Unzufriedenheit einhergeht, die sich häufig in Demonstrationen und sozialen Unruhen äußert. Die weltweite Zunahme der Proteste begann bereits Jahre vor der Pandemie, insbesondere nach der Finanzkrise von 2008, als sich die Demonstrationen um das Thema der wachsenden Ungleichheit zwischen Begüterten und Besitzlosen drehten. Damals erregte die auf Sparmaßnahmen ausgerichtete Politik den Zorn der Bevölkerung. Mehr als 10 Jahre später hat die Pandemie zu einer Zunahme der sozialen Unruhen und Proteste in der ganzen Welt geführt. Laut Armed Conflict Location & Event Data Project hat die Zahl der Demonstrationen zwischen 2019 und 2020 weltweit um 7 % zugenommen - trotz der Lockdowns und anderer staatlicher Maßnahmen zur Begrenzung öffentlicher Versammlungen.[75] Offensichtlich spielten die politischen Reaktionen auf die Pandemie eine wichtige Rolle bei der Schürung dieser Unzufriedenheit: Zahlreiche Demonstrationen richteten sich gegen die Lockdowns und die Impfpolitik, aber es steckt noch mehr dahinter. Ein junger kolumbianischer Aktivist berichtet: „Die Menschen bringen ihre seit langem empfundene Unzufriedenheit zum Ausdruck."[76] Die COVID-Demonstrationen lassen sich wie bereits die vorangegangenen Proteste auch auf ein tieferes Gefühl der Desillusionierung zurückführen: Es scheint, dass der Gesellschaftsvertrag, der die Menschen zusammenhält und ihre Beziehungen zu ihren Regierungen bestimmt, versagt. In den Worten eines Politikwissenschaftlers: „Die heutigen Regierungen sind nicht in der Lage, eine sowohl repräsentative *als auch* effektive Führung zu bieten. (...) Obgleich sich viele Demonstrationen explizit auf die Pandemie berufen, steckt dahinter die größere, latente Sorge über die

Unfähigkeit moderner Regierungen, der Mehrheit ihrer Bevölkerung zu dienen, insbesondere den mittleren und ärmeren Klassen."[77]

Die zunehmende Besorgnis über die Ungleichheit und das starke Gefühl der Unzufriedenheit, wenn nicht gar Wut, das sie hervorruft, wird viele Gesellschaften auf der ganzen Welt dazu veranlassen, die Bedingungen ihres Gesellschaftsvertrags neu zu definieren. Im weitesten Sinne bezieht sich der „Gesellschaftsvertrag" auf die (oft impliziten) Vereinbarungen und Erwartungen, die die Beziehungen zwischen Individuen und Institutionen regeln. Einfach ausgedrückt, ist er der „Klebstoff", der uns, unsere Gesellschaften, zusammenhält; ohne ihn zerfällt das soziale Gefüge. Es wird zunehmend allgemein anerkannt, dass der Gesellschaftsvertrag in vielen Ländern der Welt zerbrochen ist und dass seine zahlreichen, „von der Wiege bis zur Bahre"[78] reichenden Elemente geändert werden müssen.

Über Jahrzehnte hinweg entwickelte sich der Gesellschaftsvertrag fast überall langsam und beinahe unmerklich in eine Richtung, die den Einzelnen dazu zwang, mehr Verantwortung für sein eigenes Leben und seine wirtschaftlichen Ergebnisse zu übernehmen, was große Teile der Bevölkerung (vor allem in den unteren Einkommensschichten) zu dem Schluss brachte, dass der Gesellschaftsvertrag bestenfalls ausgehöhlt wird, wenn nicht sogar in einigen Fällen ganz zusammenbricht. Heute liegen die Hauptgründe für den Verlust des Vertrauens in unsere Gesellschaftsverträge in der Ungleichheit, der Ineffizienz der meisten Umverteilungsmaßnahmen, im Gefühl der Ausgrenzung und Marginalisierung und in einem generellen Gefühl der Ungerechtigkeit. Aus diesem Grund haben viele Bürgerinnen und Bürger begonnen, den Zusammenbruch des Gesellschaftsvertrags anzuprangern und bringen immer deutlicher einen allgemeinen Vertrauensverlust in die Institutionen und die Verantwortlichen zum Ausdruck.[79] In einigen Ländern nahm dieser weit verbreitete Frust die Form friedlicher und gewalttätiger Demonstrationen an, in anderen führte er zu Wahlerfolgen populistischer und extremistischer Parteien. Unabhängig von der Form der Rebellion lässt die Reaktion der Führungsschicht in fast allen Fällen zu wünschen übrig - sie ist schlecht auf die Rebellion vorbereitet und hat keine Ideen und politischen Hebel zur Lösung des Problems. Obwohl sie komplex sind, existieren durchaus politische Lösungen (wie wir in Kapitel 3 sehen werden), die im Großen und Ganzen darin bestehen, den Wohlfahrtsstaat an die heutige Welt anzupassen, indem man die Menschen befähigt und auf die Forderungen nach einem gerechteren Gesellschaftsvertrag eingeht. In den letzten Jahren stellten sich mehrere internationale Organisationen und Denkfabriken auf diese neue Realität ein und unterbreiteten Vorschläge zur Umsetzung.[80] Die Pandemie markierte einen Wendepunkt, indem sie diesen Übergang beschleunigte. Sie vergrößerte und verdeutlichte das Problem und machte eine Rückkehr zum Status quo der Vor-Pandemie-Zeit unmöglich.

Welche besondere Form könnte der neue Gesellschaftsvertrag annehmen? Es gibt keine fertigen Modelle von der Stange, denn jede mögliche Lösung hängt von der Geschichte und Kultur des Landes ab, auf das sie angewendet wird. Aus offensichtlichen Gründen wird sich ein „guter" Gesellschaftsvertrag für China von einem ebensolchen für die USA unterscheiden, der wiederum nicht mit dem für Dänemark oder Nigeria vergleichbar sein wird. Sie könnten jedoch alle einige gemeinsame Merkmale und Grundsätze aufweisen, deren absolute Notwendigkeit durch die sozialen und wirtschaftlichen Folgen der Pandemiekrise unmissverständlich klar geworden ist. Zwei sind besonders hervorzuheben: (1) ein breiterer, wenn nicht gar universeller Zugang zu Sozialhilfe, Sozialversicherung, Gesundheitsfürsorge und hochwertiger Grundversorgung; und (2) eine Entwicklung hin zu einem verbesserten Arbeitnehmerschutz in Form verpflichtender Leistungen, eines menschenwürdigen Mindestlohns und in Form von Hilfe bei der Anpassung an (die disruptiven Auswirkungen von) Innovationen. Ein entscheidender Aspekt eines neuen Gesellschaftsvertrags betrifft außerdem die persönlichen Freiheiten und die allgemeine Freiheit, zumindest in demokratischen Ländern. Es wächst die Sorge, dass der Kampf gegen diese und zukünftige Pandemien bleibende Überwachungsgesellschaften hervorbringen wird, ein Thema, das im nächsten Abschnitt ausführlicher behandelt wird.

Die kollektive Neudefinition der Bedingungen unserer Gesellschaftsverträge ist eine epochale Aufgabe, die die großen Herausforderungen der Gegenwart mit den Hoffnungen für die Zukunft verbindet. Wie Henry Kissinger bemerkte: „Die historische Herausforderung für die Staats- und Regierungschefs besteht darin, die Krise zu bewältigen und gleichzeitig die Zukunft zu gestalten. Ein Scheitern könnte die Welt in Brand setzen."[81] Während wir darüber nachdenken, welche Formen ein zukünftiger Gesellschaftsvertrag annehmen könnte, übersehen wir auf eigene Gefahr hin die Meinung der jüngeren Generation, die mit diesem Vertrag zu leben haben wird. Ihre Zustimmung ist von entscheidender Bedeutung, und für ein besseres Verständnis ihrer Wünsche dürfen wir daher nicht vergessen, sie anzuhören. Dies ist umso bedeutsamer, als die jüngere Generation bei der Neugestaltung unseres Gesellschaftsvertrags vermutlich radikalere Forderungen stellen wird. Die Pandemie hat ihr Leben auf den Kopf gestellt, und eine ganze Generation auf der ganzen Welt wird von wirtschaftlicher Unsicherheit und Klimaangst geprägt sein. Dies wird bleibende Narben hinterlassen. Schon die Millennials (zumindest in der westlichen Welt) sind in Bezug auf Einkommen, Vermögen und Wohlstand schlechter gestellt als ihre Eltern. Die Wahrscheinlichkeit, dass sie ein Haus besitzen oder Kinder haben werden, ist geringer als bei ihren Eltern. Nun tritt eine weitere Generation (die Generation Z) in ein System ein, das sie als gescheitert betrachtet und das mit andauernden Problemen konfrontiert sein wird, die durch die Pandemie aufgedeckt und verschärft werden. Wie ein College-Student es ausdrückte: „Junge Menschen haben das tiefe Verlangen nach radikalen Veränderungen, weil wir den zerstörten Weg sehen, der vor uns liegt."[82]

Wie wird diese Generation reagieren? Indem sie radikale Lösungen und oft auch radikale Maßnahmen vorschlagen, um zu verhindern, dass sich Probleme wie die sozialen Ungleichheiten verschärfen oder die nächste Katastrophe wie der Klimawandel ausbricht (die jungen Generationen sehen beides als zwei Seiten derselben Medaille: die Ungleichheit zwischen den Generationen). Sie wird höchstwahrscheinlich eine radikale Alternative zum gegenwärtigen Kurs fordern, weil ihre Mitglieder frustriert sind und von der nagenden Überzeugung getrieben werden, dass das gegenwärtige System sie im Stich gelassen hat und unheilbar zerbrochen ist. Infolgedessen nimmt der Jugendaktivismus weltweit zu[83] und wird durch die sozialen Medien revolutioniert, die die Mobilisierung in einem Ausmaß fördern, das früher unmöglich gewesen wäre.[84] Er nimmt viele verschiedene Formen an, von nicht-institutionalisierter politischer Beteiligung bis hin zu Demonstrationen und Protesten, und befasst sich mit Ungleichheiten in vielfältiger Weise, wobei so unterschiedliche Themen wie Einkommensunterschiede, Klimawandel, Wirtschaftsreformen, Gleichstellung der Geschlechter und LGBTQ-Rechte als Teil eines allgemeineren Ungleichheitsproblems betrachtet werden. Die junge Generation ist ein energischer Vorreiter des sozialen Wandels. Es besteht kaum ein Zweifel daran, dass sie der Katalysator für Veränderungen sein wird.

2.6. Technologie

Der Beitrag der Technik zu unseren Bemühungen auf gesellschaftlicher, aber auch auf individueller Ebene wird stets als ambivalent wahrgenommen. Manche sehen darin die ultimative Lösung für die Probleme der Menschheit und eine ständige

Quelle des Fortschritts. Andere sind misstrauisch und ablehnend, besorgt über die Art und Weise, in der Technik für schändliche Zwecke eingesetzt werden kann. Abschnitt 3.7 wird sich auf den erstgenannten Aspekt konzentrieren, wobei der Schwerpunkt auf der Frage liegt, wie die bemerkenswerte Beschleunigung der technologischen Innovation dazu beitragen könnte, uns in eine ökologisch und sozial nachhaltige Zukunft zu führen. In diesem Abschnitt wird auf die Bedenken der Skeptiker eingegangen. In den kommenden Jahren wird es in der Tat viele Fragen, Herausforderungen und Unbekannte geben, wenn es darum geht, wie wir gemeinsam den technologischen Fortschritt zum Wohle der Allgemeinheit bewältigen werden (durch Regulierung und andere Mittel).

Über technologische Veränderungen lässt sich nicht streiten: Im Gegensatz zu Veränderungen in komplexen adaptiven Systemen wie unseren Gesellschaften, der Wirtschaft oder der Geopolitik, die immer einer Deutung unterliegen, ist es bei der Technik anders. Veränderungen in diesem Bereich sind greifbar und vollziehen sich vor unseren Augen. Die Landung auf dem Mond, das Internet, die Fortschritte in der Medizin, allgegenwärtige Mobiltelefone, Drohnen, mRNA-Impfstoffe: All dies ist heute für alle sichtbar. Diese Dinge sind eine Realität und hängen nicht von Werturteilen ab. Dies mag der Grund dafür sein, dass viele glauben, die Welt von morgen sei im Grunde dieselbe wie die von gestern, nur ergänzt durch den technologischen Wandel. Zu diesen Vertretern gehört der Historiker Niall Ferguson, der bei Diskussionen über zukünftige Veränderungen bekräftigt, dass „das grundlegende Wesen menschlicher Beziehungen - Liebe, Freundschaft, Macht und Feindschaft - unverändert bleiben wird, [weshalb] wir auch Thukydides und Shakespeare verstehen können, da sich diese grundlegenden menschlichen Beziehungen im Laufe der Zeit nicht wirklich verändern. Was sich verändert, ist die Technologie."[85]

Einige technologische Veränderungen machen uns zu Technikoptimisten, während andere uns wiederum zu Technikpessimisten machen. Manchmal kann ein und dieselbe technologische Veränderung von den einen optimistisch und von den anderen pessimistisch beurteilt werden. In erheblichem Maße sind es Narrative, die unsere Wahrnehmung der Chancen und Risiken des technischen Fortschritts prägen. Wissenschaftler neigen dazu, vorsichtig zu sein, wenn sie sich über die Zukunft äußern, Science Fiction Autoren dagegen sind es nicht. Somit hilft uns ihr Berufszweig, Fantasiesprünge in eine glaubhafte Zukunftsvorstellung zu machen. Die Geschichten reichen von erschreckend dystopisch wie Margaret Atwoods *Report der Magd* bis hin zu berauschenden Möglichkeiten und einer eher hoffnungsvollen Zukunft wie in Liu Cixins *Die drei Sonnen*. Sie beeinflussen unbewusst unsere Meinungsbildung über die Technik. Starke Erzählungen in der Literatur, in Filmen oder Comics (wie z. B. die japanischen Mangas) haben die Macht, in Bezug auf Technologie und Innovation Angst einzuflößen oder aber eher beruhigend zu wirken. Nehmen wir als Beispiel das neue Konzept des Metaversums - der immersiven, virtuellen Realität, die uns die Möglichkeit bietet, eine Art Stellvertreter-Leben zu leben, wie in einem parallelen digitalen Universum, das von Avataren bevölkert wird. Der Begriff „Metaversum“, der heute von großen Technologieunternehmen wie Facebook und Microsoft verwendet wird, wurde durch einen Roman von Neal Stephenson *(Snow Crash*, veröffentlicht 1992) geprägt. Der Ton des Buches war eher dystopisch (der Roman spielt in einem anarcho-kapitalistischen Universum, das von einer Hyperinflation heimgesucht wird) und beschreibt einen virtuellen Raum, der sowohl von Menschen als auch von digitalen „Dämonen“ geteilt wird. Dreißig Jahre später ist der Begriff „Metaversum“ zu einem Kürzel für eine Reihe miteinander verbundener virtueller Welten geworden, deren Komplexität rasch zunehmen dürfte. Das Metaversum wird Umgebungen beinhalten, in denen wir Geld verdienen, Beziehungen knüpfen und alle möglichen Erfahrungen machen können, die unser Leben bereichern oder das Gegenteil bewirken können. Die Meinungen gehen auseinander, aber alle, die über das Metaversum nachdenken, sind sich einig, dass es tiefgreifende Auswirkungen darauf haben wird, wie unsere Gesellschaften, unsere Wirtschaftssysteme und unsere politischen Systeme funktionieren. Die Unterscheidung zwischen Offline- und Online-Sein wird immer unschärfer und schwerer zu erkennen, und auch die Bedeutung der Realität selbst wird sich weiterentwickeln (sie könnte erweitert werden - XR - und erweiterte, virtuelle und gemischte Realitäten kombinieren). Es besteht kein Zweifel daran, dass dieser ganze Prozess eine transformative Wirkung haben wird. Manche verabscheuen die Vorstellung. Andere nehmen sie mit Begeisterung auf.

Gleiches gilt für die KI. Sie weckt sowohl Angst als auch Hoffnung - Gefühle, die oft durch unsere eigenen kulturellen Vorurteile geprägt sind. Untersuchungen zu KI-Narrativen zeigen, dass eine Untergruppe westlicher Narrative einen unverhältnismäßig großen Einfluss auf die dystopischen KI-Visionen in der englischsprachigen Welt hat.[86] „Unsere Vorstellungen darüber, wie KI aussehen sollte, stammen aus Hollywood, daher kommt auch die Idee des menschenähnlichen Roboters (...). Wir haben im Vereinigten Königreich eine Umfrage durchgeführt. Wenn die Menschen wegen der KI Bedenken haben, zitieren sie den „Terminator"". Im Gegensatz dazu ist die Einstellung der Japaner zu KI weit weniger dystopisch, was an der einzigartigen Kulturgeschichte von Robotern in japanischen Mangas liegt. Zwei der berühmtesten Zeichentrickserien des Landes, „Astro Boy" und „Doraemon", gibt es seit den 1960er Jahren, sie haben die positiven Assoziationen der Menschen in Bezug auf KI stark beeinflusst. Astro Boy ist ein kleiner Androide mit übermenschlichen Kräften, der eine glückliche Coexistenz mit den Menschen führt; bei Doraemon handelt es sich um eine niedliche blaue Katze, die zufällig ein Roboter ist und eine Zeitreise in die Vergangenheit macht, um einen kleinen Jungen zu retten. „Verglichen mit ‚The Terminator' ist dies eine ganz andere Sichtweise der Möglichkeiten von KI (...). Diese ganz andere Erzählung verändert die Art und Weise, wie die Menschen über Technik denken, völlig."[87]

Abgesehen von den impliziten Vorurteilen wird unsere Einschätzung der mit der Technologie verbundenen Risiken und

Chancen durch die schiere Geschwindigkeit ihres Fortschritts verzerrt. Wie in Abschnitt 2.1 erwähnt, überrascht uns die Geschwindigkeit des Wandels immer wieder aufs Neue. Isaac Asimovs Aphorismus, dass „die Wissenschaft schneller Wissen sammelt als die Gesellschaft Weisheit“[88], ist mehr als 30 Jahre alt, aber wahrscheinlich wahrer als je zuvor. Wissenschaft, Innovation und Technologie entwickeln sich unglaublich schnell in einer wachsenden Vielfalt von Bereichen, die in komplexer und oft beunruhigender Weise miteinander interagieren. In jeder Teildisziplin passiert so viel, dass es für die Wissenschaftler eine große Herausforderung ist, die Entwicklung der gesamten technischen Landschaft im Auge zu behalten. Was schon für Wissenschaftler schwierig erscheint, ist für die meisten Laien praktisch unmöglich zu verstehen. Die Nachrichten sind voll von Begriffen wie „Gensynthese-Revolution“, „Cyberkrieg“, „Fusions- und Spaltungstechnologien“, „additive Fertigung“, „Internet der Dinge (IoT)“, „Datenverarbeitung per Quantencomputer“ oder „Neurotechnologie“, aber wie viele von uns können die Details verstehen und die Bedeutung und Folgen nachvollziehen? Wie soll sich die öffentliche Politik auf diese bemerkenswerten neuen Entwicklungen einstellen, die so viel Potenzial enthalten, aber auch so große Gefahren bergen, wenn sie in die falschen Hände geraten? Wie gut sind Gesetzgeber und Regulierungsbehörden in der Lage, die richtigen Gesetze und Vorschriften zu erlassen? Und können sie auf globaler Ebene zusammenarbeiten?

Vor einigen Jahrzehnten brachte der Kognitionspsychologe und Wirtschaftswissenschaftler Herbert Simon das Problem der

Ambivalenz auf den Punkt, als er feststellte: „Es gibt überhaupt keine Moral in der Technologie. Technologie erweitert unsere Denkweise und unsere Möglichkeiten, Dinge zu tun. Wenn wir schlechte Menschen sind, nutzen wir die Technologie für schlechte Zwecke, und wenn wir gute Menschen sind, nutzen wir sie für gute Zwecke."[89] Die schlichte Wahrheit ist, dass jede Technologie zum Guten oder zum Schlechten eingesetzt werden kann und dass keine ihr eigenes, zweckgerichtet entwickeltes Wertesystem besitzt. Die Menschen entscheiden.

In diesem Abschnitt geht es darum, was die wichtigsten Anliegen und Befürchtungen sein sollten. Davon gibt es viele, sie reichen von den Auswirkungen, die generative neuronale Netze auf die politische Polarisierung haben könnten, über das Risiko, dass die Datenverarbeitung mit Quantencomputern eine Vielzahl der von Unternehmen verschlüsselten Daten entschlüsseln könnte, bis hin zu Risiken, die eher gesellschaftlicher Natur sind, wie der „Überwachungskapitalismus".[90] Unser (willkürlich gewählter) Schwerpunkt liegt auf nur drei großen, akuten und möglicherweise sehr folgenschweren potenziellen Risiken, die sich aus technologischen Innovationen ergeben. Alle drei beziehen sich auf breite technologische Kategorien, deren Gemeinsamkeit darin besteht, dass sie als Waffe eingesetzt werden oder in naher Zukunft werden könnten. In jedem Fall können die Risiken durch die mit den beiden anderen Technologien verbundenen Risiken verstärkt werden (KI kann beispielsweise Cyber-Risiken erheblich verschärfen, indem sie das Auffinden von Schwachstellen ermöglicht). Die erste, mit der Digitalisierung zusammenhängende

Kategorie ist klar erkennbar: die Cyberkriminalität. Die zweite, den Beitrag der KI zur Kriegsführung betreffende Kategorie nimmt an Bedeutung zu. Die dritte, mit der synthetischen Biologie zusammenhängende Kategorie steckt noch in den Kinderschuhen. Fazit: Die ineinandergreifenden Technologien der Digitalisierung, der KI und der synthetischen Biologie bergen bei allem positiven Potenzial ebenso große Risiken.[91]

2.6.1. Cyber-Risiken

Die mit der Cyberkriminalität verbundenen Risiken sind die aktuellsten und greifbarsten, da sie die meisten von uns und Millionen von Unternehmen auf der ganzen Welt betroffen haben oder betreffen werden. Cyberkriminalität, Cyberangriffe und Ransomware nehmen weltweit zu und werden immer gezielter und „strategischer". Eine Schätzung der tatsächlichen Kosten der weltweiten Cyberkriminalität ist aufgrund ihres diffusen und verborgenen Charakters unmöglich, aber einige Branchenquellen beziffern sie auf 6 Billionen Dollar im Jahr 2021, die bis 2025 auf 10,5 Billionen Dollar jährlich ansteigen werden.[92] Die von gesichtslosen Hackern, die sich hinter ihren Computern verstecken (oder manchmal in bestimmten Staaten in militärischen Einrichtungen), durchgeführten Cyberattacken haben sehr reale Folgen und können sehr realen Schaden anrichten. Um nur ein konkretes Beispiel zu nennen, das fast fünf Jahre zurückliegt: Nordkoreanische Hacker nutzten 2017 eine Schwachstelle im Microsoft Windows-Betriebssystem aus und infizierten über 300.000 Computersysteme in 150 Ländern mit einem bösartigen

Virus namens WannaCry. Betroffen waren Einzelpersonen, Unternehmen und staatliche Stellen, darunter auch der britische National Health Service, der fast 20 000 Termine absagen musste, was einen Schaden von rund 100 Millionen Dollar verursachte. Experten schätzten die Gesamtkosten der weltweiten Störung auf etwa 4 Milliarden Dollar.[93] Ransomware-Angriffe, die vor ein paar Jahren noch nahezu unbekannt waren, sind heute allgegenwärtig. Weltweit werden es bis Ende dieses Jahres wahrscheinlich mehr als 700 Millionen sein, was einem Anstieg von etwa 130 % gegenüber dem Vorjahr entspricht.[94] Sie können einem Unternehmen enormen Schaden zufügen, aber auch viel weitreichendere negative Auswirkungen auf die Wirtschaft haben, wie der Angriff auf das Fleischverarbeitungsunternehmen JBS im Juni 2021, bei dem 20 % der US-amerikanischen Rinder- und Schweinefleischverarbeitungskapazitäten stillgelegt wurden, was zu einem vorübergehenden Engpass und höheren Preisen führte. Analysten sind sich einig, dass Cyberkriminalität eine Art Blinde-Kuh-Spiel ist, das an Intensität noch zunehmen wird, weil diese unsichtbaren Angriffe Vergeltungsmaßnahmen sehr erschweren. Seit Jahren warnen politische Entscheidungsträger vor der Möglichkeit eines „Cyber-Pearl Harbor“, der einem Land oder der kritischen digitalen Infrastruktur einer Branche verheerenden Schaden zufügen würde. Inzwischen ist das Realität. Raffinierte „private“ Cyber-Akteure sind heute in der Lage, die meisten Unternehmen oder große Einrichtungen wie eine Stadt oder ein Netzwerk lahmzulegen. Staatlich unterstützten Cyber-Akteuren gelingt das mit einem ganzen Land.

Es ist äußerst schwierig, Normen und Regeln, die die Sicherheit in der digitalen Welt gewährleisten können, zu erweitern und anzuwenden. Während die Kriegsführung und Atomwaffen weitgehend durch internationales Recht geregelt sind, ist dies für den Cyberspace noch nicht der Fall. Die derzeitige mangelnde Bereitschaft zur Zusammenarbeit auf internationaler Ebene verbunden mit dem Asymmetrie-Effekt (es ist nicht immer leicht, den Urheber eines Cyberangriffs zu identifizieren) lassen in absehbarer Zukunft kaum echte Fortschritte erwarten.

2.6.2. KI und Kriegsführung

Cyberkriminalität und Cyberangriffe finden in der digitalen Welt statt, ohne dass Schüsse abgefeuert oder Bomben gezündet werden. Dies unterscheidet sich grundlegend von der modernen Kriegsführung, die sich immer mehr zu einer Cyber-Kriegsführung entwickelt und tödliche Gewalt mit digitalen Fähigkeiten kombiniert. Im März 2021 berichteten die Vereinten Nationen, dass in Libyen im März 2020 zum ersten Mal autonome Drohnen militärischer Qualität eingesetzt wurden, die selbständig zu einem bestimmten Ort fliegen, ihre eigenen Ziele auswählen und ohne Fernsteuerung durch einen menschlichen Bediener töten können. Solche Drohnen können sowohl autonom als auch manuell betrieben werden und setzen „maschinelles Lernen" und „Echtzeit-Bildverarbeitung" gegen ihre Ziele ein.[95] Ende September 2020 zeigte der Konflikt in Berg-Karabach zum ersten Mal, dass eine moderne zwischenstaatliche Kriegsführung teilweise eine Cyber-Kriegsführung ist. Auf aserbaidschanischer Seite wurden autonome, potenziell tödlich wirkende Killerdrohnen eingesetzt, die den Sieg über die Armenier sicherten. Es besteht kein Zweifel daran, dass solche Waffen (die es neben biomimetischen Waffen bereits gibt) in modernen Konflikten immer häufiger zum Einsatz kommen werden, was zahlreiche ethische Bedenken und Dilemmas im Hinblick auf das humanitäre Völkerrecht aufwirft, das bewaffnete Konflikte regelt, für die es derzeit keine Lösungen gibt.

Stuart Russell, ein britischer Pionier der KI-Forschung, der seit 10 Jahren versucht, den Einsatz von KI zur Ortung und Tötung menschlicher Ziele zu verbieten, warnt davor, dass sich KI-Waffen schnell und völlig unkontrolliert entwickeln. „Sie können sie heute kaufen. Sie werden im Internet beworben. (...) Ein tödlicher KI-gesteuerter Quadcopter könnte so klein sein wie eine Dose Schuhcreme ... etwa drei Gramm Sprengstoff reichen aus, um einen Menschen aus nächster Nähe zu töten. Ein normaler Container kann eine Million tödlicher Waffen enthalten, die alle gleichzeitig eingesetzt werden können, so dass autonome Waffen unweigerlich zu billigen, selektiven Massenvernichtungswaffen werden.“[96] Daher stellt seiner fachkundigen Meinung nach, und ebenso der vieler anderer prominenter Wissenschaftler und Ethiker auf dem Gebiet der KI, die Verbreitung von KI-Waffen eine unmittelbare und existenzielle Bedrohung dar. Um dem entgegenzuwirken, schlug Max Tegmark, ein MIT-Professor und Mitbegründer des Future of Life Institute, einer Denkfabrik, die sich mit der Verringerung globaler, katastrophaler und existenzieller Risiken durch mächtige Technologien befasst,[97] ein internationales Moratorium für autonome tödliche Waffen vor. Wissenschaftler in anderen Ländern verfolgen einen ähnlichen Weg, wie die 400 deutschen KI-Forscher, die einen offenen Brief an die deutsche Regierung veröffentlichten, in dem sie die Streitkräfte aufforderten, die Entwicklung solcher Systeme einzustellen und empfahlen, dass „eine solche Entmenschlichung von Entscheidungen über Leben und Tod durch autonome Waffensysteme weltweit geächtet werden muss."[98]

Aber weltweit sind Regierungen, die in der Lage sind, solche KI-Waffen zu entwickeln, gegen ein Verbot (das aus offensichtlichen Gründen nur in Ländern ausgesprochen wird, in denen Meinungsfreiheit herrscht). Die Nationen sollten Konsultationen und Rüstungskontrollvereinbarungen entwickeln, aber es ist schwer zu verstehen, wie eine Rüstungskontrolle für KI aussehen könnte. „Im Gegensatz zu nuklearen und konventionellen Waffen - die groß, sichtbar, klobig und zählbar sind - sind Schwärme von KI-gesteuerten Drohnen oder Torpedos schwieriger zu überprüfen, und die Algorithmen, die sie steuern, sind noch schwerer zu fassen."[99] Solange der Selbsterhaltungstrieb die nationalen Behörden nicht dazu veranlasst, gemeinsam zu handeln und sich auf eine Reihe gemeinsamer Standards zu einigen, wie z. B. ein bestimmtes Mindestgewicht und eine bestimmte Sprengstoffgröße vorzuschreiben, damit autonome Waffen nicht in Schwärmen aus dem Kofferraum eines Lieferwagens geschleudert werden können, ist die Gefahr, dass tödliche KI-Waffen so allgegenwärtig werden wie Gewehre, sehr real.

2.6.3. Synthetische Biologie

Es wird oft gesagt, dass das 19. Jahrhundert das Jahrhundert der Chemie war, das 20. Jahrhundert das der Physik und das 21. Jahrhundert das der Biologie sein wird - ein Jahrhundert, in dem wir biologische Systeme so umgestalten werden, dass sie den menschlichen Anforderungen entsprechen. Wir stehen am Beginn der genetischen Revolution, nachdem wir das menschliche Genom sequenziert, erwachsene Zellen in Stammzellen verwandelt, verstanden haben, wie man den genetischen Code jeder lebenden Zelle umschreibt, und die Kosten für das Hacken von Genen um einen Faktor von Millionen gesenkt haben. Außerdem haben wir bereits ein erfolgreiches Beispiel, das beweist, dass die synthetische Biologie hält, was sie verspricht. So wie der Zweite Weltkrieg die Elektronik beschleunigt hat, so hat die Pandemie die Revolution der Genetik zu neuen Ufern geführt. Der Ausbruch von COVID-19 löste eine sofortige und intensive Suche nach einem Impfstoff aus. Zuerst kamen die mRNA-Impfstoffe, die im Computer modellierte synthetische Stränge des genetischen Codes in unseren Körper einfügen. Anstatt unser Immunsystem mit einem herkömmlichen Impfstoff zu stimulieren, bei dem ein geschwächter oder abgetöteter Erreger oder ein Bestandteil eines Erregers injiziert wird, bringen mRNA-Impfstoffe unsere Zellen dazu, das Spike-Protein des SARS-CoV-2-Virus zu produzieren. Auf diese Weise „verwandeln sie unseren Körper in eine individuell angepasste Produktionsstätte, die ein ansonsten fremdes Objekt produziert, um unsere natürliche Immunantwort auszulösen. Dieser Ansatz wird schon bald eine völlig neue Plattform für die Bekämpfung von Krebs und anderen Krankheiten sowie für Verbesserungen schaffen, die weit über eine Impfung hinausgehen."[100]

Das Potenzial dieser prometheischen Technologien scheint erstaunlich und unbegrenzt. Die Umgestaltung unseres Gesundheitswesens, so dass individuelle Behandlungen und die vorausschauende Modellierung von Gesundheitsproblemen möglich werden, die Herstellung tierischer Proteine aus Zellkulturen und die Erzeugung von Energie aus Algen zur Rettung des Planeten: Diese und viele andere Anwendungen scheinen in greifbarer Nähe. Aber es besteht eben auch die Möglichkeit, sie für einen falschen Zweck zu verwenden - versehentlich, stillschweigend oder mit Absicht. Das Potenzial der synthetischen Biologie ist so groß, dass es nicht schwer ist, sich vorzustellen, was alles schief gehen könnte. Was wäre, wenn wir im Falle einer Pandemie nur die Bürger in den reichen Ländern impfen würden (ein nicht allzu weit hergeholtes Szenario)? Was wäre, wenn wir nur das Leben derer verbessern oder verlängern, die es sich leisten können? Was wäre, wenn wir anfangen würden, Menschen aufgrund ihrer genetischen Informationen zu diskriminieren? Was wäre, wenn bald jeder einen Virus von Grund auf selbst herstellen könnte? Was wäre, wenn die genetische Manipulation von präimplantierten Embryonen zu Eugenik führt? Was passiert, wenn ein Land oder eine übel gesonnene Gruppe beschließt, einen gefährlichen, unbekannten synthetischen Krankheitserreger herzustellen? Was, wenn die nächste Pandemie im Labor erzeugt wird? Was ist, wenn ein Krankheitserreger verbessert wird, um seine

Übertragbarkeit zu erhöhen oder seine Fähigkeit, Krankheiten zu verursachen, zu steigern? Dies sind ein paar Fragen des gesunden Menschenverstands, auf die wir (noch) keine Antwort haben. Die grundsätzliche Frage, wie sich unsere neu entdeckte Fähigkeit, das Leben zu manipulieren, auf unser Menschsein auswirken wird, stellt unsere Überzeugungen, unsere Moral, unsere Religionen und unsere Politik in ihrem Kern in Frage, und darauf sind wir schlecht vorbereitet. Der Naturforscher E.O. Wilson sagte es so: „Wir haben paläolithische Gefühle, mittelalterliche Institutionen und gottgleiche Technologien."[101] In der Tat. Die Politik hinkt weit hinterher, wenn es darum geht, mit den potenziell zu regulierenden Hürden Schritt zu halten. John Steele, Chefredakteur von Nautilus, äußerte sich wie folgt:

> Das ist eine sehr beängstigende Sache. Vor allem, wenn die Technologie so einfach zu nutzen ist. Die Genscheren-Technologie CRISPR wird immer einfacher zu handhaben. Es gibt alle möglichen gentechnischen Bedrohungen, die nicht reguliert werden, weil die Politik und die Aufsichtsbehörden nicht mit ihnen Schritt halten können. Das ist eine echte Bedrohung. Eine der großen Unbekannten liegt in der Frage, welche potenziellen, unbeabsichtigten Folgen auf der anderen Seite herauskommen, wenn wir in eine dieser Technologien einsteigen. (...) Ich denke, das ist ein großes Problem. Jeder macht sich Gedanken darüber, wohin eine bestimmte Technologie

> führen kann. Das geht allen durch den Kopf. Und die Geschwindigkeit der Entwicklung macht die potenziellen Bedrohungen noch besorgniserregender, allein schon wegen des Tempos und des schieren Umfangs der Erfindungen, die jeden Tag gemacht werden.[102]

Es ist nicht übertrieben zu behaupten, dass die synthetische Biologie ebenso wie die künstliche Intelligenz eine durchschlagende Kraft ist, die unsere Zukunft neu gestalten wird, indem sie die Art und Weise, wie unsere Kulturen, Gesellschaften und Volkswirtschaften funktionieren, verändert - und das wahrscheinlich früher, als wir denken. Wir stehen am Beginn der genetischen Revolution, und wenn unsere DNA (d. h. unser Lebenscode) so lesbar, beschreibbar, nutzbar und leicht zu hacken wird wie die Informationstechnologie, dann stehen wir an der Schwelle zu etwas, das weitaus größer ist als wir. Es ist daher wichtig zu erkennen, dass „die Entscheidungen, die wir heute treffen, den Unterschied machen werden zwischen atemberaubenden Fortschritten im menschlichen Wohlergehen und dem Abstieg in ein gefährliches und potenziell tödliches, genetisches Wettrüsten."[103] Wenn wir keine umfassenden Regulierungsmaßnahmen ergreifen und nicht auf internationaler Ebene zusammenarbeiten, wird beides der Fall sein.

3. Der Weg Nach Vorn - Lösungen

Wie bereits deutlich wurde, sind die globalen Risiken, die von unseren fünf Makro-Kategorien ausgehen, nicht nur folgerichtig, sondern nehmen auch zu. In den kommenden Jahren werden weitere Schocks unser Leben stören, unsere Gesellschaften bedrohen, unsere Wirtschaft gefährden und den Frieden aufs Spiel setzen. Die Herausforderungen, vor denen wir als Kollektiv stehen, mögen überwältigend erscheinen, doch es gibt Gründe, hoffnungsvoll in die Zukunft zu blicken. „Nur Krisen zwingen uns zum Handeln", sagte Sadhguru, und die dringende Notwendigkeit, eine Welt zu schaffen, die widerstandsfähiger, kooperativer, nachhaltiger und gerechter ist, fällt in diese Kategorie. Wir befinden uns inmitten einer rasanten Neuerfindung, in deren Zuge viele der Regeln, die unsere Wirtschaft und Gesellschaft bestimmen, neu geschrieben werden. Oder in den Worten von Mariana Mazzucato: „Wir stehen an der Schwelle eines längst überfälligen Paradigmenwechsels." In diesem Kapitel des Buches werden diese bevorstehenden Veränderungen und einige der hoffnungsvollen Erzählungen, die sich um sie ranken, dargestellt. Sie zeigen einen Weg nach vorn auf, indem sie die Kluft zwischen dem Reich der Ideen und der Welt der Praxis und Politik überbrücken.

3.1. Zusammenarbeit und kooperation

Kollaboration (Zusammenarbeit zur Erreichung eines gemeinsamen Ziels) und Kooperation (das Erreichen eines eigenen Ziels als Teil eines gemeinsamen Ziels) sind ein weites Feld, dem viele akademische Disziplinen wie Politikwissenschaft, Anthropologie, Psychologie, Wirtschaftsrecht oder Biologie unzählige Bücher und Artikel gewidmet haben. Unser Ziel ist es nicht, uns in die Einzelheiten eines so umfangreichen Themas zu vertiefen, sondern einige Überlegungen darüber anzustellen, was unsere Fähigkeit zur Zusammenarbeit und Kooperation (wobei beide Begriffe im Folgenden ineinandergreifend verwendet werden) erweitern könnte und was dies mit sich bringt. Der Fall ist klar: Die Globale Governance gerät ins Stocken, weil wir zunehmend unfähig sind, auf globaler und internationaler Ebene zusammenzuarbeiten. Doch wie im ersten Teil erläutert, sind alle wachsenden Probleme, mit denen wir konfrontiert sind, globaler Natur. Pandemien, Klimawandel, Artenvielfalt, Geopolitik, Handel und Investitionen, Wirtschaftswachstum, Cybersicherheit, Technologie-Governance - all diese und andere globale Probleme können nur erfolgreich angegangen werden, wenn dies in Zusammenarbeit geschieht. Im Wesentlichen sollten wir sie als öffentliche Güter behandeln. Eine friedliche Welt, eine gesunde Welt, eine Welt mit reiner Atemluft, eine saubere Welt, eine gerechte Welt: Jedes dieser Güter sollte als ein globales öffentliches Gut betrachtet werden, dessen Bereitstellung von unserer Fähigkeit zur globalen Zusammenarbeit abhängt. Diese dringende Notwendigkeit wurde bei COVID-19 deutlich: Es gibt keinen globalen Staat, der einen Impfstoff für die ganze Welt bereitstellen könnte, so dass die Bemühungen, so viele Menschen wie möglich zu impfen, internationalen Organisationen obliegen, deren Macht durch konkurrierende nationale Interessen und einen Flickenteppich fragmentierter Abkommen und Initiativen, die zwischen 200 souveränen Staaten ausgehandelt wurden, eingeschränkt ist. Das funktioniert nicht. Am 21. November 2021 waren aufgrund der mangelnden globalen Zusammenarbeit und des ständigen Streits um die Lastenverteilung nur 54,7 % der Weltbevölkerung geimpft. Zum Zeitpunkt der Abfassung dieses Berichts könnte sich das Auftauchen und die Identifikation der Omicron-Variante als eine eindeutige Folge dieses Versagens erweisen.

Polarisierung, geopolitische Rivalitäten, ethnische Gräben und soziale Brüche erschweren die Zusammenarbeit zunehmend. Könnte es sein, dass wir angesichts der Verschärfung unserer globalen Probleme erkennen, dass wir keine andere Wahl haben als zu kooperieren? Könnte es sein, dass wir irgendwann zu dem Schluss kommen, dass wir dem Untergang geweiht sind, wenn wir nicht besser zusammenarbeiten? Könnten wir endlich begreifen, dass wir alle einen Planeten teilen und dass unser aller Schicksal untrennbar miteinander verbunden ist, dass wir nur eine einzige Zivilisation in einer einzigen Biosphäre sind? Wenn ja, könnte diese Erkenntnis einen Schub an Kooperation und Kreativität auslösen? Vielleicht, aber der Teufel steckt im Detail. Hierzu ein paar Überlegungen von Martin Wolf: „Wie könnte das funktionieren, nicht nur in den nächsten Jahren, sondern über viele Jahrzehnte, vielleicht sogar über Generationen hinweg? Die kurze Antwort: nur schwer. Die längere Antwort: indem man auf ehrgeizige Weise pragmatisch ist. Wir müssen akzeptieren, dass wir unseren Planeten teilen und zu sehr miteinander interagieren, als dass wir uns der Zusammenarbeit entziehen könnten, so wenig wir uns vielleicht auch gegenseitig mögen. Es geht darum, die grundlegenden Interessen, die uns verbinden, zu definieren und zu verinnerlichen."[104] Wie können wir erreichen, wozu uns der Kolumnist auffordert? Wie können wir „auf ehrgeizige Weise pragmatisch" sein? Wie sieht ein „ehrgeiziger Pragmatismus" aus?

Der erste entscheidende Schritt besteht darin, das vorherrschende Narrativ umzustoßen. Seit Jahrhunderten, wenn nicht Jahrtausenden, funktionieren die meisten unserer Gesellschaften nach der Prämisse, dass der Mensch dem Menschen ein Wolf ist (der römische Dichter und Dramatiker Plautus sagte dies im dritten Jahrhundert vor Christus: „*Homo homini lupus*"). Im 17. Jahrhundert machte der britische Philosoph Hobbes die Idee populär, dass im Naturzustand „jeder für sich selbst kämpft". Diese Eigenschaft mag in den westlichen Gesellschaften, die eine lange Tradition des Individualismus haben, stärker ausgeprägt sein, aber das Narrativ, dass wir für uns selbst kämpfen und die Bedürfnisse anderer außer Acht lassen müssen (mit Ausnahmen natürlich), ist überall verbreitet, und zwar umso mehr, je höher man die soziale Leiter erklimmt. Nicht umsonst scherzen viele Teilnehmer der Finanzmarktbranche: „Wenn du einen Freund willst, stell einen Hund ein." Aber solche Erzählungen sind falsch, und die Wahrheit sieht ganz anders aus: Wir sind „von Natur aus" soziale Tiere - eine Beobachtung, die inzwischen von der Wissenschaft bestätigt wird. Die Philosophin und Neurowissenschaftlerin Patricia Churchland teilte ihre Überzeugung mit uns:

> In den letzten 10 oder 15 Jahren haben die Neurobiologie und die Evolutionsbiologie meine Aufmerksamkeit erregt und gezeigt, dass alle Säugetier- und Vogelarten von Natur aus sozial sind (...). In den letzten 15 Jahren hat sich die soziale Neurowissenschaft weiterentwickelt und uns ermöglicht, die Art der Verdrahtung zu verstehen, die diesen intensiven Geselligkeitstrieb unterstützt, insbesondere beim Menschen, aber auch bei allen anderen Säugetieren (...). Die Menschen schaffen es, Dinge zu tun, bei denen die Belohnung erst Jahre später erfolgt, oder sie schaffen es, Dinge zu tun, bei denen sie gegen ihre eigenen Interessen handeln, um einem Familienmitglied, einem Freund oder manchmal einem Fremden zu helfen. Wir wissen auch, dass es eine enorme Fähigkeit zur Selbstkontrolle gibt, und dafür ist der Kortex sehr wichtig. Ich denke, das ist ein Teil der Geschichte (...) Bindung, Sozialität, das Bedürfnis, mit anderen zusammen zu sein - das ist evolutionär tief verwurzelt.

Wir sind nicht nur von Natur aus sozial, sondern „bevorzugen auch kooperative, warmherzige und gewaltfreie Interaktionen vor egoistischen, aggressiven und gewalttätigen".[105]

Sozialität ist angeboren und beginnt schon in sehr jungen Jahren (die Grundlagen für Empathie, Sympathie und prosoziales Verhalten sind bereits bei Kleinkindern vorhanden)[106], aber Churchland zeigt in ihren Forschungen, wie wichtig Liebe und Zuneigung sind, um sie zu fördern. Einige mit Ratten und Mäusen durchgeführte Experimente deuten darauf hin, dass, wenn ein Teil der Mäusebabys täglich nur für einige Stunden von der Mutter getrennt wird, in denen sie warm gehalten und gefüttert, aber nicht geleckt oder gestreichelt (d. h. geliebt) werden, eine Veränderung ihres Sozialverhaltens und eine Verringerung der Rezeptoren für Oxytocin zu beobachten ist, wenn sie zurückkehren. Wenn dann die weiblichen Mäuse, mit denen experimentiert wurde, erwachsen werden und selbst Nachwuchs bekommen, werden sie zu schlechten Müttern, die sich nicht wirklich um ihre Nachkommen kümmern. Churchland kommt zu dem Schluss: „Wir wissen, dass es ganz bestimmte Aspekte der Neurobiologie der Schaltkreise gibt, die beeinflussen, welche Art von sozialer Person man sein wird, und im Fall von Mäusen und allen Säugetieren hat das etwas damit zu tun, wie man als Säugling und Kind behandelt, angefasst und geliebt wurde."

Die von Churchland und anderen Wissenschaftlern durchgeführten Untersuchungen belegen, dass sich die meisten

Menschen entgegen der immer noch vorherrschenden Meinung sehr wohl um andere und um das soziale Wohlergehen kümmern (und nicht nur um ihr eigenes wirtschaftliches Wohlergehen). Dieses sich abzeichnende Narrativ ist sehr hilfreich, weil es zeigt, dass diese Fähigkeit zur Fürsorge - eine Voraussetzung für eine erfolgreiche Zusammenarbeit - von Gefühlen, Qualitäten und Emotionen abhängt, die ermutigt, gefördert und sogar vermittelt werden können. Liebe und Zuneigung haben zwar eine soziale Dimension, sind aber zutiefst persönlich und auf gesellschaftlicher Ebene nur schwer nachzuahmen, während andere Qualitäten leichter für das Gemeinwohl nutzbar gemacht werden können. Empathie (die Fähigkeit, die Gefühle eines anderen zu verstehen und zu teilen) ist eine davon. Aus evolutionärer Sicht ist sie eine Eigenschaft, die uns hilft, in sozialen Gruppen zu überleben, und laut Helen Riess, Professorin für Psychiatrie an der Harvard Medical School und Leiterin des Empathy and Relational Science Program am Massachusetts General Hospital in Boston, spielt sie eine wichtige Rolle für das Funktionieren unserer Gesellschaft, indem sie den „Austausch von Erfahrungen, Bedürfnissen und Wünschen zwischen Individuen“ fördert“.[107] Da unsere neuronalen Netze so aufgebaut sind, dass sie mit den neuronalen Netzen anderer interagieren, um deren Emotionen wahrzunehmen und sie von unseren eigenen zu unterscheiden, erschwert ein Mangel an Empathie ein Zusammenleben ohne ständigen Streit oder das Gefühl der Bedrohung durch den anderen. Kurz gesagt: Empathie fördert die Zusammenarbeit, während ihr Fehlen Angst schürt und das Gegenteil bewirkt.

Warum sollte man dann nicht überall auf der Welt Empathie lehren? Warum nicht die Führungskräfte und die Bevölkerung insgesamt zu mehr Einfühlungsvermögen erziehen? Die Beispiele Dänemarks und Finnlands, zweier Länder, die jedes Jahr in Bezug auf das subjektive Wohlbefinden zu den Spitzenreitern in der Welt gehören,[108] zeigen, dass Empathie, die in der Schule von klein auf gelehrt wird, dazu führt, dass Mobbing abnimmt, die Fähigkeit zur Vergebung zunimmt und Beziehungen und soziale Bindungen sowohl in der Kindheit als auch im Erwachsenenalter erheblich verbessert werden.[109] Da Empathie die Qualität bedeutungsvoller Beziehungen verbessert, begünstigt sie auch die Fähigkeit der Menschen, sich auf erfolgreiche Formen der Zusammenarbeit einzulassen. Im Gegensatz dazu glauben Führungskräfte, die narzisstische Züge aufweisen (das Gegenteil von Empathie), dass sie allein agieren können und streben daher keine Zusammenarbeit an. Zahlreiche Beispiele der letzten Jahre haben dies bewiesen, und die Lehre daraus ist, dass die Länder nicht nur glücklichere Menschen, sondern auch kooperativere und stärker zur Zusammenarbeit bereite Weltbürger haben werden, wenn sie sich darauf konzentrieren, Kindern und Schülern prosoziale Verhaltensweisen und Eigenschaften zu vermitteln. Dieser Impuls schlummert in vielen Ländern, aber warum sollte man es nicht auf globaler Ebene versuchen und so dem Erfolg der wenigen Länder, die bewiesen haben, dass es funktioniert, nacheifern? Dies ist kein sentimentaler Wischiwaschi-Gedanke, sondern eine wissenschaftlich fundierte Idee. Eine wachsende Zahl von Forschungsergebnissen, insbesondere aus der Neurowissenschaft, zeigt, dass „man die Welt verändern kann, wenn man seine Meinung ändert". Das ist sozusagen das Motto des von Professor Richard Davidson an der Universität von Wisconsin-Madison gegründeten Center for Healthy Minds („Change your mind, change the world" oder „Change your brain, change the world"). Davidson hat den größten Teil seines akademischen Lebens dem Nachweis gewidmet, dass die Kultivierung positiver Eigenschaften wie Mitgefühl und Empathie unser Gehirn verändern und die Entwicklung und den Ausdruck dauerhafter positiver Eigenschaften ermöglichen kann. „Durch die Verkörperung dieser Qualitäten können wir ein Beispiel für andere geben, und wir wissen, dass eine der erfolgreichsten Möglichkeiten, diese Qualitäten zu erlernen, das soziale Lernen ist, und soziales Lernen geschieht implizit. Allein das Zusammensein mit einem Menschen, der diese positiven Eigenschaften aufweist, der sie ausstrahlt, ist also schon ein wichtiger Faktor, um diese positive Veränderung in anderen zu fördern."[110]

Es besteht kaum ein Zweifel daran, dass auf breiter Ebene umgesetzte prosoziale Maßnahmen unsere kollektive Fähigkeit zur Zusammenarbeit fördern würden, und dass die Ergebnisse nach einigen Jahren in der Gesellschaft zu wirken beginnen würden. Aber der Luxus dieser „Jahre" steht uns nicht zur Verfügung. Die Probleme, vor denen wir stehen, erfordern unsere unmittelbare Aufmerksamkeit. Wir müssen jetzt auf globaler Ebene besser zusammenarbeiten. Was passiert, wenn wir das nicht tun? Wie immer kann uns die Literatur dabei helfen, uns die möglichen Optionen vorzustellen. Im einen Extremfall stehen wir vor einer katastrophalen Zukunft ohne jede Form der Zusammenarbeit, wie sie in Cormac McCarthys *The Road* beschrieben wird, in der einige wenige Überlebende in einer albtraumhaften Landschaft am Leben festhalten. Im anderen Extremfall können wir uns eine Welt vorstellen, in der die Menschen schließlich zusammenkommen, um Lösungen zu finden. Dies beschreibt Kim Stanley Robinson am Ende seines Buches *The Ministry for the Future*. In seinem Roman werden prosoziales Verhalten und die Bereitschaft zur Zusammenarbeit in einem noch nie dagewesenen Ausmaß durch die enorme Herausforderung (Klimawandel) ausgelöst. Dies ist ein weiteres Beispiel dafür, dass der Drang zur Zusammenarbeit und zur Suche nach einer Lösung umso größer ist, je größer das Problem und je größer die Bedrohung.

Gegenwärtig scheint es kaum Chancen für eine allgemeine Einigung oder globale Solidarität in Bezug auf die globalen Herausforderungen zu geben, denen wir gegenüberstehen (und sie werden immer geringer). Das kann sich ändern, wenn sich die Situation verschlimmert, aber was ist in der Zwischenzeit das Beste, was wir tun können? Martin Wolf sagt es ganz unverblümt: „Wir haben einen Punkt erreicht, an dem die Alternative zur Überwindung unserer Beschränkungen die Katastrophe ist. Wenn wir Frieden genießen, Wohlstand erreichen und unseren Planeten schützen wollen, müssen wir uns darauf einigen, unterschiedlicher Meinung zu sein, aber dennoch zusammenarbeiten. Es gibt keine vernünftige Alternative.“[111]

Die unmittelbare Aufgabe der Menschheit besteht darin, einen Mindestrahmen für die Zusammenarbeit festzulegen und umzusetzen, mit dem unsere drängendsten Herausforderungen angegangen werden können, vor allem der Klimawandel und die Umweltzerstörung. Dies erfordert ein intensives Engagement der Hauptakteure, allen voran China und die USA. Es gibt keinen Grund, warum die beiden Giganten nicht gemeinsam handeln könnten, um unsere globalen Gemeingüter zu schützen, indem sie ein praktikables Mindestmaß an Zusammenarbeit festlegen. Damit würde ein Beispiel gesetzt, dem andere Länder folgen könnten und würden. Das wird nicht einfach sein, aber es ist die Aufgabe der übrigen Welt, die beiden Supermächte daran zu erinnern, dass ein Scheitern eine Katastrophe bedeuten würde, die den Planeten (und damit jede Hoffnung auf Frieden und Wohlstand) gefährdet. Um es mit den einfachsten Worten zu sagen: Es wäre purer Wahnsinn, wenn China und die USA ihre Bemühungen um eine bessere globale Zusammenarbeit aufgeben würden.

Was kann uns in der Praxis dorthin bringen? Welche Erzählungen über die Zusammenarbeit können Hoffnung für die Zukunft geben? Es werden viele konkrete Vorschläge gemacht, die oft auf der Idee beruhen, dass zentralisierte und hierarchische Lösungen in der heutigen fragmentierten geopolitischen Landschaft nicht funktionieren werden. Stattdessen empfehlen sie polyzentrische (mit mehr als einem Zentrum) und multiskalige (auf verschiedenen Ebenen operierende) Systeme der globalen Ordnungspolitik, da nur diese akzeptiert werden und effektiv sein können. Es würde den Rahmen dieses Buches sprengen, die Vorzüge solcher breit angelegten Vorschläge und „großen" Erzählungen zu erörtern, aber eine von zwei unserer

Gesprächspartner geäußerte Idee könnte als Auftakt einer positiven und hoffnungsvollen Erzählung über die Zusammenarbeit dienen. Sie besteht darin, klein und lokal anzufangen, und betont die Bedeutung der „Zugehörigkeit" als Kanal für eine effektive Zusammenarbeit. Churchland argumentiert so:

> Es kann sein, dass die großen Veränderungen nicht durch eine hochgradig koordinierte Politik in allen Ländern zustande kommen, sondern dadurch, dass die Menschen ihre eigene lokale Situation erkennen und wissen, wie sie Abhilfe schaffen können, was dann auf den größeren Zusammenhang übertragen wird. Es ist sehr praktisch und ziemlich lokal. Der lokale Aspekt der Geschichte ist sehr wichtig. Robin Dunbar, der britische Sozialpsychologe, stellte fest, dass wir nur etwa 150 Menschen wirklich kennen können (und wir kennen nicht wirklich alle), aber sie sind wichtige Bekannte. Das bedeutet, dass wir nicht mit jedem auf der Welt befreundet sein können. Wir müssen uns von dem Gedanken verabschieden, dass wir im Namen aller Menschen auf diesem Planeten handeln, und stattdessen denken, dass wir zusammenarbeiten können, um ein bestimmtes gemeinsames, praktisches Ziel zu erreichen.

In ähnlicher, aber erweiterter Form schlägt Raghuram Rajan vor, das Konzept des „inklusiven Lokalismus" zu fördern, das in der

„Stärkung und Ermächtigung von Gemeinschaften" besteht. Ein wirksamer Rahmen für die globale Zusammenarbeit wird nicht funktionieren, wenn nicht auch diejenigen mitmachen, die sich derzeit nicht in den Prozess einbezogen fühlen. Das bedeutet, dass die globale Ordnungspolitik in einer Weise mit der lokalen Macht koexistieren muss, die sie inklusiv macht. Rajan erklärt dies recht ausführlich:

> Vereinfacht gesagt, haben wir drei Säulen: die Regierungen oder die politische Seite, die Wirtschaft und die dritte oder vergessene Säule, die Gemeinschaft oder soziale Seite. Wenn alle drei im Gleichgewicht sind, erreichen wir harmonischen Fortschritt und Wohlbefinden. Wenn die eine oder andere Säule zu stark wird, entsteht ein Ungleichgewicht, und es kommt zu Reaktionen, manchmal von Seiten der anderen Säulen, oder die Gesellschaft wird dysfunktional (...) Wenn wir das Gleichgewicht wiederherstellen wollen, müssen wir uns auf die Stärkung und Befähigung der Gemeinschaften, auf mehr Dezentralisierung und mehr wirtschaftliche Macht konzentrieren, denn viele der benachteiligten Gemeinschaften sind nicht in der Lage, für ihre Bürger zu arbeiten und sie wieder auf den richtigen Weg zu bringen (...) Soweit [die Menschen] die Dinge auf lokaler Ebene bestimmen können, sollten sie das tun, denn darum geht es in der Demokratie. Die

Globalisierung der Märkte bedeutet eine Globalisierung des Regierens und viel weniger Macht vor Ort. Das führt zu populistischen Gegenreaktionen, aber die Art von lokaler Entschlossenheit, die von der lokalen Bevölkerung gewünscht wird, ist häufig sehr ausgrenzend; sie grenzen globale Märkte aus und werden zu Exklusionisten, oder sie grenzen Einwanderer aus und beharren auf Amerika für gebürtige Amerikaner. Mir schwebt etwas vor, das ich als „inklusiven Lokalismus" bezeichne: mehr Macht auf lokaler Ebene, aber in einer Weise, die alle einbezieht. Ihre lokale Gemeinschaft wird von Grenzen umschlossen, aber es sind durchlässige Grenzen. Sie sorgen dafür, dass wir ein Gefühl der Zugehörigkeit haben, dass wir nicht unterschiedslos zu den Menschen draußen sind, aber sie sind auch nicht so dicht, dass jemand ausgeschlossen wird. Jeder, der mitmachen will, kann eintreten. Diese Art von inklusivem Lokalismus ist zunehmend in Großstädten und in einigen Ländern wie Kanada zu beobachten, wo versucht wird, ein Gefühl der Gemeinsamkeit zwischen den Menschen zu schaffen. Langfristig würde dies zu mehr Selbstbestimmung vor Ort führen, aber auch zu einer Gemeinschaft, die Unterschiede in hohem Maße akzeptiert. Auf diese Weise werden wir in der Lage sein, mit einigen dieser weitreichenderen Einflüsse wie der Globalisierung umzugehen.

Das Wort „Inklusion“ ist der Schlüssel. Der Wille zur Zusammenarbeit, der die Grundlage für eine effektive Global Governance bildet, wird ohne eine stärkere Einbeziehung der Zivilgesellschaft und der lokalen Akteure nicht entstehen. So die Aussage von UN-Generalsekretär António Guterres in „Unsere gemeinsame Agenda“.[112] Er wies auch auf die Dringlichkeit der Aufgabe hin: „Die Menschheit steht vor einer drastischen und dringend notwendigen Entscheidung: Zusammenbruch oder Durchbruch. Die Entscheidungen, die wir heute treffen - oder nicht treffen - könnten zu einem weiteren Zusammenbruch und einer Zukunft mit ständigen Krisen führen oder zu einem Durchbruch zu einer besseren, nachhaltigeren und friedlichen Zukunft für die Menschen und unseren Planeten.“ Wie in verschiedenen Erzählungen unserer Gesprächspartner zum Ausdruck kam, kann die Tatsache, dass wir mit Problemen konfrontiert sind, die in ihrem Ausmaß einzigartig sind und uns alle betreffen, eine starke Bewegung für globale Zusammenarbeit auslösen. Wir sind schließlich soziale Tiere, und unsere angeborene Neigung zur Zusammenarbeit kann uns retten!

3.2. Fantasie und innovation

Die Vorstellungskraft, „eine Schöpfung des Geistes“, aber auch die „Fähigkeit, sich mit einem Problem auseinanderzusetzen und es zu lösen“,[113] ist eine wunderbare Eigenschaft. Wenn ihre unendlichen Möglichkeiten genutzt werden, entspricht sie einer Art „Supermacht“, von der jeder Mensch individuell oder kollektiv profitieren kann. Es ist leicht zu verstehen, warum: Jede Lösung eines Problems beginnt mit ein wenig Fantasie. Umgekehrt entstehen viele Probleme, weil man sich nicht vorstellen kann, dass sie auftreten könnten. Der Ausdruck „Versagen der Vorstellungskraft" beschreibt die Erwartung, dass zukünftige Chancen und Risiken denen der Vergangenheit ähneln werden. Der Romanautor Graham Greene verwendete ihn zum ersten Mal in *Die Kraft und die Herrlichkeit*[114], aber die 9/11-Kommission machte ihn populär, indem sie ihn als Hauptgrund dafür anführte, dass die Geheimdienste die „unvorstellbaren" Ereignisse dieses Tages nicht vorhersehen konnten. Seitdem wird der Begriff mit Situationen assoziiert, in denen strategisches Denken und Risikomanagement in einem fantasielosen und rückwärts gewandten Denken stecken bleiben. In Anbetracht der vielfältigen und miteinander verflochtenen Risiken unserer Tage können wir es uns nicht leisten, fantasielos zu sein, auch wenn wir, wie der Astrobiologe Caleb Scharf betont, Gefahr laufen, aufgrund der Größe der Aufgabe in einer gefährlichen kognitiven Sackgasse gefangen zu sein: „Wir Menschen scheinen in der Tat Probleme zu haben, wenn zu viele neue Dinge auf einmal auf uns einprasseln. Vor allem, wenn diese Dinge außerhalb unseres normalen Aufgabenbereichs liegen. Zum Beispiel, na ja, seltsame Viren oder neue Klimamuster (...). Angesichts solcher Dinge können wir einfach in einen Zustand der kognitiven Blockade verfallen und von einem kleinen Teil des Problems zum anderen springen, ohne ein zusammenhängendes Ganzes zu bilden."[115]

Die Vorstellungskraft ist genau das, was erforderlich ist, um einem Zustand der „kognitiven Blockade" zu entkommen und ein „zusammenhängendes Ganzes" zu bilden. Sie gibt uns die Möglichkeit, innovative Lösungen zu finden, um die zahlreichen Risiken, mit denen wir konfrontiert sind, erfolgreich zu bewältigen. Seit Jahrzehnten destabilisieren wir die Welt, weil wir uns die Folgen unseres Handelns für unsere Gesellschaften und unsere Biosphäre und die Art und Weise, wie sie miteinander verbunden sind, nicht vorstellen können. Jetzt, nach diesem Scheitern und der nüchternen Erkenntnis dessen, was es mit sich gebracht hat, müssen wir genau das Gegenteil tun: uns auf die Kraft der Vorstellungskraft verlassen, um uns aus den Gruben zu befreien, die wir uns selbst gegraben haben. Es liegt an uns, uns eine gerechtere und nachhaltigere Welt auszumalen. Da der Fantasie keine Grenzen gesetzt sind, ist die Vielfalt der sozialen, wirtschaftlichen und politischen Lösungen unendlich. Um diese Lösungen zu finden, müssen wir unser kollektives Vorstellungsvermögen aufbringen, um eine Reihe hoffnungsvoller Zukunftsperspektiven zu entwerfen und die verschiedenen Wege dorthin zu skizzieren.

Was die Behauptung betrifft, dass es Dinge gibt, die wir für gesellschaftlich oder politisch unmöglich halten, so zeigt ein kürzlich erschienenes, viel beachtetes Buch, dass nichts vorherbestimmt ist. Wir sind in der Tat nur durch die Kraft unserer eigenen Vorstellungskraft gebunden. Dies belegen David Graeber und David Wengrow (ein verstorbener Anthropologe und ein Archäologe) in *Anfänge*[116], indem sie zeigen, dass jede erdenkliche Form sozialer und wirtschaftlicher Organisation seit Anbeginn der Menschheit existiert. In den letzten 300.000 Jahren haben wir auf unzählige verschiedene Arten nach Wissen, Experimenten,

Glück, Entwicklung, Freiheit und anderen menschlichen Zielen gestrebt. In diesen Zeiten, die unserer modernen Welt vorausgingen, gab es für keine der von uns erdachten Formen des Zusammenlebens einen einheitlichen Ausgangspunkt oder ein unveränderliches Muster. Frühe Gesellschaften waren friedlich und gewalttätig, autoritär und demokratisch, patriarchalisch und matriarchalisch, Befürworter und Gegner der Sklaverei, einige wechselten ständig zwischen verschiedenen Organisationsformen, andere nicht. Antike Industriestädte blühten im Herzen von Imperien, während andere ohne ein Herrschaftsgebilde existierten. Fakt ist: Vor unserer „Moderne", die in der Idee der Aufklärung gipfelte, gab es eine unglaubliche Vielfalt an sozialen Möglichkeiten, die sich die meisten modernen Menschen nicht vorstellen konnten. Rousseaus Idealismus über den „Naturzustand" in einer Welt der Prä-Zivilisation oder Hobbes' Überzeugung, dass das Leben vor der Existenz des Staates „gemein, brutal und kurz" war, wirken eher wie Hypothesen als wie der Wissenschaftskanon, den sie oft verkörpern. Wenn die antiken Gesellschaften keinem bestimmten organisatorischen Ablauf oder Evolutionsmodell folgten, warum sollte es in der heutigen Welt anders sein? Was hindert uns daran, uns andere Wege und neue Formen auszudenken? Was schränkt unsere Fähigkeit, uns bessere Wege zur Bewältigung unserer Probleme vorzustellen, ein und warum können wir uns nicht anders organisieren? Sind wir nicht in der Lage, komplett neue Erzählungen zu erschaffen?

Die Antwort lautet: Doch, das sind wir! Wer sich umschaut, wird feststellen, dass es nicht nur neue einfallsreiche Lösungen für unsere globalen Anliegen und die Probleme des kollektiven Handelns gibt, sondern dass es sogar sehr viele davon gibt. Eine Bestandsaufnahme dieser immensen Bandbreite würde den Rahmen dieses Buches bei weitem sprengen, so dass hier nur einige wichtige Beispiele angeführt werden sollen, um zu zeigen, dass es an Vorstellungskraft nicht mangelt.

Jeden Tag legen Tausende und Abertausende von Menschen neue, fantasievolle Ideen und innovative Lösungen für die Probleme vor, mit denen wir alle konfrontiert sind. Unternehmer, Führungskräfte, Investoren, politische Entscheidungsträger, soziale Aktivisten, Wissenschaftler und alle möglichen anderen Denker unterbreiten aktiv Lösungsvorschläge und experimentieren damit. Es gibt nichts Wirkungsvolleres, um zu kommunizieren und die Vorstellungskraft zu entfesseln, als die Macht von Erzählungen, d. h. die Entwicklung von Geschichten, die für andere sowohl relevant als auch überzeugend sind. Dies ist der beste Weg, um diejenigen zu motivieren, mit denen wir sozial, politisch und wirtschaftlich interagieren, und um die Agenda voranzubringen. In unserem Gespräch bot Carlota Perez ein solches Beispiel für eine große Erzählung, deren Vorstellungskraft zu einem Aufruf zum Handeln führt:

> Ausgehend von den historischen Erfahrungen könnten wir ein sozial und ökologisch nachhaltiges goldenes Zeitalter der Informations- und Kommunikationsrevolution vor uns sehen. Dies würde bedeutende institutionelle Neuerungen

erfordern, darunter eine supranationale Institution zur Regulierung des Finanzwesens auf globaler Ebene und verschiedene Änderungen zur Modernisierung der nationalen Regierungen, zur Verlagerung von Befugnissen auf die lokale Ebene und zur Neugestaltung des Wohlfahrtsstaats und des Steuersystems. All dies würde voraussetzen, dass alle politischen Maßnahmen auf ein intelligentes (d. h. digitales), grünes, faires und globales Wachstum ausgerichtet werden. Ich habe ein Muster identifiziert, dem frühere technologische Revolutionen gefolgt sind (wobei die Gesetzmäßigkeit jedes Mal durch einzigartige Merkmale geprägt ist): (1) Eine Revolution kommt dann zustande, wenn die vorhergehende Anzeichen von Reife und Erschöpfung zeigt (abnehmende Rentabilität aufgrund von Marktsättigung und Erschöpfung des Innovationsraums zur Steigerung der Produktivität oder zur Einführung neuer Produkte auf den bekannten Pfaden). (2) Die ersten Jahrzehnte (bzw. die Aufbauphase) sind ein turbulenter Prozess der „schöpferischen Zerstörung", wenn das neue Paradigma die Ablösung des alten erzwingt. Auf dem Weg dorthin entstehen neue Millionäre, viele Arbeitsplätze und Qualifikationen werden vernichtet, alte Industrien werden modernisiert oder abgeschafft, die Ungleichheit nimmt zu, Finanzblasen entstehen und zerfallen. (3) Die darauf folgende Rezession zeigt die sozialen Folgen der „Zerstörungs"-Hälfte. Proteste, Ressentiments, Spaltungen und Populismus sind die Folge und lassen die Alarmglocken läuten und Forderungen nach einem neuen „Gesellschaftsvertrag" laut werden, während sie gleichzeitig ein Verständnis für das Potenzial der neuen Technologien (die „kreative" Hälfte) vermitteln. (4) Die folgenden Jahrzehnte (bzw. die Entfaltungsphase) können ein goldenes Zeitalter sein, wenn der Staat das Potenzial auf die Bereitstellung eines solchen Vertrags konzentriert, indem er die Waagschale klar so ausrichtet, dass das technologische Potenzial bestmöglich genutzt und der Kapitalismus dadurch, dass der Reichtum der Wenigen einem viel größeren Teil der Gesellschaft zugutekommt, neu legitimiert wird. Solche goldenen Zeitalter waren ab 1850 der viktorianische Aufschwung im Vereinigten Königreich, ab 1900 die Belle Époque in Europa (Progressive Era in den Vereinigten Staaten) und der Nachkriegsboom im damals so genannten fortschrittlichen Westen. Meines Erachtens hätte die Umstellung auf die aktuelle Revolution nach der Finanzkrise von 2008 erfolgen müssen. Nachdem diese Gelegenheit verpasst wurde, hat die Pandemie möglicherweise (wieder) die Voraussetzungen dafür geschaffen.

Dieser Entwurf einer großen Erzählung zeigt Folgendes: (1) wir können uns eine Zukunft vorstellen, die nicht düster sein muss; (2) einige der Herausforderungen, vor denen wir stehen, spiegeln frühere historische Epochen wider; (3) entschlossenes Handeln kann uns auf dem Weg zu einer ökologisch und sozial nachhaltigeren Welt helfen; (4) beim Übergang zu einem neuen Paradigma (dem der Informations- und Kommunikationstechnologien) müssen wir das vorherige (Massenproduktion) aufgeben.

Die Definition von Vorstellungskraft als „Fähigkeit, sich mit einem Problem auseinander zu setzen und es zu bewältigen" setzt Kreativität und Offenheit für neue Denkweisen voraus, sowie natürlich ein hohes Maß an disziplinierter Analyse und die Aussicht auf eine geschäftliche oder politische Anwendung (andernfalls, um die Lieblingsaussage des brasilianischen Wirtschaftswissenschaftlers Carlos Braga zu umschreiben, „ist eine Vision oder Vorstellung ohne Realisierung nur Halluzination"). Heutzutage sind alle möglichen Leute damit beschäftigt, neue und fantasievolle Ideen, Produkte und Strategien zu entwickeln. Sie entwickeln neue unternehmerische Vorhaben, Start-ups, wirtschaftspolitische Maßnahmen oder Mammutprojekte und gestalten so die Zukunft. Ihre originellen Ideen werden in Erzählungen umgesetzt, die Modelle hervorbringen, die wiederum das Verhalten beeinflussen und dazu beitragen, die Zukunft zu gestalten. Letztlich werden sie zu Instrumenten der Politik und projizieren Marktmacht. Zur Veranschaulichung werden vier innovative Projekte bzw. Projektgruppen beschrieben, die sich alle voneinander unterscheiden, aber alle den Umweltsektor betreffen (diese Makrokategorie wurde willkürlich gewählt, weil hier am meisten auf dem Spiel steht). Noch vor wenigen Jahren waren all diese Vorhaben unbekannt oder steckten noch in den Kinderschuhen. Heute sind sie ein kollektives Zeugnis für die Vorstellungskraft derer, die sie erdacht haben.

(1) Netzwerk zur Ökologisierung des Finanzsystems und darüber hinaus: Entwicklung neuer politischer Strategien
Das Netzwerk zur Ökologisierung des Finanzsystems (Network for Greening the Financial System, NGFS) ist eine Gruppe von 91 Zentralbanken und Aufsichtsbehörden, die sich für die Mobilisierung von Finanzmitteln zur Unterstützung des Übergangs zu einer nachhaltigen Wirtschaft einsetzen. Das Netzwerk prüft viele kühne Finanzinnovationen[117], die eines Tages die Art und Weise revolutionieren könnten (und höchstwahrscheinlich auch werden), in der klimabezogene Risiken im Zentralbankwesen und in der Bankenaufsicht berücksichtigt werden. Kurz gesagt, neben den Regierungen (die über ein viel breiteres und effektiveres Spektrum an Instrumenten und Maßnahmen verfügen, um klimabedingten Risiken vorzubeugen und sie zu mindern) werden auch die Zentralbanken ihre geldpolitischen Handlungsrahmen anpassen, um klimabedingten Risiken Rechnung zu tragen. Dazu gehört die Abmilderung von Bilanzrisiken, die sich aus dem Klimawandel und der Umweltzerstörung ergeben, aber auch die aktive Unterstützung des Übergangs zu einer kohlenstofffreien, grünen Wirtschaft. Die Aufgabe

der NGFS ist es, sich vorzustellen, wie dies aussehen könnte, und politische Werkzeuge und Instrumente zu entwickeln, um dieses Ziel zu erreichen, und sie hängt weitgehend davon ab, wie sich die Klimarisiken über eine Reihe verschiedener Übertragungskanäle auf die Wirtschaft und das Finanzsystem auswirken werden.[118] Die Bandbreite der verfügbaren Optionen ist riesig und umfasst Änderungen in den drei wichtigsten Politikbereichen einer Zentralbank: Kreditgeschäfte, Kreditsicherungsstrategien und Ankäufe von Vermögenswerten. Es ist nicht der Zweck dieses Buches, auf die damit verbundenen Formalien einzugehen[119], stattdessen genügt der Hinweis darauf, dass einige der Optionen eine radikale Abkehr von der üblichen operativen Politik der Zentralbanken darstellen. Sie sind, kurz gesagt, das Produkt der Fantasie der Zentralbanker.

Einige Ideen bewegen sich auf unbekanntem Terrain und gehen weit über den Rahmen dessen hinaus, was das NGFS im Hinblick auf mögliche politische Maßnahmen ausarbeitet. Die Entwicklung von Strategien zur „dekarbonisierten quantitativen Lockerung" ist eine dieser Maßnahmen. Es handelt sich um eine neuartige, unerprobte und etwas aus dem Rahmen fallende Erzählung, die bereits bekannt ist, da sie eine Schlüsselrolle in Kim Stanley Robinsons Bestseller *Das Ministerium für die Zukunft* spielt. Als sich die Klimakrise dramatisch zuspitzt, beschließen die wichtigsten Zentralbanker der Welt, gemeinsam die Vorsicht in den Wind zu schlagen und eine globale „Carbon Coin" (Kohlenstoffmünze) zur Finanzierung der Dekarbonisierung zu schaffen. Robinsons Inspiration basiert auf einigen wissenschaftlichen Arbeiten, die vor weniger als fünf Jahren veröffentlicht wurden[120], und in letzter Zeit auf der Arbeit des NGFS, die sich (noch?) nicht auf so wildes Terrain wagt. Da Robinson jedoch die „dichterische Freiheit" des Schriftstellers in Anspruch nimmt, kann er seiner Fantasie freien Lauf lassen:

> [Das NGFS] schlug vor, dass Staaten, Unternehmen und Einzelpersonen, die der Atmosphäre Kohlenstoff entziehen, möglicherweise direkt dafür bezahlt werden könnten. Erdölfördernde Staaten könnten für die im Boden belassenen fossilen Brennstoffe entschädigt werden. Ölgesellschaften könnten dafür bezahlt werden, Kohlenstoff aus der Luft zu saugen und zurück in den Boden zu pumpen; sie könnten auch dafür bezahlt werden, Wasser unter den großen Gletschern der Antarktis und Grönlands abzupumpen, die derzeit auf neu geschmolzenen unterirdischen Wasserrutschen ins Meer gleiten. Natürlich müssen die Gesetzgeber und die Bürger ihre Zentralbanken dazu drängen, diese Dinge zu tun, bzw. sie letztlich dazu anweisen oder damit beauftragen. Die gute Nachricht ist jedoch, dass wir mit diesen neuen Strategien in der Hand sogar in unserer derzeitigen Volkswirtschaft, die für die anstehende Aufgabe bestenfalls unzureichend geeignet ist, in der Lage sein könnten, uns selbst

> dafür zu bezahlen, die notwendigen Dinge zu tun und so dem kommenden Massensterben zu entgehen.[121]

Diese Idee ist weit hergeholt, aber sie wurde bereits von einigen hartgesottenen Investmentbankern aufgegriffen.[122] Außerdem ist es doch gerade der Sinn der Fantasie, sich in unbekannte Gefilde zu wagen!

(2) Naturbasierte Lösungen: Eine einfallsreiche Idee, die zu einer Fülle von Neugründungen führt
Man muss nicht viel Fantasie haben, um zu erkennen, dass die Natur aus freien Stücken gibt. Über Jahrhunderte hinweg haben wir diese Großzügigkeit nicht nur als selbstverständlich hingenommen, sondern auch in einem solchen Ausmaß ausgenutzt, dass wir jetzt am Rande eines Abgrunds stehen. Natürlich ist die Natur nicht „umsonst", sie ist unbezahlbar, und es bedarf einer gewissen Vorstellungskraft, um zu begreifen, was dies für die Politik bedeutet. Für Wirtschaftswissenschaftler und politische Entscheidungsträger ist die Wertschätzung der Natur und die Bewertung ihres Beitrags zu unserer Wirtschaft und Gesellschaft ein neues Unterfangen, denn jahrhundertelang haben wir die grundlegende Rolle der Natur in unserem Leben übersehen und die Risiken unterschätzt, die die Umweltzerstörung für das menschliche Wohlergehen und das Wirtschaftswachstum darstellt. Ohne die Pflege der komplexen Ökosysteme, die dafür sorgen, dass die Temperaturen erträglich, die Luft

von guter Qualität und das Wasser trinkbar bleiben, können wir als Gesellschaft nicht funktionieren. Daraus folgt, dass die Natur einen unverzichtbaren Beitrag zur Wirtschaftstätigkeit darstellt. Sie ist ein wertvolles Gut. Als solches müssen wir sie behandeln und dabei unsere Maßstäbe für wirtschaftlichen Wohlstand überdenken.

Jüngste Wirtschaftsstudien kommen zu dem Schluss, dass mehr als die Hälfte des weltweiten BIP von der Natur abhängt.[123] Sie erbringt Leistungen, die offensichtlich sind (wie Fischbestände und Bienenbestäubung), und andere, die viel schwieriger zu verstehen sind (wie die Arbeit komplexer Ökosysteme im Boden, die Nährstoffe recyceln, Wasser reinigen und atmosphärischen Kohlenstoff absorbieren). Dies sind für Wirtschaftswissenschaftler ungewohnte Themen, die wie bereits erwähnt viel Fantasie und disziplinierte Analysen erfordern, um den Beitrag der Natur zum Wirtschaftswachstum angemessen zu berücksichtigen. In einer Reihe neuer Artikel und Berichte wird dies getan, indem das Naturkapital zum ersten Mal in eine gründliche Analyse der Nachhaltigkeit des derzeitigen Wirtschaftswachstums einbezogen wird.[124] Wie in der Dasgupta Review festgestellt:

> Als Kollektiv (...) haben wir es versäumt, unser globales Portfolio an Vermögenswerten nachhaltig zu verwalten. Schätzungen zeigen, dass sich das Produktionskapital pro Person zwischen 1992 und 2014 verdoppelt hat und das Humankapital

> pro Person weltweit um etwa 13 % gestiegen ist, der Bestand an Naturkapital pro Person jedoch um fast 40 % zurückgegangen ist. Die Anhäufung von Produktions- und Humankapital auf Kosten des Naturkapitals ist für viele Menschen gleichbedeutend mit Wirtschaftswachstum und Entwicklung. Mit anderen Worten: Die Menschheit hat in den letzten Jahrzehnten zwar einen enormen Wohlstand erreicht, aber die Art und Weise, wie wir diesen Wohlstand erreicht haben, ist mit einem verheerenden Preis für die Natur verbunden. Schätzungen unserer Gesamtauswirkungen auf die Natur deuten darauf hin, dass wir 1,6 Erden benötigen würden, um den derzeitigen Lebensstandard aufrechtzuerhalten.[125]

Als Folge der auf Imagination beruhenden Forschung von Wissenschaftlern beginnen Unternehmer (gefolgt von Investoren und Wirtschaftsführern), die Rolle der Natur als Vermögenswert anzuerkennen und sie zu einem wichtigen Investitionsthema zu machen. Entgegen weit verbreiteten Annahmen und Vorurteilen zeigen sie, dass die Wertschätzung von Naturkapital und entsprechende Investitionen in dieses Kapital Arbeitsplätze und Wachstum schaffen können. Es sollte daher nicht überraschen, dass Start-ups, die in naturbasierte Lösungen investieren, geradezu aus dem Boden schießen - sie entwickeln sich derzeit exponentiell[126] und decken so unterschiedliche Bereiche wie die Erhaltung von Arten, den Schutz von Wäldern, die Verbesserung des Recyclings und die Verringerung der Luftverschmutzung, der Lebensmittelverschwendung und der Abwasserverschmutzung ab. Die Fantasie dieser Start-up-Unternehmer scheint grenzenlos zu sein.

(3) Die Bioökonomie: Die Vorstellungskraft fördert Anwendungen der synthetischen Biologie
Die Bioökonomie leitet sich daraus ab und befasst sich mit einer nachhaltigeren, effizienteren und integrierten Nutzung der Natur (biologische Ressourcen und Ökosysteme). Diese neue „Disziplin" ist seit über 15 Jahren populär und wird auf verschiedene Weise beschrieben. Im Jahr 2015 wurde die Bioökonomie auf dem ersten, ihr gewidmeten internationalen Gipfel als „wissensbasierte Produktion und Nutzung biologischer Ressourcen, biologischer Prozesse und Prinzipien zur nachhaltigen Bereitstellung von Gütern und Dienstleistungen in allen Wirtschaftssektoren" definiert.[127] Heute geht sie Hand in Hand mit dem Konzept der „Kreislaufwirtschaft" und findet Anwendung in der Primärproduktion wie der Land- und Forstwirtschaft, der Fischerei und der Aquakultur sowie in Industriezweigen, die biologische Ressourcen nutzen, wie der Lebensmittel- und Getränkeindustrie, der Zellstoff- und Papierindustrie sowie in Teilen der Chemie-, Biotechnologie- und Energieindustrie.

In den letzten Jahren wurden auf dem Gebiet der synthetischen Biologie bemerkenswerte Fortschritte erzielt

(Näheres dazu in Abschnitt 3.7). Die biowissenschaftliche Forschung schreitet in rasantem Tempo voran und führt zu neuen biobasierten Anwendungen in so unterschiedlichen Bereichen wie Landwirtschaft, saubere Energie, Gesundheit und Industrie im Allgemeinen. Unternehmer, Risikokapitalgeber und große Unternehmen wetteifern unermüdlich darin, kreative Lösungen zu finden, die in etwa zehn Jahren unsere Wirtschaft revolutionieren könnten. Das Potenzial der synthetischen Biologie ist so groß, dass eine voll entwickelte Bioökonomie, die um 2035-2040 erneuerbare Biomasse anstelle von Erdöl zur Herstellung der Produkte verwendet, die unsere modernen Gesellschaften benötigen, nicht undenkbar ist. In Sichtweite sind eine neue Generation von Kunststoffen, die sich im Meerwasser und im Boden unschädlich abbauen, biologisch hergestellter, kohlenstoffneutraler Zement, alternative Proteinquellen für die Ernährung, die weniger Wasser und Land verbrauchen und weniger Treibhausgasemissionen verursachen, Textilien und Farbstoffe, deren Herstellung die Kohlendioxidemissionen senkt und giftige Abfälle reduziert, sowie Bodenmikroben, die den Einsatz von Düngemitteln verringern, die Gesundheit der Böden verbessern und Kohlendioxid aus der Atmosphäre entnehmen.[128]

(4) Geo-Engineering: Verwegene Fantasie bei der Arbeit

Ob man die Idee nun gutheißt oder nicht, Geo-Engineering (auch „Climate Engineering“ genannt) ist ein wahres Fest der Fantasie. Es besteht darin, gezielt und in großem Umfang in das Klimasystem der Erde einzugreifen, um das Klima zu verändern oder sogar zu reparieren, indem die Prozesse, die den Klimawandel verschärfen, reduziert oder umgekehrt werden. Diese „Mammut"-Idee, die noch vor wenigen Jahrzehnten vermessen, wenn nicht gar unvorstellbar gewesen wäre, ist heute eine ernsthafte - wenn auch radikale - Option, um eine mögliche Klimakatastrophe abzuwenden. Sie wurde von Wissenschaftlern wie David King bekannt gemacht, der vorschlägt, die Arktis wieder einzufrieren, indem man die Region mit weißen Wolken bedeckt[129], oder Gernot Wagner, der in seinem Buch (mit dem treffenden Titel *The Gamble*[130]) vorschlägt, das Sonnenlicht von der Erde weg zu reflektieren, indem man Aerosole in die Stratosphäre einbringt.

Geo-Engineering birgt Folgerisiken, die von der Luftverschmutzung bis hin zu allen möglichen unvorhergesehenen Klimaauswirkungen reichen. Außerdem wirft es höchst komplexe wissenschaftliche, ethische und ordnungspolitische Fragen auf. Hat der Mensch das Recht, das Klima absichtlich zu verändern? Wer hätte die Befugnis, die Entscheidung über Geo-Engineering beim Klima zu treffen? Wie würde es kontrolliert und verwaltet werden? Wer würde ein solches Projekt finanzieren? Diese grundlegenden Fragen bleiben unbeantwortet, werden aber in wissenschaftlichen und politischen Kreisen diskutiert. Dies ist erneut ein Beweis für die Fähigkeit des Menschen, „sich mit einem Problem zu befassen" (Definition von Vorstellungskraft) und innovative und unerwartete Lösungen zu finden (auch wenn dies von vielen bestritten wird). Geo-Engineering ist keine Lösung für morgen, aber mit der Verschärfung der Klimakrise wird ein solch radikaler und umstrittener Ansatz ernsthaft in Betracht gezogen werden. Wenn es soweit ist, wird die Vorstellungskraft einer kleinen Gruppe von Wissenschaftlern den Weg für eine solche Entscheidung geebnet haben.

Im Mittelpunkt dieser vier einfallsreichen Maßnahmen, Ideen, Produkte und Projekte steht die rasche Vermehrung des Wissens. Aber sie werden auch von einer explosionsartigen Ausweitung der Vorstellungskraft angetrieben, die von der Notwendigkeit herrührt, eine Lösung für die uns bedrängenden Probleme zu finden (in diesem Fall Umweltprobleme). Wie Einstein schon sagte: „Fantasie ist wichtiger als Wissen. Das Wissen ist begrenzt, aber die Fantasie umspannt die Welt." Ebenso verhält es sich mit der Logik. „Mit Logik kommt man von A nach B. Mit Fantasie kommt man überall hin", sagte er außerdem.

3.3. Moral und werte

Moral wird allgemein definiert als eine Reihe oder ein System von Überzeugungen und Grundsätzen, die sich auf richtiges und falsches Verhalten und den Charakter beziehen. Werte sind die moralischen Grundsätze und akzeptierten Normen eines Individuums oder der sozialen Gruppe, der es angehört. Beide unterscheiden sich zwar voneinander, sind aber dennoch eng miteinander verwoben. (Extrem) Vereinfacht ausgedrückt: Bei der

Moral geht es eher um kulturelle, soziale und andere Normen, während sich die Werte eher auf persönliche Überzeugungen und Glaubenssätze beziehen. Letztlich helfen uns aber beide, zu beurteilen, was im Leben wichtig ist. Auf der Basis dieser Grundsätze entscheiden wir, was angemessen ist, und handeln dann entsprechend.

Die Situation, mit der wir heute als Kollektiv konfrontiert sind, mit ihren zahlreichen Herausforderungen (wie im ersten Teil des Buches beschrieben) und dem Druck, die besten Antworten zu finden, veranlasst uns, die Rolle von Moral und Werten in unserem Leben zu überdenken und neu zu bewerten, wie sie unser Verhalten und unsere Entscheidungen beeinflussen. Dies wurde durch die Pandemie noch verstärkt, die, wie alle massiven Schocks, die Selbstreflexion fördert. Angesichts eines lebensbedrohlichen Virus, das uns mit unserer eigenen Zerbrechlichkeit und der Unsterblichkeit konfrontiert, wird die Frage, was für uns als Individuen „wirklich" wichtig ist, was für uns als Mitglieder der Gesellschaft von Bedeutung ist und welche Prioritäten unser Handeln bestimmen sollten, immer wichtiger und regt uns dazu an, über viele Dinge nachzudenken, an die wir früher kaum einen Gedanken verschwendet haben. In unserem Gespräch betonte Amie Thomasson, Professorin für intellektuelle und moralische Philosophie, diesen Punkt:

> [Die Pandemie] hat uns dazu veranlasst, über die Werte nachzudenken, die unser Handeln bestimmen. Dies ist zum Teil auf die Unterbrechung

> unserer normalen Aktivitätsmuster zurückzuführen. (...) Ich glaube, in einer solchen Situation sind wir nicht mehr so selbstgefällig in Bezug auf die Werte, die unserem Handeln zugrunde liegen. Normalerweise nehmen wir sie nicht einmal wahr - wir gehen einfach unserer Arbeit nach, erziehen unsere Kinder oder was auch immer, ohne groß darüber nachzudenken. Doch in Krisenzeiten sind wir gezwungen, zu reagieren und die Werte, die unser Handeln leiten, sowie die grundlegenden normativen Fragen darüber, was unsere Werte waren und sein sollten, neu zu überdenken. Es ist vergleichbar mit dem, was der Philosoph Thomas Kuhn den Unterschied zwischen normaler und revolutionärer Wissenschaft nannte. In Krisenzeiten sind wir gezwungen, unsere normale Vorgehensweise aufzugeben, sei es bei wissenschaftlichen Untersuchungen oder im täglichen Leben, um innezuhalten und über die Werte nachzudenken, die unser Handeln bestimmen.

Die Feststellung, dass wir in Krisenzeiten nicht so handeln können, wie wir es normalerweise tun, und uns auf die Werte besinnen müssen, die uns leiten, ist insofern von grundlegender Bedeutung, als sie uns veranlassen kann, entschlossen zu handeln und endlich die Lösungen zu finden, die erforderlich sind, um die Welt widerstandsfähiger, gerechter und nachhaltiger zu machen.

Das ist der Grundgedanke von *COVID-19:* Die Prämisse aus *Der große Umbruch* lautete: Veränderungen sind immer schmerzhaft, daher sollten wir die Tatsache nutzen, dass wir uns an einem entscheidenden Punkt für die Einleitung der notwendigen Maßnahmen befinden, mit denen die meisten der Dinge, die in der Vergangenheit so viele Jahre lang schiefgelaufen sind, wieder in Ordnung gebracht werden können. Dies erfordert eine erneute Prüfung der Rolle von Moral und Werten. Wie wichtig sind sie und wie können sie am besten in unsere Entscheidungen und Aufrufe zum Handeln einfließen?

Da die meisten der großen Probleme, mit denen wir konfrontiert sind, globaler Natur sind, lassen sie sich am besten bewältigen, wenn wir in der Lage sind, einige gemeinsame Werte zu teilen, die die Vorgehensweise bestimmen. Aber ist das möglich? Nach Ansicht von David Krakauer ist es schwierig, spezifische Systeme zu entwickeln, die die Koordinierung und den Konsens fördern können, „wenn man nicht davon ausgehen kann, dass wir gemeinsame Werte haben werden“. Wie mehrere andere Befragte wies er darauf hin, dass das Fehlen dieser gemeinsamen Werte in Ländern wie den Vereinigten Staaten, in denen die Polarisierung die Menschen auseinandertreibt und die Gesellschaft zersplittert, bereits „gegeben“ ist. Er schlug jedoch Folgendes vor: „Wir können von der Biologie lernen: Wie können komplexe Ökosysteme mit vielen Arten, die kaum miteinander kommunizieren und unterschiedliche Ziele verfolgen, in einem Zustand relativer Harmonie leben? Wir müssen die Menschheit unter diesen ökologischen Gesichtspunkten betrachten und mit dem Aufbau von Institutionen beginnen, die die Vielfalt unterstützen können, anstatt sie zu beseitigen."

Daher scheint es eine Voraussetzung für eine effektive Zusammenarbeit zu sein, eine Vielfalt von Ansichten, Meinungen und Überzeugungen zuzulassen, auch wenn die Werte nicht unbedingt übereinstimmen. Und das tun sie nie ganz. Aus psychologischer und neurowissenschaftlicher Sicht ist eine Divergenz normal. Patricia Churchland meint dazu: „Die Menschen haben sich schon immer voneinander unterschieden. Ihre neuronalen Schaltkreise werden sehr früh nach der Geburt im Kontext der Gruppe, der sie angehören, gebildet, und ihre sozialen Werte werden in diesem Kontext sehr stark ausgeprägt. Folglich ist es für Gruppen, die unterschiedliche Auffassungen von moralischen Fragen haben, sehr leicht, zu glauben, dass die eigene Vorgehensweise die richtige und die der anderen falsch ist.[131]

Nirgendwo wird dies deutlicher als auf internationaler Ebene, wo es so viele Ungleichgewichte zwischen Ländern gibt, die verschiedene Wertesysteme vertreten und unterschiedliche Modelle von politischen Institutionen, wirtschaftlicher Entwicklung, Regierungsführung und Gesellschaftsverträgen anbieten. Diese Werteverschiebungen beschränken sich nicht auf geopolitische Rivalitäten, sondern haben die Tendenz, auch auf andere Bereiche überzugreifen. Um nur ein von Rana Foroohar angeführtes Beispiel zu nennen, das sich auf die digitale Wirtschaft und die Art und Weise, wie sie weltweit geregelt wird, auswirken könnte: „Das Paradigma ‚Eine Welt/Zwei Systeme' ist real, und es wird nicht verschwinden. China hat sehr deutlich gemacht, dass es in Bezug auf den Überwachungskapitalismus seinen eigenen Weg gehen will. In China kann man nicht davon ausgehen, dass die Privatsphäre gewahrt wird, und im Rahmen der Neuen Seidenstraßen-Initiative (One Belt One Road) werden technische Standards eingeführt, die für China und einige andere Länder vielleicht gut funktionieren, aber wahrscheinlich nicht mit den Werten der liberalen Demokratie in Einklang stehen."[132] Wo ist unter diesen Umständen ein gemeinsames Wertesystem zu finden? Es wäre illusorisch zu glauben, es gäbe ein einziges System, das für alle akzeptabel wäre, und deshalb wäre es vielleicht besser, anzuerkennen, dass verschiedene Wertesysteme nebeneinander bestehen können, und zu vermeiden, dass ein Land versucht, den anderen sein eigenes System aufzuzwingen. Einer der Befragten, Branko Milanovic, sprach für mehrere, als er eine solche Lösung empfahl:

> Ich denke, es würde die Welt besser machen, wenn wir weniger darauf beharren würden, anderen Ländern und Systemen unsere eigenen Werte aufzuzwingen, weil die Wahrscheinlichkeit eines Konflikts dann geringer wäre. Viele Konflikte rühren von einer gewissen Überheblichkeit her, die im Westen seit dem Ende des Kommunismus besonders stark ausgeprägt ist, nämlich dass das westliche System nicht nur das beste, sondern auch das einzige System ist und dass alle danach streben. Das hat bereits zu vielen katastrophalen

> Interventionen und letztlich zu einem möglichen Krieg geführt, weil es in einen Konflikt mit China umschlagen könnte. Eine Sache, die für uns alle oberste Bedeutung hat, ist der Weltfrieden. Ohne Frieden ist nichts von dem, worüber wir bisher gesprochen haben, von Bedeutung. Aber manchmal vergessen die Menschen das, vor allem, wenn sie nicht selbst die Folgen von Kriegen tragen müssen, sondern bequem zu Hause sitzen und ihre Kinder zur Schule bringen, während sie gleichzeitig Kampfflugzeugen zujubeln.[133]

Ohne den Sachverhalt erörtern zu wollen, sei darauf hingewiesen, dass eine wachsende Zahl nicht-westlicher Denker und Politiker (darunter auch einige der für dieses Buch befragten Personen) ihre Ungeduld, wenn nicht gar ihren Ärger darüber zum Ausdruck bringt, dass der „Westen" ihnen vorschreiben möchte, was das Beste ist, und versucht, dem Rest der Welt seine Werte aufzuzwingen. Chandran Nair hat diesen Punkt vehement angesprochen und die Arroganz des Westens (d. h. den Glauben an die Überlegenheit seines Wertesystems) und eine „weiße Rettermentalität angeprangert, wonach die im Westen entwickelten Technologien und Praktiken die vermeintlich unterentwickelte, schlecht regierte und verschmutzte nicht()westliche Welt retten werden".[134]

Kein System ist perfekt, und jedes Land, jede Region oder Kultur definiert seine/ihre eigenen Werte. Dies verdeutlichte die

Anfang der 1990er Jahre vom singapurischen Premierminister Lee Kuan Yew angestoßene Debatte über „asiatische Werte“ (die den Zusammenhalt der Gemeinschaft in den Mittelpunkt stellen) im Gegensatz zu „westlichen Werte“ (die dem Individuum Vorrang einräumen). Und doch gibt es einen allumspannenden Werterahmen, der von den 193 Mitgliedsstaaten der Vereinten Nationen ratifiziert wurde: die Allgemeine Erklärung der Menschenrechte.[135] Ihre 30 Artikel, in denen die „Grundrechte und Grundfreiheiten“ des Einzelnen beschrieben und ihr universeller Charakter als „angeboren, unveräußerlich und für alle Menschen gültig“ bekräftigt werden, bilden das Fundament eines universellen Wertesystems. In diesem Buch geht es um humanistische Werte, bei denen Freiheit, Menschenwürde und das Streben nach dem Gemeinwohl eindeutig im Vordergrund stehen.

Wenn die Wertvorstellungen divergieren, was sicherlich der Fall ist, besteht eine mögliche Abhilfe darin, die speziellen Werte zu ermitteln, die sich auf die Themen von lebenswichtigem Interesse für die Menschheit als Ganzes, unabhängig von Kultur, Nationalität und sozialen Normen, konzentrieren. Umweltzerstörung und Klimawandel könnten, da sie wirklich global sind und eine so massive Bedrohung für uns alle darstellen, solch einen gemeinsamen Schwerpunkt bilden. Wang Yi machte diesen Vorschlag, als er bekräftigte: „Wir sollten aufhören, uns gegenseitig zu beschuldigen. Wir dürfen uns nicht von nichtklimatischen Themen beeinflussen lassen und andere Werte und Ideologien als Kritikpunkt an anderen Ländern nutzen.“ Thomasson formulierte es in einem breiteren Kontext:

Wir müssen uns auch eine Reihe anderer philosophischer Fragen stellen, zum Beispiel, wie wir ein Gleichgewicht zwischen der Freiheit des Einzelnen, sozialem Wohlstand und den Klima- und Umwelterfordernissen herstellen sollen (...). Und es müssen normative Fragen darüber gestellt werden, was getan werden muss und wie wir diese Werte gegen die vertrauteren Werte des Wohlstands und der menschlichen Autonomie und andere abwägen können. Dann können wir uns auf öffentliche Diskussionen über die Werte und die entsprechenden Normen, die wir haben sollten, einlassen, so dass die Politik nicht nur mit dem Argument „Oh, das ist gut für mein Land" oder mit einem Machtstreben nach dem Motto „Das ist gut für mich, wehe ihr versucht, mich aufzuhalten" oder nach dem Motto „So haben wir es immer gemacht" oder „So wird es bei uns eben gemacht" gerechtfertigt wird. Vielmehr sollte es sich um eine Diskussion handeln, die eine kulturübergreifende öffentliche Begründung dafür erfordert, warum wir bestimmte Werte hochhalten und Dinge auf eine bestimmte Weise tun sollten, welche Werte und Normen das sein sollten. (...) Je stärker wir miteinander vernetzt sind, desto breiter müssen wir diese Diskussion führen und alle Beteiligten in die Überlegungen über die richtigen Werte für uns einbeziehen.[136]

Sobald sich genügend Menschen auf eine Reihe gemeinsamer Werte einigen, können wir uns gemeinsam an die Arbeit machen, um die erforderlichen Änderungen vorzunehmen.

Das wird nur gelingen, wenn wir Moral und Werte in den Mittelpunkt unseres Lebens und unserer Institutionen stellen, und das muss in der Wirtschaft beginnen. Der Grund dafür ist einfach: Unsere größten globalen Herausforderungen können nur dann sinnvoll angegangen werden, wenn die Fragen der Moral und der Werte (wieder) in die Wirtschaftspraxis und die daraus resultierenden politischen Maßnahmen eingeführt werden. Dies war der Kern dessen, was „politische Ökonomie" im 19. Jahrhundert bedeutete. „Giganten" des ökonomischen Denkens, wie Adam Smith, stellten politische Entscheidungen in den Mittelpunkt der Disziplin und argumentierten als Sozialphilosophen - Werte waren in ihrem Denken von höchster Bedeutung. Heute hingegen werden sie in der zeitgenössischen „gründlichen" Wirtschaftsanalyse eher beiseitegeschoben, als wären sie ein exogenes Attribut. Allzu oft ähnelt die Wirtschaftswissenschaft einer mathematischen Abstraktion, die von den sie Praktizierenden wie eine Ingenieursdisziplin behandelt wird, die die Aufgabe hat, die Teile des „Systems" zu reparieren, die nicht richtig funktionieren. Aber im Grunde geht es in der Wirtschaft um Werte, denn es geht um die Entscheidungen, die wir als Gesellschaft gemeinsam treffen, und, so Diane Coyle: „Es ist eine Illusion zu glauben, dass die damit verbundenen Werturteile an andere delegiert werden können - zum Beispiel an gewählte Politiker - oder dass die Wirtschaftsanalytiker sich von der

Gesellschaft, die sie analysieren, abgrenzen können."[137] Wir betrachten grundlegende wirtschaftliche Begriffe wie Effizienz und Diskontsätze als technische Aspekte, obwohl wir sie eigentlich als Wertvorstellungen betrachten sollten, denn: „Wenn man über die Effizienz öffentlicher Maßnahmen nachdenkt, versucht man herauszufinden, was für die Gesellschaft besser ist, und das bringt einen automatisch dazu, über Verteilungsfragen nachzudenken, darüber, wer davon profitiert und wer nicht, und über ethische Entscheidungen."[138] Das Gleiche gilt für die Bedeutung von Werten bei der Berechnung der Diskontsätze (die Art und Weise, in der Wirtschaftsmodelle künftige Vermögenswerte und Leben im Vergleich zu ihrem heutigen Wert bewerten), um die Auswirkungen des Klimawandels auf künftige Generationen zu berücksichtigen. Nicholas Stern hat es auf den Punkt gebracht: „Der leichtfertige Umgang mit dem Risiko (...) bedeutet, dass die Modelle zutiefst irreführend waren. (...) Die Diskontierungstheorie wurde nicht auf ihre ethischen Grundlagen bezogen und berücksichtigt nicht das Risiko, dass die globale Erwärmung künftige Generationen ärmer machen wird."[139] Es lohnt sich, ihn vollständig zu zitieren, um das Argument zu untermauern, dass die Einbeziehung von Werten eine Notwendigkeit ist, wenn wir die komplexen und ineinander greifenden globalen Herausforderungen, die vor uns liegen, umfassend und erfolgreich bewältigen wollen:

> [Neue ökonomische Ansätze] sollten rasche Veränderungen von (endogen bedingten) Überzeugungen und Präferenzen untersuchen und

> Verteilungswirkungen und -risiken berücksichtigen, und zwar sowohl zu einem bestimmten Zeitpunkt als auch im Zeitverlauf, und einschließlich solcher, die mit strukturellen Veränderungen verbunden sind. All dies wird unweigerlich eine explizite Analyse und Diskussion von Werturteilen beinhalten. Diese Komponenten oder Fragenkomplexe lassen sich nur schwer in die standardmäßige integrierte Bewertungsmodellierung einbeziehen, stehen aber im Mittelpunkt der Fragen zum Verständnis der Politik in Bezug auf den Klimawandel. Wir müssen unsere wirtschaftliche Analyse vertiefen, um sie einzubeziehen. Wir sollten auch anerkennen, dass Fragen, die in diesen Komponenten enthalten sind oder diesen ähneln, in vielen anderen Bereichen der Wirtschaft auftauchen, wo große Risiken und grundlegende Veränderungen im Mittelpunkt der zu untersuchenden Herausforderung stehen. Die hier aufgeworfenen Fragen zum Verständnis der Politik im Hinblick auf die großen Herausforderungen betreffen also die Wirtschaft insgesamt und nicht nur die Wirtschaft des Klimawandels.[140]

Was für die Werte gilt, gilt auch für die Moral: Sie kann in der Wirtschaft und bei den Entscheidungen, die wir treffen, nicht beiseitegelassen werden. Die Wirtschaftssparte im Allgemeinen neigt dazu, moralische Fragen zu ignorieren (das überlässt sie

Moralphilosophen und Sozialwissenschaftlern), aber moralische Urteile haben ständig Auswirkungen auf die Wirtschaft und die Durchführung der Wirtschaftspolitik. Außerdem ist die Moral ein wichtiger Faktor für das individuelle Verhalten und wirkt sich somit auf die wirtschaftlichen Ergebnisse aus. Sie kann daher „die aktuelle Wirtschaftsleistung beeinflussen“.[141]

Langsam aber sicher hält die Moral über die Interdisziplinarität und über Erkenntnisse aus den Neurowissenschaften, der Psychologie und der Verhaltensforschung Einzug in die Wirtschaftswissenschaften. Wie bereits erwähnt, ist das missverstandene Einzelbild vom *homo oeconomicus* als einer optimierenden „Maschine“ bestenfalls unvollständig. Wir wissen heute, dass die grundlegenden Konzepte, die der klassischen Ökonomie zugrunde liegen (wie Zinsmaximierung, feste Präferenzen und rationale Entscheidungsfindung), entweder falsch oder zumindest viel zu einschränkend sind. Ja, wir Menschen sind egoistisch, wahnhaft und kurzsichtig, aber gleichzeitig sind wir zutiefst altruistisch und haben ein Gespür für die Bedürfnisse der anderen. Wir sorgen uns nicht nur um unsere Kinder und enge Familienmitglieder und deren Zukunft, sondern auch um andere Menschen und die Zukunft unseres Planeten. Moral- und Wertüberlegungen beeinflussen daher ständig unsere Entscheidungen, sowohl die individuellen als auch die kollektiven. Die neuen Disziplinen der narrativen Ökonomie, der Evolutionsökonomie und der agentenbasierten Modellierung beginnen, dies zu berücksichtigen. Ihr Einfluss wächst, aber sie sind noch im Anfangsstadium. Gleichzeitig machen einige

„Mainstream"-Ökonomen die Öffentlichkeit auf die Notwendigkeit aufmerksam, Moral und Wirtschaft nicht voneinander zu trennen. Einer von ihnen ist Luigi Zingales von der University of Chicago.[142] Seine bahnbrechenden Arbeiten über Vetternwirtschaft, die Vereinnahmung von Regulierungsbehörden und die Funktionsweise der schädlichen Absprachen zwischen „Big Business" und „Big Government" helfen, den derzeitigen Widerstand gegen einige der Maßnahmen zu verstehen, die zur Bekämpfung der Umweltzerstörung oder zum Abbau von Ungleichheiten bestimmt sind. Wenn Unternehmen oder Branchen die Spielregeln zu ihren Gunsten festlegen, handelt es sich um eine Form der „legalen" Korruption, die den Wettbewerb untergräbt, das Funktionieren der Märkte behindert und dem Kapitalismus einen sehr schlechten Ruf einbringt. Daher können nur Moral und das Primat der Werte das Streben nach dem Gemeinwohl wieder in den Mittelpunkt der Politik rücken. Rebecca Henderson wies mit Nachdruck darauf hin:

> Ich verbringe viel Zeit damit, meine Wirtschaftskollegen davon zu überzeugen, dass es nicht nur schlecht fürs Geschäft ist, den Planeten zu verbrennen, sondern dass es außerdem im Hinblick auf die Wirtschaft selbst grundsätzlich amoralisch ist. (...) Unter bestimmten Annahmen, wenn die Märkte in vollem Umfang wettbewerbsfähig sind und externe Effekte vollständig eingepreist werden, kann uns die Gewinnmaximierung zum Pareto-Optimum führen; sie könnte eine Annäherung an die Wohl-

> fahrtsmaximierung sein. Aber wenn Märkte nicht hundertprozentig wettbewerbsfähig sind und externe Effekte nicht vollständig eingepreist werden - ich kann Treibhausgase umsonst ablassen und damit der öffentlichen Gesundheit jetzt massiven Schaden zufügen und Millionen von Menschen über Tausende von Jahren schädigen - dann ist das nicht der Markt, den die Wirtschaftswissenschaft im Sinn hatte. Das war nicht das Grundfundament. Ich habe also viel Zeit damit verbracht, die wesentlichen Lehren der Wirtschaftswissenschaften als Beleg dafür zu nutzen, dass die Wirtschaft schon immer moralisch war. Sie dachten, Sie könnten es abstrahieren und auf reine Mathematik beschränken, doch wenn der Markt so klar scheitert, dann müssen Sie über die Moral nachdenken.[143]

Wie könnte es anders sein? Unternehmen und das Wirtschaftssystem, in dem sie tätig sind, sind menschliche und soziale Einrichtungen. Infolgedessen sind Entscheidungen darüber, wie wir arbeiten, wie wir entlohnt werden, wie gesund wir sind, wie die Forderungen der Gemeinschaft berücksichtigt werden usw., stets mit moralischen Überlegungen verbunden, die auf bestimmten Wertesystemen beruhen. Die „einfache" Frage der Vergütung macht dies deutlich. Amerikanische Top-CEOs verdienen im Durchschnitt 351-mal mehr als der „typische" Arbeitnehmer. Handelt es sich hierbei lediglich um eine technische oder Governance-Frage, die ganz im Ermessen des Vergütungsausschusses des Unternehmens liegt, oder sollte sie auch eine moralische Dimension beinhalten? In einigen Berufen, wie z. B. im Investmentbanking, werden beträchtliche Prämien gezahlt, in anderen, wie z. B. in der Medizin, gibt es keine. Ein Leerverkäufer kann Millionen an Boni verdienen, aber ein Herzchirurg, der Ihnen das Leben retten kann, erhält keinen Bonus, und er wird auch keinen Anteil an Ihrem zukünftigen Einkommen erwarten, wenn eine lebensrettende Operation erfolgreich ist. Ist dies eine Tatsache, die einfach hingenommen werden muss, oder werden damit unsere Werte angesprochen? Zusammenfassend lässt sich sagen, dass die zahllosen geschäftlichen und wirtschaftlichen Entscheidungen, die täglich getroffen werden, nicht von moralischen Forderungen und Werturteilen befreit werden können.

In seinem Buch *Value(s)* führt Mark Carney an, dass es dem Kapitalismus nicht gelungen sei, eine gerechtere und widerstandsfähigere Welt zu schaffen, weil Marktwerte und menschliche Werte systembedingt nicht übereinstimmen.[144] Bei Marktwerten geht es darum, den Preis für alles zu kennen, außer für die Dinge, die keinen Marktpreis haben: menschliche Werte. Aber wir leben in Marktgesellschaften (nicht nur in Marktwirtschaften)[145], in denen der Preis aller Dinge zum Wert aller Dinge wird. Daher sind wir nicht mehr in der Lage, moralischen Qualitäten, die für eine gut funktionierende Gesellschaft wichtig sind, einen bestimmten Wert zuzuschreiben.

Wirklich gemeinsame Werte und fest verankerte moralische Grundsätze wie Integrität, Solidarität und Fairness sind der

Kitt, der Gesellschaften zusammenhält und es ihnen ermöglicht, in einer Atmosphäre des Vertrauens zu funktionieren und zu gedeihen. Das Ausmaß der Probleme, mit denen wir heute kollektiv konfrontiert sind (ein tödliches Virus, das uns um unser Leben fürchten lässt; die Klima- und Umweltkrise und die Zerstörung der Natur, die existenzielle Angst vor der Zukunft hervorrufen; die Geschwindigkeit des technologischen Wandels, die Angst um unsere Lebensgrundlage und unsere Lebensweise hervorruft), führt häufig dazu, dass sich unsere Einstellung von altruistisch zu egozentrisch wandelt. Egoistische Positionen neigen dazu, jeder anderen Meinung die Gültigkeit abzusprechen, was die Menschen polarisiert. Heute spaltet diese Polarisierung unsere liberalen Gesellschaften und stellt eine große Gefahr für ihr Überleben dar. Eine effektive Reaktion erfordert die Wiederherstellung des Vertrauens, was wiederum nur möglich ist, wenn die Verantwortlichen in Politik und Wirtschaft die von ihnen erwarteten moralischen Standards vorleben. Nur wenn sie den Worten über Werte auch entsprechende Taten folgen lassen, werden sie die Autorität haben, die notwendigen wertorientierten Maßnahmen umzusetzen. Und nur dann wird diese Politik in der Lage sein, der Gesellschaft zu dienen und den Anforderungen unseres Planeten gerecht zu werden.

3.4. Staatstätigkeit

Zwangsläufig werden in diesem Abschnitt nur die Grundzüge der Politik angesprochen, während unzählige Details und Nuancen beiseitegelassen werden (die dieses Buch wesentlich umfangreicher gemacht hätten). Es sollen lediglich einige Überzeugungen darüber zum Ausdruck gebracht werden, was getan werden sollte, und einige Anmerkungen zu künftigen Maßnahmen gemacht werden. Der Abschnitt beginnt mit der Feststellung, dass die Politik nachhaltig sein muss, weil es keinen anderen Weg gibt, der dem sozialen, wirtschaftlichen und ökologischen Wohlergehen dienlich ist. Kurz gesagt: Nachhaltigkeit ist der einzig gangbare Weg in die Zukunft.

Aber nicht alle politischen Entscheidungsträger, Wähler oder Bürger teilen diese Überzeugung. Viele fragen sich immer noch, ob wir uns nicht zu schnell in Richtung einer dekarbonisierten Wirtschaft bewegen (oder ob wir uns überhaupt dorthin bewegen sollten). Darüber hinaus haben bestimmte Unternehmen, Branchen, Regionen und sogar Länder ein persönliches Interesse daran, die Entwicklung in Richtung Nachhaltigkeit zu verlangsamen. Doch die Wissenschaft lässt sich nicht widerlegen. Wie der IPCC und unzählige Wissenschaftler gezeigt haben, würde ein nicht sofortiges und entschlossenes Handeln unsere Biosphäre so stark schädigen, dass das globale Wirtschaftswachstum zum Erliegen käme und unser Lebensstandard untergraben würde, was wiederum die politische und soziale Stabilität gefährden würde.

Genau wie die Wissenschaft unanfechtbar ist, ist es in gewisser Weise auch der gesunde Menschenverstand. Es ist schwer vorstellbar, wie die Entwicklung zur ökologischen Nachhaltigkeit ohne eine gleichzeitige Entwicklung zur sozialen Nachhaltigkeit stattfinden kann. Da beide eng miteinander verwoben sind, müssen sie Hand in Hand gehen. Wie in Abschnitt 2.4 dargestellt, wird in vielen Ländern der Welt das soziale Gefüge, das die Gesellschaften zusammenhält, instabil, was zu Misstrauen, Angst, manchmal Wut und einem allgegenwärtigen Gefühl der Unzufriedenheit und des Unbehagens führt. Dies wiederum führt zu Polarisierung und Populismus. Abgesehen von moralischen Erwägungen ist Populismus tendenziell schlecht für die Nachhaltigkeit: Erstens gibt es eine starke Korrelation zwischen Populismus und Klimaskepsis;[146] zweitens bringt Populismus Demagogen an die Macht, die dann zu stark vereinfachte und nicht umsetzbare Lösungen für komplexe Probleme anbieten (Umweltpolitik ist eines davon). Darüber hinaus höhlen sie das soziale Kapital noch weiter aus. Klimapolitik ist in der Tat Sozialpolitik, in den Entwicklungsländern möglicherweise noch mehr als in den reichen Ländern. Die ärmsten Gemeinschaften sind am stärksten von der globalen Erwärmung betroffen und verfügen über die geringsten Ressourcen zur Bewältigung der Klimakrise. Aus diesem Grund stellen Länder wie Pakistan die beiden Ziele sozialer Wohlstand und Klimaschutz in den Mittelpunkt ihrer langfristigen Gesetzgebungsagenda.[147]

Nachhaltigkeit wird normalerweise als Möglichkeit definiert, unsere Bedürfnisse zu befriedigen, ohne künftigen Generationen die Möglichkeit zu nehmen, ihre eigenen Bedürfnisse zu befriedigen. Es läuft darauf hinaus, dass wir uns fragen, was wir den nächsten Generationen hinterlassen sollten, um sicherzustellen, dass sie mindestens so gute Chancen haben wie die vorherige Generation. Welche Güter wollen wir an sie weitergeben? Dabei denken wir natürlich an physisches Kapital (Infrastruktur, Gebäude, Maschinen), aber auch an Naturkapital (unsere Ökosysteme: Wasser, Luft, Land, Wälder, biologische Vielfalt und Ozeane), Humankapital (Gesundheit und Bildung) und Sozialkapital (öffentliches Vertrauen, starke Institutionen und sozialer Zusammenhalt). Alle vier Kapitalformen sind wichtig, aber die Überlebensfähigkeit künftiger Generationen hängt entscheidend von der Qualität des Natur-, Human- und Sozialkapitals ab, die allzu oft als nicht gleich wichtig oder relevant angesehen werden.[148] Hierin liegt die Lebensnotwendigkeit der Nachhaltigkeit. Die ökologische Nachhaltigkeit bewahrt das Naturkapital, während die soziale Nachhaltigkeit die Qualität des Human- und Sozialkapitals erhält.

In Anbetracht dessen sollte eine gemeinsame Nachhaltigkeitsagenda auf zwei grundlegenden Zielen basieren. Das erste besteht darin, die 2015 von allen UN-Mitgliedstaaten verabschiedeten Ziele für nachhaltige Entwicklung (SDGs) zu erreichen. Die 17 Ziele erkennen an, dass die Beendigung von Armut und anderen Entbehrungen Hand in Hand geht mit Strategien, die Gesundheit und Bildung verbessern, Ungleichheit verringern und das Wirtschaftswachstum ankurbeln - und das alles bei gleichzeitiger Bekämpfung des Klimawandels und dem Einsatz für den Erhalt unserer Ozeane und Wälder.[149] Das zweite Ziel besteht darin, das (von 190 Ländern unterzeichnete) Pariser Abkommen zum Klimawandel einzuhalten und somit die Treibhausgasemissionen zu reduzieren, um das Ziel zu erreichen, den Anstieg der globalen Durchschnittstemperatur auf unter 2°C über dem vorindustriellen Niveau zu halten.

Der politische Imperativ (und die Herausforderung) besteht darin, diese Mehrfachagenda so schnell und effizient wie möglich zu verwirklichen. Aus den in der Einleitung erörterten Gründen ist eine gute Erzählung, die möglichst viele Menschen inspirieren kann, von großer Bedeutung. Derzeit kursieren zu viele negative Geschichten über die Vorstellung, dass grünes Wachstum (wirtschaftliches Wachstum auf ökologisch nachhaltige Weise) „nicht funktionieren wird", „nicht möglich ist", „ein Widerspruch in sich ist" oder „darauf hinausläuft, dass wir auf zwei Hochzeiten gleichzeitig tanzen". Eine einfache Suche im Internet zeigt, dass diese Geschichten in der Regel die Erzählung dominieren. Tatsächlich ist es durchaus möglich, Wirtschaftswachstum (wenn auch eine andere Form von Wachstum) und ökologische Nachhaltigkeit miteinander zu verbinden, wenn wir die richtigen politischen Maßnahmen ergreifen. Positive Narrative müssen diese Veränderungen begleiten, um Hoffnung zu wecken und die negativen Erzählungen zu überwinden, die uns sagen, dass wir uns in einer Sackgasse befinden und keine andere Wahl haben, als uns zurückzuentwickeln (das ist in der Tat eine Option, aber eine, die katastrophale soziale und politische Folgen nach sich ziehen würde) oder unser Schicksal zu akzeptieren, nachdem wir die Hoffnung aufgegeben haben (d.h. für die zukünftigen Generationen). Während unseres Interviews entwarf Johan Rockström eine solche großartige Erzählung:

Wir erleben derzeit eine beinahe schizophrene Zeit. Noch nie gab es Anlass, so besorgt zu sein, aber auch noch nie gab es so viel Anlass, das Potenzial skalierbarer Veränderungen hin zu einer nachhaltigen, gesunden und gerechten Zukunft zu erkennen. Warum ist das so? Der Grund dafür ist ganz einfach. In allen geografischen Regionen und Sektoren gibt es immer mehr Belege dafür, dass es sich bei Nachhaltigkeit nicht mehr um das alte Umweltthema handelt mit der Frage, wie viel wir bereit sind, zur Verringerung von Schäden zu zahlen. Stattdessen erweist sich Nachhaltigkeit immer mehr als der Weg zum Erfolg, als der nächste Schritt in die Moderne. Es geht nicht nur um Technologie, sondern auch um Systemdesign, Kreislaufmodelle, Sicherheit und Vertreibung, Migration und Konfliktlösung. Interessanterweise erweist sich Nachhaltigkeit allmählich als der einzige Weg zu einer rentablen, gerechten, Arbeitsplätze schaffenden und wettbewerbsfähigen Wirtschaft in verschiedenen Sektoren. Das beste Beispiel dafür ist heute der Kampf um die Autoindustrie, die sich in einem Wettlauf um ihr Überleben befindet. Nicht, weil sie den Planeten retten wollen, sondern weil sie als Unternehmen überleben wollen. Aber die einzige Möglichkeit, als Unternehmen zu überleben, besteht darin, auf

Nachhaltigkeit zu setzen. Nur so werden Mercedes, Volvo, Toyota und Co. eine Zukunft haben. Denn Elektromobilität, ohne fossile Brennstoffe produzierter Stahl, Kreislaufwirtschaft bei Seltenerdmetallen - das ist der Weg, um eine Nachfrage auf dem Markt zu haben. Das ist unsere größte Hoffnung: dass Nachhaltigkeit im Grunde für Nationen, Unternehmen, Regionen und Gemeinden der Weg in eine wohlhabende und gerechte Zukunft ist. Sehen Sie sich nur die Lebensmittel an: Es ist absolut unmöglich, 10 Milliarden Menschen in der Welt von morgen zu ernähren, ohne auf Nachhaltigkeit zu setzen. Es gibt keinen Weg, es gibt kein Modell, das zeigt, dass das möglich ist. Wir werden so viele Katastrophen erleben - Brände, Dürren, Überschwemmungen, Krankheiten. Aber es geht auch um die schiere Unmöglichkeit, Landschaften weiter zu zerstören und gleichzeitig zu hoffen, dass produktive Bestäuber und die Fähigkeit, Nahrungsmittel zu erzeugen, erhalten bleiben. Nachhaltigkeit ist zum Erfolgsrezept geworden; das ist der vielversprechendste Aspekt unseres Status Quo. Es ist fast wie das perfekte Drehbuch für einen Action-Film: Wir rasen auf eine Katastrophe zu, aber da taucht ein Action-Held auf, der der Menschheit sehr schnell skalierbare Lösungen bietet, durch die wir alle gewinnen.

Die Quintessenz: Rentabilität und Nachhaltigkeit sind keine Gegensätze. Die „grünen" Veränderungen, die im gesamten Wirtschaftssystem notwendig sind und die in mehreren Teilen dieses Buches beschrieben werden, können eine Wachstumsgeschichte sein - sie sind sogar die einzig mögliche Wachstumsgeschichte, denn eine langfristige kohlenstoffintensive Wachstumsgeschichte existiert nicht mehr. Das grüne Wachstum lässt sich grob gesagt wie folgt zusammenfassen: In einer Wirtschaftswelt, die nach wie vor durch niedrige Realzinsen gekennzeichnet ist, können die vielfältigen und ehrgeizigen Investitionen, die für eine umweltfreundliche Entwicklung erforderlich sind, die Beschäftigung und die Nachfrage anregen. Im Zuge unseres Fortschritts werden unsere Volkswirtschaften durch alle Arten von Innovationen, die durch menschlichen Einfallsreichtum, Entdeckungen und Investitionen gefördert werden, gestärkt. Wir entdecken neue Wege, um Dinge effizienter und sauberer als in der Vergangenheit zu erledigen. Wir erkennen zum Beispiel, dass es möglich ist, wieder Städte zu entwickeln, in denen wir besser atmen und uns leichter bewegen können - in denen wir besser leben. „Es handelt sich um eine sehr reizvolle, andere Vorgehensweise im Vergleich zu früheren schmutzigen Modellen, die so viele Vorteile in den verschiedenen Dimensionen des Wohlbefindens mit sich bringt", bemerkte Nicholas Stern und fügte hinzu: „Das heißt aber nicht, dass es einfach ist. Es bedeutet, dass es vernünftig ist, es bedeutet, dass es attraktiv ist, und es ist machbar für uns. Um dieses Ziel zu erreichen, müssen wir uns radikal verändern und vor allem massiv investieren und innovieren. Das ist die Herausforderung."[150]

3.4.1. Ökologische nachhaltigkeit

Das ist spannend, aber die politische Herausforderung ist enorm. Um ein Gefühl dafür zu bekommen, was damit verbunden ist, lohnt es sich, den Europäischen Green Deal zu betrachten, eine der weltweit ehrgeizigsten politischen Bemühungen, die darauf abzielt, die EU (d. h. die 27 Länder, aus denen sie besteht) in eine kohlenstoffarme Wirtschaft umzuwandeln, ohne den wirtschaftlichen Wohlstand zu schmälern und bei gleichzeitiger Verbesserung des Wohlergehens der Bürger.[151] Der Green Deal ist auf drei Kernpunkte ausgerichtet: (1) keine Nettoemissionen von Treibhausgasen bis 2050; (2) Wirtschaftswachstum entkoppelt von der Ressourcennutzung; und (3) kein Mensch und kein Ort wird zurückgelassen (soziale Nachhaltigkeit). Ursula von der Leyen, die Präsidentin der Europäischen Kommission, nennt es „Europas Mann-auf-dem-Mond-Moment".[152] Der Green Deal stützt sich auf einen umfassenden Rahmen aus Gesetzen und Vorschriften, der klare Ziele für die Senkung der Emissionen um 50-55 % bis 2030 (im Vergleich zum Stand von 1990) und das EU-weite Ziel von Netto-Null-Emissionen bis 2050 setzt. Dieser umfassende Rahmen wird durch eine breite Palette von Anreizen ergänzt, die den privaten Sektor zu Innovationen und Investitionen ermutigen sollen. In einer Vielzahl von Bereichen gibt es spezifische Aktionspläne mit zentralen Zielen wie Abfallvermeidung, effizientere Nutzung natürlicher Ressourcen und Eindämmung des Artenschwunds. Der Green Deal macht deutlich, dass fast alle wichtigen Wirtschaftszweige in Europa überarbeitet werden müssen, von der Energieversorgung über den

Verkehr und die verarbeitende Industrie bis hin zu Lebensmittelindustrie, Bauwesen und Tourismus. Die Europäische Kommission schätzt, dass zur Finanzierung des Plans mindestens 1 Billion Euro benötigt wird und dass jährliche Investitionen in Höhe von 260 Milliarden Euro erforderlich sein werden, um die Emissionsziele für 2030 zu erreichen.[153] Ein Teil der Kosten wird vom Privatsektor getragen, wobei die Unternehmen durch Darlehensgarantien der Europäischen Investitionsbank (die sich selbst verpflichtet hat, die Vergabe von Darlehen für Projekte im Zusammenhang mit fossilen Brennstoffen auslaufen zu lassen) ermutigt werden, in umweltfreundliche Projekte zu investieren. Darüber hinaus hat die Europäische Kommission einen Mechanismus für einen gerechten Übergang (Just Transition Mechanism) in Höhe von 100 Milliarden Euro zugesagt, um Arbeitnehmer, die im Zuge der Dekarbonisierung ihren Arbeitsplatz verlieren, umzuschulen[154] (Umschulung ist ein wesentlicher Punkt, auf den in diesem Abschnitt näher eingegangen wird).

Wie die OECD[155] ist auch die Europäische Kommission der Ansicht, dass der Übergang zu einer grünen Wirtschaft zu mehr Beschäftigung und Wirtschaftswachstum führen wird, da die Investitionen in neue Hightech-Industrien die Kosten der Veränderungen amortisieren werden. Ursula von der Leyen: „Der Europäische Grüne Deal ist unsere neue Wachstumsstrategie – eine Wachstumsstrategie, die mehr gibt, als sie nimmt."[156]

Wie immer steckt der Teufel im Detail. Die Umsetzung von Maßnahmen, die wachstumsfördernde Prioritäten mit der

Förderung der ökologischen Nachhaltigkeit verbinden, erfordert in den EU-Ländern, wie überall sonst auch, unzählige legislative und regulatorische Entscheidungen sowie komplexe Abwägungen. Um nur einige Beispiele zu nennen und mit dem großen Ganzen zu beginnen, muss ein Preis für Kohlenstoffemissionen festgelegt werden, wo es vorher keinen gab, entweder direkt durch Steuern oder indirekt durch Regulierung (verschiedenen Studien zufolge müssen die Kosten für Kohlenstoff von derzeit etwa 10 US-Dollar pro Tonne weltweit auf 60 US-Dollar pro Tonne sofort und 75 US-Dollar pro Tonne bis 2030 steigen, um die Ziele des Pariser Abkommens zu erreichen.[157] Der IWF schätzt einen Anstieg von 3 $ pro Tonne auf 75 $ pro Tonne bis 2030, während die Bank of England einen noch größeren Sprung voraussagt.[158] Zusätzlich zu einer Kohlenstoffsteuer müssen alle möglichen anderen Steuerreformmaßnahmen Bestimmungen enthalten, die den Rückgriff auf Umweltsteuern verstärken. Die Infrastrukturpolitik muss bei der Auswahl spezifischer Projekte die externen Umwelteffekte besser berücksichtigen und diese in den Verkehrspreisen widerspiegeln. Gleichzeitig muss die Politik emissionsarme Verkehrsträger begünstigen. Die schrittweise Abschaffung von Agrarsubventionen, die die nachhaltige Nahrungsmittelproduktion und den Handel verzerren, ist ebenfalls wichtig, aber politisch heikel und gefährlich. Dieser letzte Punkt verdeutlicht die Komplexität der damit verbundenen Kompromisse, insbesondere zwischen den Maßnahmen, die zur Gewährleistung der ökologischen Nachhaltigkeit erforderlich sind, und denjenigen, die sich auf Integration und soziale Gerechtigkeit beziehen. Der Grund, warum Europa im

Green New Deal das Prinzip „no person and no place left behind" betont, liegt genau darin, dass die Notwendigkeit höherer Umweltsteuern oder die Abschaffung von Subventionen für fossile Brennstoffe (in anderen Regionen der Welt) die schwächsten Haushalte stärker belasten wird. Daher müssen Schutzmaßnahmen für die weniger privilegierten Mitglieder der Gesellschaft ein wichtiger Bestandteil des gesamten politischen Maßnahmenkatalogs sein.

Kann eine so ehrgeizige Politik Realität werden? Ja, das kann sie! Vier Begleitumstände sprechen dafür, dass jetzt der richtige Zeitpunkt ist, um schnell und in großem Umfang zu handeln: (1) Die Pandemie hat gezeigt, dass die Regierungen über die nötige Bandbreite verfügen, um entschlossen zu handeln, wenn sie mit einem großen Schock konfrontiert werden. Außerdem ermöglichen niedrige Realzinsen die Einleitung umfangreicher Investitionsprogramme (was in den Schwellenländern allerdings sehr viel schwieriger sein wird). (2) Bedeutende und noch nie dagewesene technologische Innovationen werden neue Nachhaltigkeitslösungen vorantreiben und gleichzeitig die Kosten des Übergangs senken (wie in Abschnitt 3.7 erörtert). (3) Der Zeitgeist hat sich geändert, und man ist sich international darüber im Klaren, dass ein Aufschieben keine Option mehr ist. Jetzt ist es an der Zeit zu handeln. (4) Der Aktivismus der Jugend nimmt zu und wird den Übergang beschleunigen, weil die jungen Generationen wollen, dass sich die Welt verändert und in vielerlei Hinsicht nachhaltiger wird: ökologisch und sozial.[159]

Das entbindet uns jedoch nicht davon, als Einzelne durch Verhaltensänderungen unseren eigenen Beitrag zur Politik zu leisten. Um den Klimawandel ernsthaft zu bekämpfen, sind sowohl die oben beschriebenen ehrgeizigen politischen Maßnahmen als auch ein radikaler Wandel unserer kollektiven Denkweise erforderlich. Wenn wir eine Klimakatastrophe vermeiden wollen, müssen wir die Emissionen viel schneller reduzieren als bisher zugesagt, und zwar auf der Ebene der Länder, der Industrie, der Unternehmen und natürlich auch der einzelnen Menschen. Das bedeutet, dass wir als Einzelpersonen anders konsumieren, reisen und essen müssen, d. h. auf eine viel weniger kohlenstoffintensive Weise.

All diese neuen Maßnahmen werden sich an bisher ungekannte Beschränkungen anpassen müssen, insbesondere in weniger wohlhabenden Ländern. Chandran Nair hat diesen Punkt sehr deutlich gemacht und auf die zunehmende Rolle des Staates hingewiesen, die weiter unten angesprochen wird:

> Ich denke, die Vorstellung, dass bis 2050 sechs Milliarden Asiaten danach streben können oder sollten, wie Europäer und Amerikaner in einem konsum- und ressourcenintensiven Modell zu leben, ist im Grunde eine große Lüge, und deshalb müssen wir neu definieren, wie diese Menschen in einer Welt mit Klima- oder Kohlenstoffeinschränkungen Zugang zu Grundrechten haben. Meiner Ansicht nach ist das heute noch

> ein Rätsel. Wie können wir damit umgehen? Wir können dem nicht mit frommen Erklärungen und Marktinstrumenten begegnen, sondern müssen drakonische Regeln anwenden. Und diese Regeln werden nicht von den Märkten, sondern nur von gesellschaftlichen Institutionen, sprich vom Staat, aufgestellt.[160]

3.4.2. Soziale nachhaltigkeit

Wie die Pandemie gezeigt hat, tragen akute Krisen zur Stärkung der Macht des Staates bei. Während COVID könnte eine gute Regierung (ein gutes Gesundheitssystem, kompetente Beamte und eine solide Politik) den Unterschied zwischen Leben und Sterben oder zwischen wirtschaftlichem Überleben und Nicht-Überleben ausmachen. Die epidemiologische Krise hat zu einem Comeback der übermächtigen Regierungen geführt, das nicht mehr umgekehrt werden kann. Genau wie im Falle von COVID ist es schwer vorstellbar, wie eine so akute Krise wie die Natur- und Klimakrise oder die durch die zunehmende Ungleichheit ausgelöste soziale Krise mit rein marktwirtschaftlichen Lösungen bewältigt werden soll. So steht es in *COVID-19: Der große Umbruch*:

> Fast über Nacht hat das Coronavirus bereits die Wahrnehmung über das komplexe und empfindliche Gleichgewicht zwischen privater und öffentlicher Sphäre zugunsten letzterer geändert.

> Das System sozialer Absicherung hat sich als wirkungsvoll erwiesen und man hat gesehen, dass die Übertragung von immer mehr Zuständigkeitsbereichen (wie Gesundheit und Bildung) auf Einzelpersonen und Marktteilnehmer nicht immer im besten Interesse der Gesellschaft zu sein scheint. In einer überraschenden und plötzlichen Kehrtwende könnte nun die Vorstellung zur Regel werden, dass Regierungen das öffentliche Wohl fördern und außer Kontrolle geratene Wirtschaftsmächte ohne Aufsicht den Sozialstaat zerstören können - eine Idee, die noch vor wenigen Jahren tabu gewesen wäre. Auf der Wahlscheibe zwischen Regierung und Märkten hat sich die Nadel entschieden nach links bewegt.

Zum ersten Mal, seitdem Margaret Thatcher mit der Aussage „So etwas wie eine Gesellschaft gibt es nicht" (1987)[161] den Zeitgeist einer Ära traf, haben die Regierungen wieder die Oberhand. Alles, was im Zeitalter nach der Pandemie geschieht, wird uns dazu veranlassen, die Rolle der Regierungen zu überdenken. Statt nur auftretendes Marktversagen zu beheben, sollten diese, nach den Worten der Wirtschaftswissenschaftlerin Mariana Mazzucato, „zur aktiven Formung und Schaffung von Märkten übergehen, die für Nachhaltigkeit und integratives Wachstum sorgen. Ebenso sollten sie sicherstellen, dass bei Partnerschaften mit Unternehmen unter Beteiligung öffentlicher Mittel nicht die Gewinnorientierung, sondern die öffentlichen Interessen im

Vordergrund stehen."[162] Im Hinblick auf die Zukunft werden die Regierungen höchstwahrscheinlich, wenngleich in unterschiedlichem Ausmaß, entscheiden, dass es im besten Interesse der Gesellschaft ist, einige Spielregeln neu festzulegen und ihren Einflussbereich auf Dauer ausweiten. Wie in den 1930er Jahren, als die Massenarbeitslosigkeit und die wirtschaftliche Unsicherheit in den USA allmählich durch eine umfangreichere Rolle der Regierung bewältigt wurden, wird die vorhersehbare Zukunft heute vermutlich von einem ähnlichen Vorgehen gekennzeichnet sein, wobei die Regierungen eine immer größere Rolle bei der Erbringung der Dienstleistungen, die dem Human- und Sozialkapital zugrunde liegen, spielen werden. Die konkrete Ausgestaltung ist kontext- und länderabhängig, aber die wichtigsten Punkte werden überall gleich sein.

Soziale Sicherheitsnetze, Kranken- und Beschäftigungsversicherungen werden gestärkt, und selbst in den am stärksten „marktorientierten" Ländern werden erweiterte Arbeitslosenunterstützung, krankheitsbedingter Urlaub und viele andere soziale Maßnahmen in Betracht gezogen und manchmal auch umgesetzt - sie werden als wichtige Grundlage für die Stärkung der Gemeinschaften und damit des Sozialkapitals (des Schmiermittels, das ein effizientes Funktionieren der Wirtschaft ermöglicht) angesehen. In vielen Ländern wird ein verstärktes gewerkschaftliches Engagement diesen Prozess erleichtern. Wie im nächsten Abschnitt deutlich wird, wird der Unternehmenswert eine zweitrangige Rolle einnehmen, wodurch der Stakeholder-Kapitalismus in den Vordergrund rücken wird. Allgemein wird es mehr Regelungen für so verschiedene Bereiche wie die Arbeitssicherheit oder die inländische Beschaffung bestimmter Waren geben. Die Unternehmen werden auch für soziale und ökologische Probleme zur Rechenschaft gezogen, für die sie Teil der Lösung sein sollen. Darüber hinaus werden die Regierungen öffentlich-private Partnerschaften stark fördern, damit sich private Unternehmen stärker an der Eindämmung globaler Risiken beteiligen. Unabhängig von den Einzelheiten und der konkreten Ausgestaltung wird die Rolle des Staates zunehmen, und die Führungskräfte in allen Branchen und Ländern werden sich in unterschiedlichem Maße auf stärkere staatliche Eingriffe einstellen müssen. Forschung und Entwicklung für globale öffentliche Güter, wie Gesundheit, Bildung (die beiden Grundpfeiler des Humankapitals) und Lösungen für den Klimawandel, werden aktiv vorangetrieben werden. Die Besteuerung wird insbesondere für die privilegiertesten Schichten zunehmen, weil die Regierungen ihre Resilienz verbessern müssen und mehr in sie investieren wollen. Wie von Joseph Stiglitz empfiehlt: Die oberste Priorität besteht darin, (...) dem öffentlichen Sektor mehr Mittel zur Verfügung zu stellen, insbesondere für jene Bereiche, die Schutz vor den zahlreichen Risiken einer komplexen Gesellschaft bieten. Weiterhin müssen Fortschritte in der Wissenschaft und eine Qualitätssteigerung in der Ausbildung finanziert werden, denn davon hängt unser zukünftiger Wohlstand ab. Dies sind Bereiche, in denen schnell produktive Arbeitsplätze geschaffen werden können - für Forscher, Lehrer und diejenigen, die die sie unterstützenden Einrichtungen am Laufen halten.[163]

Es ist klar, wohin die Reise geht. In den USA stellt Präsident Biden mit seinem (auf 1,8 Billionen Dollar reduzierten) „Build Back Better"-Gesetzentwurf den „Familienplan" und Klimamaßnahmen in den Mittelpunkt seiner innenpolitischen Agenda und macht damit einen wichtigen Schritt auf dem Weg zu einer gerechteren und nachhaltigeren Gesellschaft. In Europa hat der Wohlfahrtsstaat den Ruf, der umfangreichste und „großzügigste" der Welt zu sein, aber er könnte noch weiter ausgebaut werden. Das Schutzniveau ist je nach Land (das die Sozialpolitik regelt) unterschiedlich, aber die Europäische Kommission hat einen neuen, 750 Milliarden Euro schweren „COVID-19-Konjunkturfonds" aufgelegt, der vier Säulen umfasst, von denen zwei zur Verringerung der sozialen und territorialen Ungleichheit und zur Förderung des wirtschaftlichen Zusammenhalts-bestimmt sind.[164] In Japan wird der „neue Kapitalismus" von Premierminister Kishida (von einem Gegner als „offensichtlich alter Sozialismus" bezeichnet![165]) den vorherrschenden neoliberalen Ansatz beenden und besonderen Wert auf die Umverteilung von Einkommen legen. Und die Liste geht weiter. In der reichen Welt wird die Bereitschaft der Regierungen, in Human- und Sozialkapital zu investieren und dabei den wirtschaftlichen Fußabdruck des Staates zu vergrößern, weiter zunehmen, weil sie erkannt haben, dass dies: (1) den wirtschaftlichen und sozialen Wohlstand verbessert und (2) die beste Versicherung gegen den Aufstieg des Populismus darstellt. Dieser letzte Punkt ist von entscheidender Bedeutung, denn Unzufriedenheit und Populismus lassen sich nicht einfach dadurch bekämpfen, dass man „das Problem mit Geld zudeckt". Es handelt sich um ein systemisches

Problem, das einen allumfassenden politischen Ansatz und möglicherweise eine Neudefinition der Rolle der Regierung erfordert. In Raghuram Rajans Worten: Monetäre Anpassung (d.h. das Pumpen von Liquidität in das Finanzsystem):

> [löst nicht] das grundsätzliche Problem der benachteiligten Gemeinschaften in den Industrieländern und das grundsätzliche Problem der Unterentwicklung in der entwickelten Welt (...) Die benachteiligten Gemeinschaften haben ein Entwicklungsproblem, nicht ein Anreizproblem. Sie müssen über die richtige Schulausbildung und Gesundheitsfürsorge verfügen, um auf sehr wettbewerbsintensiven Märkten konkurrenzfähig zu sein. Das geht nicht, indem man ihnen mehr billige Kredite verschafft, sondern indem man herausfindet, wie man die Infrastruktur und die richtigen Schulen aufbaut und wie man überwacht, was in den Schulen gelehrt wird, um sicherzustellen, dass es qualitativ hochwertig ist, damit jeder Zugang zu den Fähigkeiten hat, die er braucht, um wettbewerbsfähig zu sein. Das ist das strukturelle Problem, das gelöst werden muss, im Pariser Banlieue wie in den Vororten der Kleinstädte im Mittleren Westen der USA. Und wenn wir das nicht in Ordnung bringen, werden die ständige Angst, der Populismus und der Versuch, sich vom Rest der Welt abzuschotten, immer wieder auftauchen.[166]

Die Vormachtstellung der Regierung in der Politik ist nicht unbedingt gleichbedeutend mit der Rückkehr der „übermächtigen Regierung" - dem derzeit vorherrschenden Narrativ. Vieles deutet darauf hin, dass die Staatsausgaben in den kommenden Jahren (im Verhältnis zum BIP) steigen werden, aber ebenso werden sich die Funktion und Rolle der Regierung verändern.

Die Staatsausgaben werden steigen, weil die Bürger, insbesondere in den reichsten Ländern, mit der Zeit immer höhere Erwartungen haben. In unserer modernen, transparenten (alles kann sofort verglichen werden), schnelllebigen Welt haben wir ein Recht auf eine sauberere Umwelt, eine bessere Gesundheitsversorgung, eine gute Bildung, höhere Renten und eine bessere Infrastruktur. Kurz gesagt: Je reicher wir werden, desto mehr erwarten wir einen ständig steigenden Lebensstandard. Und wir erwarten auch, dass die Regierungen etwas gegen die Umweltzerstörung und den Klimawandel unternehmen. Die Regierungen, insbesondere in Ländern, in denen demokratische Wahlen stattfinden, haben daher keine andere Wahl, als diese Erwartungen weitgehend zu erfüllen. Für einige Bereiche wird der Staat wesentlich mehr Geld ausgeben müssen, z. B. für die Gesundheitsfürsorge und die Renten wegen der Überalterung sowie für Bildung und Umschulung wegen des raschen technologischen Wandels. Die Produktivität wird sich beschleunigen, aber die Anpassung der Qualifikationen wird für die weniger qualifizierten und schlecht bezahlten Berufe schwierig sein. Die Vorbereitung der Arbeitnehmer auf die Anpassung und die Sicherstellung einer möglichst gleichmäßigen Verteilung der Vorteile wird große Anstrengungen seitens der Regierungen erfordern. Der Unterschied zwischen „guten Regierungen" und „schlechten Regierungen" wird sich daran messen lassen, wie schnell sie den Übergang zum Netto-Null-Zustand vollziehen und gleichzeitig eine Sozialpolitik betreiben, die die Gesellschaft gerechter und wohlhabender macht. Nichts hindert die Regierung daran, eine größere Rolle beim Fortschritt der Menschheit zu spielen. Der Staat muss kein Hemmschuh sein, sondern er kann unterstützend wirken.

Aus diesem Grund werden sich in den kommenden Jahren Zweck, Rolle und Funktion des Staates weiterentwickeln. Mazzucato, deren „große Idee" darin besteht, „den Staat neu zu denken", argumentiert seit Jahren, dass wir aufhören müssen, den Staat nur als „Reparateur" zu sehen. Wenn wir das tun, „ist das die Art von Zustand, die wir bekommen, nämlich zu wenig, zu spät, immer im Reparaturmodus, außer Atem!" Stattdessen müssen wir „öffentliche Einrichtungen, den öffentlichen Sektor, den öffentlichen Wert, den öffentlichen Zweck und die Vorstellung vom Staat als Unternehmer überdenken - damit wir mehr Orientierung, aber auch bessere Partnerschaften mit der Wirtschaft haben können".[167] Einfach ausgedrückt: Staat und Wirtschaft können gute und effiziente Partner sein, umso mehr, wenn wir die Regierungen als „unternehmerisch handelnd" betrachten. Die in der Mainstream-Ökonomie übliche Ansicht, dass Regierungen keine Innovationen anstoßen können und nur im Falle von „Marktversagen" eingreifen sollten, ist falsch. Überall auf der Welt gibt es Beispiele dafür, dass Regierungen Innovationen vorantreiben, neue Märkte schaffen und eine aktive unternehmerische Rolle spielen. Das gilt im Silicon Valley genauso wie in Israel.[168]

Werden ein starker Staat und eine produktive Partnerschaft mit der Wirtschaft ausreichen, um ökologische und soziale Nachhaltigkeit zu erreichen? Ja, wenn die Erwartungen gesteuert werden. Wie bereits in mehreren Teilen dieses Buches angedeutet, ist der beste Weg, um voranzukommen, kleine Veränderungen vorzunehmen und auf Gemeinschaftsebene zu arbeiten. Das Anbieten großartiger Lösungen scheint immer zu enttäuschen, was Frustration hervorruft. Im Gegensatz dazu scheint es am besten zu funktionieren, von unten nach oben zu arbeiten, schrittweise Fortschritte und Innovationen zu erzielen, eigene Erfolge zu feiern und kleinen Siegen nachzueifern. Und die Summe der kleinen Verbesserungen führt zu einem besseren Ganzen.

Bei ehrgeizigen, übergreifenden Projekten wie dem Grünen Deal kommt es auf den „Deal" an. Das „Grün" ist wohlbekannt, und alle Experten und politischen Entscheidungsträger wissen genau, was zu tun ist und wie. Der „Deal" jedoch ist der knifflige Teil. Es wird nicht gelingen, ihn allen zu verkaufen, wenn ökologische und soziale Nachhaltigkeit nicht gemeinsam voranschreiten und durch großartige Erzählungen untermauert werden.

3.5. Resilienz

Die Pandemie hat die Bedeutung der Resilienz verdeutlicht: Sie beschreibt die Fähigkeit, Widrigkeiten zu trotzen und sich von schwierigen Umständen zu erholen. Mit dem Eintritt in die Post-COVID-Ära ist Resilienz zu einem Schlagwort und zu einer unverzichtbaren Eigenschaft geworden. Verständlich! Jeder möchte belastbarer werden - daher gibt es Hunderte von Büchern (darunter auch ein 2021 veröffentlichtes Buch *„Resilienz für Dummies“*) und Kursen darüber, wie man Schocks bestmöglich überwindet und sich in schwierigen Situationen behaupten kann. Individuelle, gesellschaftliche und wirtschaftliche Resilienz sind miteinander verwoben, denn Resilienz beginnt, wie alle guten Praktiken, bei jedem Einzelnen von uns zu Hause.

Die Pandemie hat uns als Kollektiv die Bedeutung unseres eigenen körperlichen und geistigen Wohlbefindens für das Streben nach größerer Resilienz und die Notwendigkeit, das Thema Resilienz ganzheitlich anzugehen, viel bewusster gemacht. Soziale Resilienz ist genauso wichtig wie persönliche Resilienz, so wie die Sorge um den Planeten genauso wichtig ist wie die Sorge um das eigene Selbst. Wir können als Einzelperson nicht gesund sein in einer Welt, der es nicht gut geht, genauso wenig wie wir als Individuum belastbar sein können in einer nicht belastbaren Gesellschaft (ein einzelnes belastbares Individuum in einer Gesellschaft zu sein, die auseinander fällt, wird uns höchstens in das Reich der Überlebenskünstler befördern). Diese funktionale Äquivalenz zwischen individueller und gesellschaftlicher Resilienz lässt sich anhand einer ökologischen Betrachtungsweise leicht verstehen. Die Selbstfürsorge ist wichtig, um unsere eigene Resilienz zu festigen, aber sie hängt zum Teil von Dingen ab, auf die wir keinen oder nur einen begrenzten Einfluss haben, wie z. B. Zugang zu sauberem Wasser, nahrhaften Lebensmitteln und guter Luftqualität. Die Sorge um den Planeten ist somit der Schlüssel zum Aufbau gesellschaftlicher Resilienz, die von einer Reihe politischer Maßnahmen wie der Begrenzung der Umweltzerstörung, der Verringerung der Kohlenstoffemissionen und der Einführung naturbasierter Lösungen in großem Maßstab abhängt. Grundsätze wie die der Stakeholder-Ökonomie, der grünen Investitionen und der Kreislaufwirtschaft schließen die Lücke zwischen individueller und gesellschaftlicher Resilienz: das eine stärkt das andere.

Die Notwendigkeit, unsere Volkswirtschaften und Gesellschaften resilienter zu machen, wird in der Post-COVID-Ära ein vorrangiges Anliegen sein. Der Wirtschaftswissenschaftler Markus Brunnermeier geht in seinem kürzlich erschienenen Buch „*Die resiliente Gesellschaft*" sogar so weit, zu behaupten, dass „Resilienz als Leitstern für die Gestaltung einer Gesellschaft nach COVID-19 dienen kann".[169] Seiner Meinung nach könnten Gesellschaften allen im ersten Teil aufgezählten globalen Risiken (wie Wirtschafts- und Finanzkrisen, Pandemien, extremen Wetterereignissen, Cyberangriffen, Engpässen in der Versorgungskette und Konflikten) besser widerstehen, wenn sie der Resilienz eine höhere Priorität einräumen würden. In jüngster Zeit neigen Gesellschaften dazu, solche Schocks zu bewältigen, indem sie entweder versuchen, sie ganz zu vermeiden oder reaktiv Maßnahmen zu ihrer Eindämmung ergreifen. Ein solcher Ansatz ist kennzeichnend für einen Großteil der politischen Maßnahmen, die auf dem Höhepunkt der COVID-Krise ergriffen wurden (z. B. Null-COVID-Maßnahmen und schwerfällige Gesundheitsprotokolle). Es ist jedoch sinnvoller, die Resilienz zu stärken, indem man in Mechanismen und politische Maßnahmen investiert, die die Existenz von Schocks anerkennen und gleichzeitig Gesellschaften und Volkswirtschaften dabei helfen, sich von ihnen zu erholen (wie die weit verbreiteten Impfkampagnen). Die Logik ist folgende: Wir sollten Risiken nicht vermeiden, denn nur wenn wir sie eingehen, können Gesellschaften Durchbrüche erzielen und sich weiterentwickeln. Umgekehrt wird eine Gesellschaft, die sich weigert, Risiken einzugehen, anfällig. Daher kann es paradoxerweise besser sein, „von Zeit zu Zeit eine kleine Krise zu ertragen, als sie um jeden Preis zu vermeiden. Eine Krise ist eine Gelegenheit, die notwendigen Anpassungen vorzunehmen“,[170] was wiederum eine Chance ist, mehr Resilienz aufzubauen.

Wer das Gedicht „Die Eiche und das Schilfrohr“ kennt, weiß, dass Resilienz etwas anderes ist als Robustheit. Sie ist nicht gleichbedeutend damit, einen Sturm zu überstehen und sich dann (mühevoll) davon zu erholen. In dieser Allegorie aus dem 17. Jahrhundert vergleicht der französische Dichter Jean de La Fontaine die Robustheit der Eiche mit der scheinbaren Zerbrechlichkeit des Schilfrohrs. Die Eiche ist stolz auf ihre Stärke, dem Wind und anderen Naturgewalten zu trotzen. Sie verhöhnt das niedrige Schilfrohr, das unter ihr wächst und sich bei jedem Windstoß hin und her wiegt. Doch am Ende des Gedichts ist die Gewalt des Windes so stark, dass die Eiche entwurzelt wird, während das Schilfrohr, vorübergehend niedergedrückt, wieder aufsteht. Die Zeile lautet: „Ich beuge mich und breche nicht." Die Lektion dieser Erzählung ist, dass das Schilfrohr angesichts der Widrigkeiten Resilienz zeigt und überlebt. Die Eiche hat ein Robustheitsproblem: Sie ist zwar stark, aber wenn sie bricht, ist der Schaden irreversibel. Auch dies erinnert an das Konzept der Kipppunkte. Ohne Resilienz ergeht es Individuen, Institutionen und Gesellschaften wie der Eiche von La Fontaine: Sie sehen sich mit einem Risiko konfrontiert, das entweder unvorhersehbar war oder sich nicht abmildern lässt, und erreichen einen Kipppunkt, von dem sie sich nicht oder bestenfalls nur sehr schwer erholen können.

Es gibt Lösungen, um unsere Systeme und Gesellschaften resilienter zu machen, und ihre politischen Folgen sind klar umrissen. Brunnermeier erwähnt in seinem Buch mehrere davon. Einige beziehen sich auf Systeme, wie z. B. im Fall der globalen Lieferketten oder der Finanzmärkte, andere auf Gesellschaften und Nationen. Im Fall von Systemen ist die Schaffung von mehr Redundanz und Puffern eine offensichtliche Lösung für mehr Resilienz. Redundanz für Lieferketten und Puffer wie Eigenkapitalanforderungen für Geschäftsbanken oder Devisenreserven für Zentralbanken sind äußerst sinnvoll. In Gesellschaften und Nationen kann der Schutz der Schwächsten unter uns eine Möglichkeit sein, Resilienz aufzubauen, indem negative soziale Auswirkungen verhindert werden und bewiesen wird, dass das Konzept der Resilienz wie „ein Kompass für die Entwicklung eines Gesellschaftsvertrags, der allen Menschen zugutekommt" sein kann.[171]

Zum Zeitpunkt der Abfassung dieses Buches im November 2021 wird die Frage nach dem Aufbau von Resilienz am häufigsten im Zusammenhang mit den globalen Lieferketten diskutiert. Sie sind derzeit eher kompliziert und schwer zu steuern, da sie der Effizienz den Vorrang vor der Resilienz einräumen. Im optimierten Zustand wie kurz vor der Pandemie entsprechen sie fragilen komplexen Systemen, bei denen die Kosteneffizienz die Redundanz, die sie resilient machen könnte, zunichte macht. Wenn dann etwas Unerwartetes passiert, wie im Sommer und Herbst 2021, als die Nachfrage das Angebot überstieg, kommt es zu Kaskadeneffekten, und das System bricht zusammen, was zu Engpässen und Knappheit führt, mit erheblichen Zweitrundeneffekten (wie Inflation und Arbeitslosigkeit in bestimmten Branchen, die keine Zwischenprodukte und Ersatzteile mehr haben). Als Reaktion darauf beginnt das „Just-in-Case“-Prinzip die „Just-in-Time“-Methode zu ersetzen. Systeme, die nach dem Just-in-Time-Prinzip funktionieren, haben sich als schlank und effizient, aber auch als übermäßig komplex und damit sehr anfällig erwiesen (Komplexität bringt Anfälligkeit mit sich und führt oft zu Instabilität). Das Gegenmittel dagegen ist Vereinfachung, was wiederum mehr Resilienz erzeugen dürfte. Das bedeutet auch, dass die „globalen Wertschöpfungsketten“, die etwa drei Viertel des gesamten Welthandels ausmachen, unweigerlich abnehmen werden. Das wird nicht von heute auf morgen geschehen, denn die Lieferketten sind schwer zu entflechten, aber die Richtung des Trends ist klar. Jedes Unternehmen, dessen Rentabilität vom Prinzip der globalen Just-in-Time-Lieferkette abhängt, wird seine Arbeitsweise überdenken und wahrscheinlich einen Teil der Idee der Effizienz- und Gewinnmaximierung zugunsten von „Versorgungssicherheit" und Resilienz aufgeben müssen. Für jedes Unternehmen, das sich ernsthaft gegen potenzielle Störungen, die durch einzelne Lieferanten, schwankende Handelspolitiken oder die Innen- und Außenpolitik bedingt sind, absichern möchte, wird daher die Resilienz zum wichtigsten Faktor. In der Praxis wird dies die Unternehmen dazu zwingen, ihre Zuliefererbasis zu diversifizieren, selbst, wenn das bedeutet, dass sie Lagerbestände und Redundanzen aufbauen müssen. Außerdem werden diese Unternehmen gezwungen sein, dafür zu sorgen, dass dies auch innerhalb ihrer eigenen Lieferkette der Fall ist: Sie werden die Resilienz entlang ihrer gesamten Lieferkette bis hin zu ihren Endlieferanten und möglicherweise sogar zu den Lieferanten ihrer Lieferanten bewerten müssen. Der Aufbau von Resilienz hat seinen Preis, und die Produktionskosten werden unweigerlich steigen. Dies wird ein Wendepunkt mit tiefgreifenden makroökonomischen Folgen sein.

Die Notwendigkeit einer größeren Resilienz wird zu einer politischen Priorität, die über den unternehmerischen Bereich hinausgeht. Der letzte G7-Gipfel unter britischer Präsidentschaft erklärte dies zu einem Schlüsselziel und ernannte sogar einen G7-Beauftragten für ökonomische Resilienz.[172] Der im Oktober 2021 veröffentlichte Bericht unterstreicht die dringende Notwendigkeit, die Resilienz der Weltwirtschaft gegen künftige Risiken und Schocks zu stärken, seien sie nun akut (wie die Pandemie) oder chronisch (wie die extreme Wohlstands- und Einkommenspolarisierung).[173] Übereinstimmend mit früher in diesem Buch erläuterten Beobachtungen über die absolute Notwendigkeit einer besseren globalen Zusammenarbeit zieht der G7-Bericht (der als neuer „Konsens von Cornwall" dargestellt wird, welcher den schwächelnden „Konsens von Washington" nach und nach ersetzen dürfte) eine Bilanz der gewaltigen Probleme des kollektiven Handelns, vor denen wir aktuell stehen, und argumentiert, dass nur eine erneuerte internationale Zusammenarbeit und die Koordinierung erweiterter staatlicher Kapazitäten - ein neuer Gesellschaftsvertrag, der durch einen neuen globalen Konsens untermauert wird - die nötige Resilienz schaffen können, um uns auf die vor uns liegende Aufgabe der Bewältigung eskalierender, ineinander greifender Krisen vorzubereiten.

Der G7-Bericht über ökonomische Resilienz schlägt eine radikale Neuausrichtung des Denkens über wirtschaftliche Entwicklung vor und plädiert dafür, Wachstum nicht mehr am BIP (Bruttoinlandsprodukt), an der BWS (Bruttowertschöpfung) oder an finanziellen Erträgen zu messen, sondern den Erfolg daran zu messen, ob wir gemeinsam ehrgeizige Ziele erreichen können, wie etwa die Vermeidung von Klimakatastrophen oder die Bekämpfung von Pandemien. Der Bericht, dessen Ziel die Stärkung der Resilienz ist, enthält sieben zentrale Empfehlungen, von denen sich drei auf kritische globale Fragen beziehen: (1) COVID-19, (2) die wirtschaftliche Erholung nach der Pandemie und (3) die Klimakatastrophe. In Bezug auf COVID fordert er die G7 auf, für weltweite Impfgerechtigkeit zu sorgen und maßgeblich in die Pandemievorsorge zu investieren.

Der gleichberechtigte Zugang zu Innovationen, die von großen öffentlichen Investitionen und Vorabkaufverpflichtungen profitieren, wird als oberste Priorität angesehen, was möglicherweise einen neuen Ansatz in Bezug auf geistige Eigentumsrechte erfordert. Im Hinblick auf die Erholung nach der Pandemie befürwortet der Bericht eine Erhöhung der staatlichen Investitionen und unterstützt die Empfehlung von Nicholas Stern, diese Ausgaben auf 2 % des BIP pro Jahr zu erhöhen und damit ab sofort bis 2030 jährlich 1 Billion Dollar aufzubringen. Aber es geht nicht nur um mehr Geld: Öffentliche Investitionen müssen durch neue vertragliche und institutionelle Mechanismen kanalisiert werden, die die Schaffung von langfristigem öffentlichem Wert anstelle von kurzfristigem privatem Profit messen und Anreize dafür schaffen. Und für die Klimakrise - die größte Herausforderung von allen - fordert der G7-Bericht zur ökonomischen Resilienz ein „CERN für Klimatechnologie", das sich auf die Dekarbonisierung der Wirtschaft konzentrieren würde, indem es öffentliche und private Investitionen in ehrgeizige Projekte bündelt, wie z. B. die CO2-Entnahme aus der Atmosphäre und die Entwicklung von kohlenstofffreien Lösungen für solche „schwer abbaubaren" Branchen wie Schifffahrt, Luftfahrt, Stahl und Zement. Diese neue multilaterale und interdisziplinäre Institution würde als Katalysator für die Schaffung und Gestaltung neuer Märkte für erneuerbare Energien und Kreislaufwirtschaft fungieren.

Diese Empfehlungen decken sich mit vielen anderen, die in diesem Buch von Gelehrten, Fachleuten und politischen

Entscheidungsträgern vorgestellt werden, wie z. B. die Empfehlung zum CERN für Klimatechnologie, die an die Empfehlung von William Nordhaus zur staatlich geförderten Forschung zur CO2-Entnahme anknüpft. Es zeichnet sich ein Muster ab: In Zukunft werden der öffentliche und der private Sektor viel enger zusammenarbeiten, und die Bedeutung des Staates als Garant für eine größere Resilienz wird zunehmen. Wie Diane Coyle in einem Kommentar zum Thema Ungewissheit und Resilienz sagte: „Wenn ein Teil der Aufgabe des Staates darin besteht, im weitesten Sinne eine Sozialversicherung zu bieten, um die Menschen in der Gesellschaft vor Dingen zu schützen, auf die sie selbst keinen Einfluss haben, dann ist die Frage der Anfälligkeit der Versorgungskette oder der Verwundbarkeit durch künftige Pandemien wirklich vordringlich geworden."

Einige unserer Gesprächspartner gingen noch weiter, wie Chandran Nair, der den Ausdruck „Insured Resilience" (versicherte Resilienz oder IR 1.0) prägte, bei dem es darum geht zu verstehen, „wofür die fortschrittlichsten Schöpfungen des menschlichen Geistes in den nächsten 30 Jahren verwendet werden". Für ihn stellt sich die grundsätzliche Frage, ob wir uns auf die Technologie als Allheilmittel für die unzähligen Probleme, mit denen wir konfrontiert sind, verlassen können, oder ob wir sie nutzen, um sicherzustellen, dass die Zivilisation über die nötige Resilienz verfügt, um unsere globalen Probleme zu bewältigen und gleichzeitig einen dauerhaften, moderaten Wohlstand für alle zu schaffen. Er veranschaulicht seinen Standpunkt am Beispiel Indiens: „600 Millionen Inder haben kein richtiges Zuhause.

Wir müssen dieses Problem mit der besten industriellen Materialkundetechnik lösen. Lebensmittel werden ein großes Thema sein: Wie können wir digitale Technologie und Big Data nutzen, um diese Probleme zu lösen, anstatt künstliches Fleisch und all diese biotechnologischen Innovationen zu schaffen? Es besteht ein großes Problem mit der Übergriffigkeit der digitalen Technologie; stattdessen müssen wir diese Innovationen nutzen, um die Grundlagen wiederherzustellen - als ‚Resilienzversicherung'".

Resilienz steht inzwischen fest auf der politischen Agenda, mit ehrgeizigen und manchmal radikalen Ideen, wie sie sowohl auf wirtschaftlicher als auch auf gesellschaftlicher Ebene gefördert werden kann. Daraus könnte sogar ein allumfassendes Projekt werden. In unserem Interview plädierte Xue Lan für die Schaffung eines „Global Resilience Council", ähnlich dem UN-Sicherheitsrat, jedoch mit Fokus auf den nicht-militärischen Herausforderungen, die unsere globale Gemeinschaft bedrohen.

3.6. Die rolle der unternehmen

Die Rolle der Unternehmen in Wirtschaft und Gesellschaft ist seit jeher Gegenstand von Diskussionen. Wenn wir die Prämisse akzeptieren, dass der ultimative Zweck der Wirtschaft darin besteht, der Gesellschaft Fortschritt zu bringen, dann folgt daraus, dass dies auch für Unternehmen gilt. Unternehmen sind in Volkswirtschaften tätig, zu denen sie in hohem Maße beitragen: 72 % des BIP in den OECD-Ländern)[174], gleichzeitig sind sie aber auch menschliche Konstrukte aus Mitarbeitern, Kunden,

Aktionären und lokalen Gemeinschaften, die in unseren natürlichen Ökosystemen verankert sind. Daher ist es nur vernünftig, dass sie uns letztlich dienen sollten.

Der Kern der Debatte dreht sich um das Konzept des „Shareholder- versus Stakeholder-Value" (oder „Shareholder- versus Stakeholder-Kapitalismus" - die beiden Begriffe werden synonym verwendet). Besteht der eigentliche Zweck eines Unternehmens lediglich darin, Werte für seine Eigentümer (Shareholder Value) zu schaffen? Oder geht es vielmehr darum, sowohl für die Eigentümer als auch für das Gemeinwesen, die Kunden, die Mitarbeiter und die Lieferanten Werte zu schaffen (Stakeholder Value)? Jahrzehntelang herrschte das ‚Shareholder Primacy'-Prinzip (Priorisierung der Aktionäre) vor, fest verwurzelt in der Analyse seines glühendsten Verfechters - Milton Friedman. Im Jahr 1970, bevor er den Nobelpreis für Wirtschaft erhielt, schrieb Friedman in einem Kommentar für die *New York Times*, dass „es eine und nur eine soziale Verantwortung der Wirtschaft gibt - die (...) Steigerung ihrer Gewinne".[175] Von den 1980er bis zu den frühen 2000er Jahren war der „Shareholder Primacy"-Grundsatz zunehmend unantastbar. Er passte perfekt zum Zeitgeist dieser Jahrzehnte: das unaufhaltsame Wachstum der Finanzmärkte und der scheinbar nicht enden wollende Boom an der Wall Street, die Finanzialisierung der Wirtschaft und die zunehmende Konzentration auf Quartalsberichte, verbunden mit der unbestrittenen Vorherrschaft neoliberaler Ideale. Sich als Unternehmer um die Gesellschaft oder die Umwelt zu kümmern, kam in diesen Jahren, in Friedmans Worten, einem „reinen und unverfälschten Sozialismus" gleich. Es lohnt sich, Friedman im Detail zu zitieren, um zu verstehen, womit es diejenigen, die eine andere Meinung hatten, zu tun hatten. Ein unbestimmter Hauch von McCarthyismus lag noch in der Luft:

> Die Unternehmer glauben, dass sie das freie Unternehmertum verteidigen, wenn sie erklären, dass es den Unternehmen nicht „nur" um den Profit geht, sondern auch um die Förderung wünschenswerter „sozialer" Ziele; dass die Unternehmen ein „soziales Gewissen" haben und ihre Verantwortung für die Schaffung von Arbeitsplätzen, die Beseitigung von Diskriminierung, die Vermeidung von Umweltverschmutzung und was auch immer die Schlagworte der zeitgenössischen Reformer sein mögen, ernst nehmen. Tatsächlich predigen sie - oder würden es tun, wenn sie sich selbst oder jemand anderes sie ernst nehmen würde - den reinen und unverfälschten Sozialismus. Geschäftsleute, die so reden, sind unwissende Marionetten der intellektuellen Kräfte, die in den letzten Jahrzehnten die Grundlagen einer freien Gesellschaft untergraben haben.[176]

Bis Anfang der 2000er Jahre schienen uneingeschränkte freie Märkte und Shareholder-Kapitalismus der einzige Weg nach vorne zu sein. Für mich als einen der Autoren dieses Buches

(Klaus Schwab), der das Konzept des „Stakeholder-Kapitalismus“ im selben Jahr entwickelt hatte, in dem Friedman sein genaues Gegenteil formulierte, war es eine Art David-und-Goliath-Situation. Die Idee hatte eine gewisse Eigendynamik entwickelt, aber historisch gesehen „zu“ früh richtig zu liegen, war faktisch gleichbedeutend mit falsch liegen! 1973 verabschiedeten die Teilnehmer der Jahrestagung des Weltwirtschaftsforums einstimmig einen auf dem Stakeholder-Konzept basierenden Ethikkodex. Darin heißt es ausdrücklich, dass die Leitung eines Unternehmens „der Gesellschaft zu dienen hat. Sie muss die Rolle eines Treuhänders des materiellen Universums für künftige Generationen übernehmen. Sie muss die ihr zur Verfügung stehenden immateriellen und materiellen Ressourcen optimal nutzen. Sie muss die Grenzen des Wissens in Management und Technologie ständig erweitern. Sie muss gewährleisten, dass ihr Unternehmen angemessene Steuern an die Gemeinschaft zahlt, damit diese ihre Ziele erfüllen kann. Die Unternehmensführung muss auch ihr eigenes Wissen und ihre Erfahrung der Gemeinschaft zur Verfügung stellen.“[177] Ab 1973 wurde ein erbitterter Kampf um die Verantwortung der Stakeholder ausgefochten. In diesen Jahren feierten viele Unternehmen und Finanzinstitute die Gier als „Tugend“ („Gier ist gut“)[178] und hatten keine moralischen Bedenken in Bezug auf die Tatsache, dass in den 40 Jahren nach 1978 die Vorstandsgehälter der führenden 350 US-Unternehmen um 940 % stiegen, während sie für den durchschnittlichen Arbeitnehmer im gleichen Zeitraum nur um 12 % stiegen (eine dramatische Diskrepanz, die auf der falschen Annahme beruhte, dass eine höhere Bezahlung der Führungskräfte zu „Bestleistungen" führen würde).[179] Fast 50 Jahre lang schien die vernünftige Annahme, dass ein Unternehmen mehr als nur eine wirtschaftliche Einheit ist, unangebracht zu sein. Und die Behauptung, dass ein Unternehmen als ein wesentlicher „Organismus" betrachtet werden sollte, der in hohem Maße zum Lebensunterhalt der Menschen und zum Wohl der Gesellschaft beitragen kann, war ein Anathema, das einer politischen Sünde gleichkam.

Dann änderte sich der Zeitgeist. In den 2000er Jahren, als die Umweltzerstörung zu einem immer größeren Problem wurde und sich die wirtschaftlichen Ungleichheiten verschärften, begannen immer mehr Unternehmensführer, die enge Sichtweise des Shareholder Value für falsch zu halten. Die Stimmung wandelte sich, und die Führungskräfte der Wirtschaft waren zunehmend davon überzeugt, dass sie ihren Teil zur Lösung der ökologischen und gesellschaftlichen Probleme der Menschheit beitragen mussten. Die Logik, dass ein Unternehmen in einer leidenden Gemeinschaft oder in einer geschädigten Umwelt langfristig nicht gedeihen kann, setzte sich allmählich durch, aber der Gedanke, dass ein Unternehmen gleichzeitig Wohlstand schaffen, der Gesellschaft dienen und sich um den Planeten kümmern sollte, brauchte noch viele Jahre, um sich durchzusetzen. Im Jahr 2019 fand die „offizielle" Kehrtwende vom Shareholder- zum Stakeholder-Value statt. Im August desselben Jahres befürwortete der US Business Roundtable, eine wichtige amerikanische Wirtschaftsorganisation, offiziell den Stakeholder-Kapitalismus. Jamie Dimon, der Vorsitzende des US Business Roundtable (und Vorsitzender und CEO von JPMorgan Chase), begründete diese Entscheidung mit den Worten: „Der amerikanische Traum lebt, aber er bröckelt allmählich. Große Arbeitgeber investieren in ihre Arbeitnehmer und in die Gemeinwesen, weil sie wissen, dass dies der einzige Weg ist, um langfristig erfolgreich zu sein. Diese modernisierten Grundsätze spiegeln das unerschütterliche Engagement der Wirtschaft wider, sich weiterhin für eine Wirtschaft einzusetzen, die allen Amerikanern dient."[180] Diese Entscheidung kam einem radikalen Bruch mit der Vergangenheit gleich, da die Organisation zuvor „[Friedmans] Philosophie in einer formellen Erklärung als Unternehmenszweck verankert" hatte.[181]

Es hat also fast 50 Jahre gedauert, bis sich die Idee des „Stakeholder-Kapitalismus" durchgesetzt hat - d. h. die Erkenntnis, dass der Zweck einer Wirtschaft darin besteht, der Gesellschaft zu dienen, und dass kein Unternehmen langfristig erfolgreich sein kann, ohne seinen Arbeitnehmern und Gemeinschaften zu dienen. Das Weltwirtschaftsforum nahm die Erklärung des US Business Roundtable zum Anlass, das ursprüngliche Davoser Manifest zu aktualisieren und um einige aktuelle Themen zu erweitern. Das Ergebnis ist das Davoser Manifest 2020.[182] Es bekräftigt die grundlegende Bedeutung der Verantwortung der Stakeholder und erklärt, dass der universelle „Zweck eines Unternehmens darin besteht, alle seine Stakeholder in eine gemeinsame und nachhaltige Wertschöpfung einzubinden". Außerdem werden andere wichtige Unternehmensgrundsätze hervorgehoben: (1) einen fairen Wettbewerb und gleiche

Wettbewerbsbedingungen zu akzeptieren und zu unterstützen und Korruption nicht zu tolerieren; (2) die Lieferanten eines Unternehmens als echte Partner bei der Wertschöpfung zu betrachten und die Achtung der Menschenrechte in die gesamte Lieferkette zu integrieren; (3) als Verwalter des ökologischen und materiellen Universums für künftige Generationen zu handeln, unsere Biosphäre bewusst zu schützen und eine kreislauforientierte, gemeinsame und regenerative Wirtschaft zu fördern. In Anbetracht der laufenden vierten industriellen Revolution und der technologischen Veränderungen, die uns überrollen, werden auch neue Grundsätze hinzugefügt: (1) Gewährleistung einer sicheren, ethischen und effizienten Datennutzung; (2) Förderung der dauerhaften Beschäftigungsfähigkeit durch kontinuierliche Fort- und Weiterbildung; (3) Aufrechterhaltung der Zuverlässigkeit und Vertrauenswürdigkeit des digitalen Ökosystems, in dem ein Unternehmen tätig ist; und (4) umfassende Aufklärung der Kunden über die Funktionsweise seiner Produkte und Dienstleistungen, einschließlich negativer Auswirkungen oder externer Effekte.

Inzwischen betrachten Unternehmensleiter die Verbesserung des Stakeholder Value nicht mehr als Option. Aus all den Gründen, die in anderen Teilen dieses Buches dargelegt werden, wissen sie, dass es keinen anderen Weg in die Zukunft gibt. Aus diesem Grund wird die Messung der ESG-Performance in den kommenden Jahren der Goldstandard für die Einhaltung des Stakeholder Value durch die Unternehmen sein. Viele Unternehmen haben kein Interesse daran, die Welt zu verbessern, und einige werden versucht sein, Green- oder Woke-Washing zu betreiben, aber sie werden gezwungen sein, sich zu ESG-Maßnahmen zu verpflichten, und letztendlich werden alle Verpflichtungen durch staatliches Handeln und gesellschaftlichen Druck auf die Probe gestellt werden.

Im Gegensatz zum Shareholder-Kapitalismus, der den Staat stets als Quelle allen „Übels" ansah, begrüßt der Stakeholder-Kapitalismus[183] die Idee gesetzgeberischer Maßnahmen, die die Maßstäbe für die ESG-Berichterstattung und -Leistung genau definieren. Es ist nichts dagegen einzuwenden, wenn Regierungen die richtigen Anreize schaffen und angemessene Normen für verantwortungsbewusstes Verhalten aufstellen, insbesondere wenn sie die in freien Wahlen durch die Bürger getroffene Entscheidung verkörpern. Dadurch erhalten sie die Befugnis, gesellschaftliche Regeln festzulegen. So wie Unternehmen verpflichtet sind, über ihre Finanzergebnisse zu berichten (vierteljährlich oder jährlich, je nach Land und ob sie börsennotiert sind oder nicht), werden sie in nicht allzu ferner Zukunft auch verpflichtet sein, über ESG-Kennzahlen zu berichten. Es wurden mehrere Initiativen ergriffen, um herauszufinden, wie sich dies am besten erreichen lässt. Die „Stakeholder Capitalism Metrics" des Weltwirtschaftsforums sind ein wichtiges Beispiel dafür.[184] Sie werden sich zu standardisierten ESG-Leistungskennzahlen entwickeln, die branchen- und länderübergreifend funktionieren und von globalen Standardsettern unterstützt werden. Solche Initiativen werden in der Regel von der Wirtschaft angeführt, aber ein weltweit anerkanntes Nachhaltigkeits-Reporting-System wird eine konzertierte Aktion von Unternehmen, Regierungen, Regulierungsbehörden, der offiziellen Rechnungslegungsgemeinschaft und freiwilligen Standardsettern sein. Letztendlich werden die Regierungen die letzte Entscheidung treffen, wenn es darum geht, die rechtlichen Verpflichtungen, Ziele und Anreize für die von den Unternehmen vorgeschlagenen ESG-Standards und -Leistungen festzulegen. Sie werden auch sicherstellen, dass der Stakeholder Value mit einem streng definierten Konzept des „gesellschaftlichen und planetarischen Werts" vereinbar ist.[185]

Parallel dazu werden gesellschaftlicher Druck und zunehmender Aktivismus das Tempo beschleunigen, mit dem sich Unternehmen den Stakeholder Value zu eigen machen, und die zögerlichen Unternehmen dazu „zwingen", sich mit der Sache zu befassen. Es gibt zahlreiche Belege dafür, dass die Verbraucher zunehmend Produkte und Dienstleistungen von Unternehmen bevorzugen, die die ESG-Richtlinien besser einhalten. Dementsprechend sind die Vorstandsvorsitzenden heute der Ansicht, dass „die Einführung nachhaltiger Praktiken der neue Eintrittspreis in den Wettbewerb ist".[186] Dieser Trend wird sich noch verstärken, wenn Millennials und die Generation Z in der Belegschaft eine größere Rolle spielen. Die jungen Generationen machen immer wieder nachdrücklich deutlich, dass für sie besonders viel von der Zukunft abhängt, denn Umweltzerstörung, Klimawandel und zunehmende Ungleichheit werden sich zu ihren Lebzeiten unverhältnismäßig stark auswirken (der letzte Punkt ist bereits jetzt ein großes Hindernis für den Zugang zu angemessenem Wohnraum). Vor diesem Hintergrund wird die Berücksichtigung von ESG-Aspekten für die nachhaltige Wertschöpfung immer wichtiger. Der Preis dafür, dies nicht zu tun, wird im Hinblick auf den Zorn von Aktivisten, sowohl aus der Gesellschaft als auch unter den Investoren, einfach zu hoch sein.[187]

Das bedeutet nicht, dass sich Unternehmen in allen sozialen oder ökologischen Fragen engagieren sollten. Es legt jedoch nahe, dass ein Unternehmen, das einen „Anteil" (stake) hat und durch sein Handeln einen sinnvollen und positiven Wandel bewirken kann, dies auch tun sollte. Wenn, wie auf diesen Seiten immer wieder argumentiert wird, globale Herausforderungen eine globale und konzertierte Antwort erfordern, warum sollten dann Unternehmen nicht auch ihren Anteil haben? Das klingt jetzt selbstverständlich, aber es erfordert möglicherweise, über den bloßen Stakeholder-Wert hinauszugehen. Hinter dem Stakeholder-Konzept steht die grundlegende Erkenntnis, dass in unserer interdependenten Welt die globalen Herausforderungen nicht von einer bestimmten Gruppe allein gelöst werden können. Es bedarf einer gemeinsamen Anstrengung von Regierungen, Zivilgesellschaft und Unternehmen - dem Kernstück der öffentlich-privaten Zusammenarbeit. Dies bedeutet, dass die Verantwortung der Stakeholder sowohl auf der Mikroebene (Unternehmensebene) als auch auf der Makroebene (weltweit) wahrgenommen werden muss. Dieser Gedanke der „Global Corporate Citizenship', also des globalen gesellschaftlichen Engagements von Unternehmen, ist ein wesentlicher Teil der Arbeit, die das Weltwirtschaftsforum seit Jahrzehnten verfolgt. Wie es in einem 2008 veröffentlichten Artikel heißt, bringt ,Global

Corporate Citizenship' „die Überzeugung zum Ausdruck, dass Unternehmen nicht nur mit ihren Stakeholdern zusammenarbeiten müssen, sondern selbst Stakeholder neben Regierung und Zivilgesellschaft sind. Die internationalen Wirtschaftsführer müssen sich voll und ganz für eine nachhaltige Entwicklung einsetzen und die wichtigsten globalen Herausforderungen angehen, darunter den Klimawandel, die öffentliche Gesundheitsversorgung, Energieeinsparungen und das Ressourcenmanagement."[188]

Die ultimative Rolle der Unternehmen in der Gesellschaft besteht nach wie vor darin, Geschäfte zu machen, aber das globale gesellschaftliche Engagement der Unternehmen ist eine Erweiterung des Stakeholder-Konzepts. Es geht darum, dass das Unternehmen in Zusammenarbeit mit der Regierung und der Zivilgesellschaft als Stakeholder der globalen Gesellschaft agiert, und es ist ein Konzept, das als langfristige Investition betrachtet werden kann. Da die Unternehmen vom natürlichen und sozialen Ökosystem abhängen, in dem sie tätig sind, liegt es sicherlich in ihrem ureigensten Interesse, sich um das Wohlergehen dieses Ökosystems zu kümmern, wenn es von so vielen Problemen heimgesucht wird.

Es ist sogar mehr als nur ein Interesse - es ist eine absolute Notwendigkeit. „Unternehmen stehen heute vor einer existenziellen Entscheidung. Entweder sie bekennen sich voll und ganz zum „Stakeholder-Kapitalismus" und übernehmen die damit verbundene Verantwortung, indem sie aktiv Maßnahmen zur

Erreichung sozialer und ökologischer Ziele ergreifen. Oder sie halten an einem überholten ‚Shareholder-Kapitalismus' fest, der kurzfristige Gewinne über alles andere stellt - und warten darauf, dass Mitarbeiter, Kunden und Wähler ihnen von außen Veränderungen aufzwingen."[189]

3.7. Der exponentielle fortschritt der technologie

Unsere größte Hoffnung, einige der bedeutendsten Herausforderungen, vor denen wir stehen (vor allem Umweltzerstörung und Klimawandel, aber auch bestimmte gesellschaftliche Risiken), erfolgreich zu bewältigen, liegt in der atemberaubenden Geschwindigkeit des heutigen wissenschaftlichen und technologischen Fortschritts begründet.

Hoffnung und Anlass zu Optimismus ergeben sich aus folgender Feststellung: Wir befinden uns an einem Punkt in der Geschichte, an dem neue Entdeckungen und neue Technologien nicht linearen, sondern exponentiellen Wachstumsraten folgen, was die Innovation drastisch beschleunigt. Azeem Azhar macht diesen Punkt in *The Exponential Age*[190] deutlich und zeigt, dass das Mooresche Gesetz (das besagt, dass sich die Leistung eines Computerchips alle zwei Jahre verdoppelt, während die Kosten konstant bleiben) nun auch für eine breite Palette von anderen Technologien gilt. Die Kraft der Digitalisierung, die dramatischen Fortschritte in der Künstlichen Intelligenz und bald auch in der Synthetischen Biologie bedeuten, dass der Fortschritt in so unterschiedlichen Bereichen wie Solarzellen, 3D- oder 4D-Fertigung,

Elektroautos, urbane Landwirtschaft, Genom-Editierung, Augmented Reality oder Online-Geschäfte jetzt einer exponentiellen Wachstumsrate folgt (d. h. sie folgen einer festen Verdopplungszeit und zeigen im Laufe der Zeit immer größere Steigerungen oder Fortschritte). Peter Diamandis, Tech-Unternehmer, Investor und Mitbegründer der Singularity University, glaubt, dass „wir in den nächsten 10 Jahren jede Branche neu erfinden werden" und „wir mehr Fortschritt erleben werden als in den letzten 100 Jahren".[191] Dieser beschleunigte Wandel wird gleichermaßen große Vorteile und erhebliche Herausforderungen mit sich bringen (siehe Abschnitt 2.6), aber es herrscht eine große Aufbruchsstimmung – eine Stimmung, die von allen Wissenschaftlern geäußert wurde, die wir für dieses Buch befragt haben. Am weitesten ging Michio Kaku, der behauptete, dass „wir bis Mitte des Jahrhunderts einen betriebsbereiten Fusionsreaktor haben und einen funktionsfähigen Quantencomputer auf den Markt bringen sollten. Brain-Net [die Verschmelzung des menschlichen Verstandes mit Computern] wird noch einige Jahrzehnte brauchen, um sich durchzusetzen, aber die Investoren stürzen sich bereits darauf."[192]

Die Tatsache, dass wir immer dazu neigen, das Tempo des technologischen Fortschritts zu unterschätzen, hat tiefgreifende Auswirkungen darauf, wie wir globale Risiken abmildern und wie wir Politik machen. Nehmen Sie das Beispiel der kohlenstoffarmen Technologien. Jahrelang wurde uns gesagt, dass der Ersatz fossiler Brennstoffe untragbar kostspielig sein würde – eine wirtschaftliche Fehlentwicklung, denn grüne Energien würden im Vergleich zu fossilen Brennstoffen auf absehbare Zeit überteuert bleiben. Dies hat sich als falsch erwiesen. In den letzten zehn Jahren hat sich die grüne Energie dank der immer schneller werdenden Technologie viel schneller entwickelt, als man es früher für möglich hielt. Das Ergebnis ist das Aufkommen einer breiten Palette emissionsarmer Technologien, die ohne Subventionen oder einen Kohlenstoffpreis mit den auf fossilen Brennstoffen basierenden Technologien konkurrieren. Im Energiesektor sind die kohlenstoffarmen Technologien bereits wettbewerbsfähig mit den auf fossilen Brennstoffen basierenden Alternativen. Im Jahr 2020 waren Solar- und Windenergie in Ländern, auf die mehr als 70 % des weltweiten BIP entfallen, die günstigsten Formen der neuen Stromerzeugung.[193] Die Kosten für Technologien zur Nutzung erneuerbarer Energien werden weiter sinken, was wiederum die Investitionskosten durch Innovationen in Bezug auf Effizienz und Größenvorteile reduziert. Heute ist erwiesen, dass die Kapitalkosten für Strom aus erneuerbaren Energiequellen viel schneller sinken als die für konventionelle Technologien, was dazu führt, dass zum Beispiel viele Technologien für Elektrofahrzeuge inzwischen fast konkurrenzfähig sind mit ihren Pendants aus fossilen Brennstoffen. Kurz gesagt, die Fortschritte bei den grünen Technologien und die damit verbundenen Kostensenkungen sind in fast allen Fällen viel schneller eingetreten als von Experten und politischen Entscheidungsträgern erwartet. Ein bezeichnendes Beispiel dafür ist, dass die Geschwindigkeit, mit der die Kosten der Photovoltaik (PV) sinken würden, stets unterschätzt wurde.[194] Aufgrund des raschen technologischen Fortschritts sinken die

Kosten für die neuen, umweltfreundlicheren Technologien in allen Bereichen rapide und werden dies höchstwahrscheinlich auch weiterhin tun. Entgegen dem Klischee, dass „grün" teuer ist, zeigen solide wissenschaftliche Untersuchungen nun, dass ein entschiedener grüner Übergang (d. h. ein Übergang, bei dem sich die derzeitigen Wachstumsraten bei den erneuerbaren Energien im nächsten Jahrzehnt fortsetzen) die Emissionssenkungen, die erforderlich sind, um die Ziele des Pariser Abkommens zu erreichen, nahezu in vollem Umfang erreichen könnte. Darüber hinaus würde ein solcher entschlossener Übergang: (1) wahrscheinlich viel billiger sein als die Beibehaltung des derzeitigen, auf fossilen Brennstoffen basierenden Systems; (2) einen stetigen und sicheren Energiefluss bieten; (3) keine Abstriche bei der Energiesicherheit erfordern und (4) keine Verringerung des Wirtschaftswachstums mit sich bringen.[195] Wie der heftige Anstieg der Energiepreise im Herbst 2021 und die erheblichen Anpassungskosten in der Übergangsphase zeigen, wird es auf dem Weg dorthin einige Stolpersteine geben. Weltweit machen fossile Brennstoffe immer noch 80 % des gesamten Energiemixes aus, was bedeutet, dass der Übergang von „braun" zu „grün" nicht über Nacht erfolgen wird. Während dieses Übergangszeitraums werden auch die Technologien für fossile Brennstoffe durch Kohlenstoffabscheidung und -speicherung (CCS), Kohlenstoffabscheidung, -nutzung und -speicherung (CCUS), direkte Luftabscheidung und andere neue technologische Entwicklungen sauberer werden. Letztendlich besteht jedoch kein Zweifel daran, dass „vorhersehbare Trends bei den erneuerbaren Energien uns helfen können, billige, sichere

Energie, eine gesunde Wirtschaft und eine sicherere, grünere Welt zu erreichen".[196]

Die Mitglieder der Energy Transitions Commission (ein globaler Zusammenschluss von Führungskräften aus der Energiewirtschaft) stimmen dem zu, denn sie haben sich dem Ziel verschrieben, bis 2050 keine Treibhausgasemissionen mehr zu verursachen. Ihre Analyse zeigt, dass das Erreichen dieses Ziels technisch und wirtschaftlich möglich ist. Es ist technisch möglich, weil es keine Quelle von Treibhausgasemissionen gibt, für die nicht bereits eine oder mehrere (verfügbare oder in der Entwicklung befindliche) technologische Lösungen gefunden wurden; es ist wirtschaftlich möglich, weil es bis Mitte des Jahrhunderts weniger als 0,5 % des globalen BIP kosten dürfte, eine emissionsfreie Wirtschaft zu betreiben. In der Zwischenzeit dürften sich die Investitionen, die in den nächsten drei Jahrzehnten für den Aufbau einer „vollwertigen" neuen Klimawirtschaft erforderlich sind, auf lediglich 1-1,5 % des globalen BIP belaufen.[197]

Es versteht sich von selbst, dass dies alles nicht durch ein Wunder geschehen wird. Es erfordert ein sofortiges, beharrliches und entschlossenes gemeinsames Handeln der politischen Entscheidungsträger, Branchenführer, Investoren und der Zivilgesellschaft. Aber die technologische Innovation macht es möglich. Die Flut von unternehmerischen Initiativen, neuen Unternehmungen und groß angelegten Produktions- und Industrieerfindungen, die durch die Technologie gefördert werden, verändert die Gegebenheiten auf grundlegende Weise. Dies ist von entscheidender

Bedeutung: Wenn wir den Fortschritt in der Technologie der erneuerbaren Energien durchweg unterschätzen, folgt daraus, dass wir auch die wirtschaftlichen Kosten des Übergangs zum Netto-Null-Status durchweg überschätzen. Das Beispiel des Vereinigten Königreichs (das höchstwahrscheinlich auch auf alle anderen fortgeschrittenen Volkswirtschaften zutrifft) beweist, dass dies der Fall gewesen ist. Der Climate Change Committee (CCC – Ausschuss für Klimawandel), der Schätzungen über die Kosten für den Übergang zum Netto-Null-Ziel erstellt, hat diese konsequent gesenkt, wenn die Kosten für saubere Technologien sanken. Die im Jahr 2020 durchgeführte Analyse ergab, dass sich die jährlichen Ressourcenkosten für die Reduzierung der Treibhausgasemissionen auf Netto-Null im Jahr 2050 auf etwa 0,5 % des BIP belaufen würden, was niedriger ist als die Schätzung aus dem Jahr 2019, in der die jährlichen Kosten für das Erreichen des Netto-Null-Ziels bis 2050 auf 1-2 % des BIP geschätzt wurden. Bereits 2008 bezifferte der CCC die jährlichen Kosten für die Erfüllung eines wesentlich niedriger angesetzten Ziels (Verringerung der Emissionen um 80 % bis 2050 im Vergleich zu 1990) auf etwa 1-2 % des BIP im Jahr 2050. Zwei Jahre zuvor (2006) schätzte der *Stern-Report* die Kosten für eine Reduzierung der Emissionen (weltweit) um 80 % auf 1-2 % pro Jahr (Vergleich zwischen 1990 und 2050). Die Zielvorgabe von 80 % der Emissionen ist deshalb von Bedeutung, weil davon ausgegangen wird, dass die letzten paar Prozent am teuersten sind. Fazit: Nach den aktuellen Schätzungen des Vereinigten Königreichs liegen die Kosten für den Übergang zu einem Netto-Null-Emissionsausstoß bis 2050 bei etwa der Hälfte dessen, was sie noch vor einem Jahr betrugen – eine fiktive Verbesserung um 100 %, die durch den technischen Fortschritt ermöglicht wurde. Mögliche weitere Überraschungen in Bezug auf die künftigen Kosten werden höchstwahrscheinlich positiv ausfallen (d.h. weniger Kosten), da der technologische Fortschritt nicht nachlässt, sondern weiter voranschreitet und somit starke Größenvorteile bei der Entdeckung und Produktion ermöglicht.

Da die Elektrifizierung die Dekarbonisierung vorantreiben wird, ist die Elektrifizierung eines möglichst großen Teils der Bevölkerung eine Voraussetzung für den Übergang zu einer Netto-Null-Lösung. Im Dezember 2021 verkündete die Internationale Energieagentur (IEA), dass „die Stromerzeugung aus erneuerbaren Energien weltweit schneller als je zuvor zunimmt und den Aufbau der globalen Energiewirtschaft unterstützt".[198] Nach Angaben der IEA „wird die weltweite Stromerzeugungskapazität aus erneuerbaren Energien bis 2026 um mehr als 60 % gegenüber dem Stand von 2020 auf über 4.800 GW ansteigen – das entspricht der derzeitigen weltweiten Gesamtstromkapazität aus fossilen Brennstoffen und Kernkraft zusammen. Die erneuerbaren Energien werden bis 2026 fast 95 % des Anstiegs der weltweiten Stromerzeugungskapazität ausmachen, wobei allein die Photovoltaik mehr als die Hälfte beisteuert. Es wird erwartet, dass der Zubau an erneuerbaren Kapazitäten im Zeitraum 2021 bis 2026 um 50 % höher sein wird als im Zeitraum 2015 bis 2020."[199] Dies ist eine bemerkenswerte Entwicklung, die durch den unaufhaltsamen wissenschaftlichen und technologischen Fortschritt ermöglicht wurde und sich noch weiter beschleunigen wird, wenn Lösungen für die Langzeitspeicherung von Energie (LDES) gefunden werden. Vielversprechende Technologien wie unter anderem Flussbatterien auf Eisenbasis und Wasserstoffspeicher werden derzeit entwickelt. Sobald sie einsatzfähig, skalierbar und kosteneffizient sind, wird die Aussicht auf billige, reichlich vorhandene grüne Energie kein Traum mehr sein.

Viele dieser Innovationen befinden sich in unterschiedlichen Entwicklungsstadien – einige stecken noch in den Kinderschuhen, andere sind schon weit fortgeschritten -, aber im Laufe ihrer Entwicklung verstärken sie sich gegenseitig durch eine „Verschmelzung" von Technologien. Abgesehen von der Geschwindigkeit und vom Umfang der Entwicklungen in den verschiedenen Bereichen und Unterbereichen ist es die Harmonisierung und Integration so vieler verschiedener Disziplinen und Entdeckungen, die die vierte industrielle Revolution so einzigartig macht. Die bevorstehende Konvergenz der physischen, digitalen und biologischen Welt (das bestimmende Merkmal der vierten industriellen Revolution)[200] bedeutet, dass greifbare Innovationen, die sich aus der Erforschung der Interdependenzen zwischen bestimmten Technologien ergeben, keine Zukunftsvision mehr sind. So können heute beispielsweise digitale Fertigungstechnologien mit der biologischen Welt interagieren. In dem Bemühen, sich von der Natur inspirieren zu lassen und umweltbewusst zu handeln, „mischen" einige Designer und Architekten bereits computergestütztes Design, additive Fertigung, Werkstofftechnik und synthetische

Biologie, um eine neue Symbiose zwischen Mikroorganismen, unserem Körper, den Produkten, die wir konsumieren, und sogar den Gebäuden, die wir bewohnen, zu schaffen. Auf diese Weise stellen sie Objekte her (und „züchten" sie), die ständig veränderbar und anpassbar sind (Kennzeichen des Pflanzen- und Tierreichs).[201]

*****

Der Fortschritt ist da, aber es bleibt abzuwarten, was der nächste „Knaller" in der Technologie sein wird. Woher wird er kommen und wie wird er zur Bewältigung einiger der größten Risiken beitragen, denen wir uns gemeinsam gegenübersehen?

Aus den oben bereits erwähnten Gründen ist das schwer zu sagen. Es gibt eine solche Fülle verschiedener, sich gegenseitig bereichernder Technologien, und sie entwickeln sich alle so schnell, dass Prognosen gewagt sind. Selbst der allgegenwärtige Computer steht an der Schwelle zu einem radikalen Wandel. Im Jahr 2014 stellten Erik Brynjolfsson und Andrew McAfee in *The Second Machine Age* fest, dass Computer so geschickt geworden sind, dass es praktisch unmöglich ist, vorherzusagen, wie ihre Nutzung ein paar Jahre später aussehen wird.[202] Sieben Jahre später sind Informatiker und Investoren zuversichtlich, dass das Quantencomputing in den nächsten 10 bis 15 Jahren kommerziell verfügbar sein und unser gesamtes Tun revolutionieren wird, indem es Informationen millionenfach schneller verarbeitet als die klassischen Computer von heute.

Auf der Suche nach dem sprichwörtlichen nächsten „Knaller" ist die synthetische Biologie (deren Entwicklung in hohem Maße von zeitgleichen Entwicklungen in der KI und der Quanteninformatik profitieren wird) jedoch ein Hauptkandidat. Wie bereits an mehreren Stellen in diesem Buch angedeutet, birgt sie das Versprechen, die Biologie so umzuprogrammieren, dass Zellen, die unserem individuellen Wohlbefinden und dem unseres Planeten zugutekommen, in Massenproduktion hergestellt werden können. Die Bekämpfung von Krankheiten, die Steigerung der Nahrungsmittelproduktion und die nachhaltige Energieerzeugung, die Reinigung von Wasser, das „Verschlingen" von Kohlendioxid aus der Atmosphäre - all das wird möglich, wenn Biologie und Technik immer mehr zusammenwachsen. Solche Perspektiven veranlassen einige Biologen zu der enthusiastischen Aussage, dass „das Potenzial [der synthetischen Biologie] für ein Gedeihen der gesamten Zivilisation besteht, für eine Welt des Überflusses und nicht der Knappheit, die eine wachsende Weltbevölkerung unterstützt, ohne den Planeten zu zerstören".[203] In der Zwischenzeit werden in bestimmten Bereichen bahnbrechende Erfindungen gemacht, die das sehr konkrete Potenzial haben, sich positiv auf Probleme wie den Klimawandel auszuwirken. CRISPR ist eine davon. Jennifer Doudna, eine Biochemikerin, die Pionierarbeit auf dem Gebiet der CRISPR-Genbearbeitung geleistet hat und 2020 den Nobelpreis für Chemie erhielt, sagte in unserem Interview:

> CRISPR ist eine Technologie, die es Wissenschaftlern ermöglicht, den Code des Lebens in

> Zellen zu verändern. Wir können einzelne Gene oder die Schalter, die Gene ein- und ausschalten, manipulieren, und wir können das jetzt in jedem Organismus mit hoher Präzision tun. Das ist die CRISPR-Technologie, der Durchbruch auf diesem Gebiet. Wie hilft sie uns bei der Bewältigung von Problemen wie dem Klimawandel? Stellen Sie sich vor, wir könnten Bakterien dabei helfen, Kohlenstoff viel effektiver zu binden und im Boden zu speichern. Sie tun dies natürlich, aber wir haben jetzt die Mittel in der Hand, um den Evolutionsprozess effektiv zu beschleunigen und sie dazu zu bringen, diese Arbeit besser, schneller und in einem Zeitrahmen zu tun, der für den Umgang mit dem Klimawandel von Vorteil sein wird (...). Zweifellos stehen radikale Innovationen bevor (...). Ich denke, dass dies in den nächsten 5-10 Jahren eine der wichtigsten Möglichkeiten für die menschliche Gesellschaft sein wird, die Herausforderung des Kohlenstoffüberschusses in der Atmosphäre zu bewältigen.[204]

Auf dem Gebiet der synthetischen Biologie sind Kapital und Ideen reichlich vorhanden, wie der internationale Wettbewerb iGEM (International Genetically Engineered Machine) beweist, der Studierenden in aller Welt die Möglichkeit gibt, die Grenzen der synthetischen Biologie zu erweitern, indem sie sich mit alltäglichen Problemen der Menschheit befassen.[205] Jedes Jahr arbeiten 6 000

Universitätsstudenten und multidisziplinäre Teams zusammen, um ein selbst entworfenes System zu entwerfen, zu bauen, zu testen und zu messen, wobei sie austauschbare biologische Teile und molekularbiologische Standardtechniken verwenden. Die Fülle und Vielfalt ihrer Vorschläge, die auf dem Jahrestreffen präsentiert werden, eröffnen eine ganze Welt voller scheinbar unendlicher Möglichkeiten. Das deutlichste Zeichen für einen möglichen Erfolg ist die Höhe der Investitionen in diesem Bereich. In der ersten Jahreshälfte 2021 haben Unternehmen und Start-ups im Bereich der synthetischen Biologie weltweit 9 Mrd. USD aufgebracht (sowohl durch Börsengänge als auch durch Risikokapitalgeber), was mehr ist als die im Jahr 2020 aufgebrachte Gesamtsumme und eine fast zehnfache Steigerung gegenüber 2015.[206] Darüber hinaus gründen etablierte Unternehmen zunehmend Joint Ventures oder arbeiten mit Firmen der synthetischen Biologie und mit Start-ups in einer Vielzahl von Branchen zusammen. Das Unternehmen Impossible Foods verwendet synthetische Biologie zur Herstellung seiner pflanzenbasierten Burger. Das Athleisure-Unternehmen Lululemon stellt von petrochemisch hergestelltem Nylon auf biologisch hergestellte Stoffe um. Reifenhersteller erforschen den Einsatz von biobasierten Alternativen für chemische Polymere, die traditionell zur Reifenherstellung verwendet werden. Kosmetik- und Duftstoffhersteller sind zunehmend auf Inhaltsstoffe angewiesen, die von Unternehmen der synthetischen Biologie geliefert werden. Die Liste ließe sich fortsetzen!

Diese außergewöhnliche Perspektive bezieht sich auf ein einziges Gebiet: die synthetische Biologie. Was ist mit den anderen? Laut der Strategieberatung McKinsey's Technology Council sind 10 Top-Technologietrends von besonderem Interesse für Investoren und Technologen (die Bio-Revolution ist nur einer davon) und werden wahrscheinlich die Technologielandschaft im kommenden Jahrzehnt prägen. Natürlich sind sie alle miteinander verflochten und ergänzen einander, aber der Übersichtlichkeit halber werden sie wie folgt aufgelistet (in keiner bestimmten Reihenfolge): (1) Prozessautomatisierung und -virtualisierung - Robotik, IoT und additive Fertigung (3D oder 4D) rationalisieren Routineaufgaben und verbessern die betriebliche Effizienz; (2) die Zukunft der Konnektivität - 5G und IoT ermöglichen schnellere Konnektivität. Eine deutlich höhere Netzverfügbarkeit verändert die Unternehmenslandschaft, indem sie die Digitalisierung der Fertigung, die dezentrale Energieversorgung, die Fernüberwachung von Patienten und viele andere Vorteile ermöglicht; (3) verteilte Infrastrukturen - Cloud- und Edge-Computing helfen Unternehmen, ihre Geschwindigkeit und Agilität zu steigern, die Komplexität zu verringern und Kosten zu sparen; (4) Computing der nächsten Generation - Quantencomputing (und Neuromorphing) hilft, Antworten auf Probleme zu finden, die Wissenschaft und Gesellschaft seit Jahren belasten. Außerdem hilft es Branchen wie der Chemie- und Pharmaindustrie, die Entwicklungszeit durch Simulationen zu verkürzen, autonome Fahrzeuge mit Quanten-KI zu beschleunigen usw. (5) Angewandte KI - KI-Algorithmen trainieren Maschinen darauf, Muster zu erkennen, und helfen Computern, Daten aus der realen Welt sinnvoll zu nutzen. Dies macht die Interaktion zwischen Mensch und Maschine nahtlos; (6)

die Zukunft der Programmierung - der Aufstieg von Software 2.0 bietet Unternehmen eine viel einfachere, intuitivere und iterative Möglichkeit, den bestehenden Code anzupassen und alltägliche Programmieraufgaben zu automatisieren; (7) Vertrauensarchitektur - eine Reihe von Technologien (wie z. B. Distributed Ledger) und Ansätzen bietet eine Struktur für die Überprüfung der Vertrauenswürdigkeit von Geräten und ermöglicht so z. B. kosteneffizientere Transaktionen zwischen Käufern und Verkäufern; (8) die Bio-Revolution - sie ermöglicht das Zusammenfließen von Biologie, Computertechnik, Automatisierung und KI; (9) Werkstoffe der nächsten Generation - Graphen, verschiedene Nanowerkstoffe und eine Reihe intelligenter Leichtbaumaterialien ermöglichen neue Funktionen und eine verbesserte Leistung in Branchen wie Energie, Gesundheit, Fertigung, Pharmazeutik, Halbleiter und Verkehr; und (10) die Zukunft der sauberen Technologien - neue Systeme für die intelligente Energieverteilung im Netz, Energiespeichersysteme, kohlenstoffneutrale Energieerzeugung und Fusionsenergie haben breite Anwendungsmöglichkeiten in so unterschiedlichen Branchen wie Energie, Verkehr, Infrastruktur und Wasser.[207]

Die unglaubliche Verflechtung so vieler verschiedener wissenschaftlicher Fortschritte, Entdeckungen, Innovationen und ihre vielfältigen praktischen Anwendungen in der Wirtschaft lassen den Fortschritt erahnen und geben Anlass zu Hoffnung. Die Technologie scheint tatsächlich in der Lage zu sein, die Risiken der Umweltzerstörung und des Klimawandels (drastisch?) zu verringern. Sie birgt auch das Potenzial, unsere Gesundheit und sogar unser gesellschaftliches Wohlergehen zu verbessern. In einem kürzlich erschienenen Bericht des Weltwirtschaftsforums über positive KI-Zukunftsperspektiven heißt es: „Da die Technologie schnell und unaufhaltsam voranschreitet, lässt sich die Notwendigkeit, über positive Zukunftsbilder nachzudenken, nicht länger hinausschieben."[208]

Einmal mehr ist es an uns, herauszufinden, welche Art von Zukunft wir wollen. Wir wissen mit Sicherheit, dass die Technologie einen großen Anteil an der Lösung der uns plagenden Probleme hat. Jetzt müssen wir uns den Herausforderungen auf dem Weg zur Lösung stellen. Raghuram Rajan hat es unmissverständlich gesagt: „Technologie kann zwar Probleme schaffen und muss gesteuert werden, aber sie bietet auch die Möglichkeit von Lösungen, und wir müssen herausfinden, wie wir diese Lösungen aufgreifen können."[209]

4. Schlussfolgerung

Die Lösungen, die wir finden, und die Entscheidungen, die wir treffen, um die Welt besser - resilienter, gerechter und nachhaltiger - zu machen, hängen in erheblichem Maße von unserer Bereitschaft ab, positive Veränderungen zu bewirken. Diese Neigung hängt wiederum von unserer kollektiven Fähigkeit ab, Erzählungen zu entwickeln, die Hoffnung machen. Hoffnung ist lebenswichtig, denn ihr Verlust bedeutet, dass wir uns mit unserem Schicksal abfinden und keine Veränderungen mehr in Angriff nehmen. Minister Gergawi sagte es während unseres Treffens in Dubai so: „Ein Mensch ohne Hoffnung ist ein Mensch ohne Leben", und der Philosoph Martin O'Neill fügte dem eine kollektive Dimension hinzu: „Wir sind es einander schuldig, die Hoffnung nicht aufzugeben und daran zu arbeiten, dass wir die Probleme, vor denen wir stehen, lösen können, denn wenn wir das nicht tun, lassen wir uns gegenseitig im Stich und werden dem, was wir unseren Mitmenschen schulden, nicht gerecht."

Was bedeutet in einem solchen Kontext positive Veränderung? Da der Geist einer Epoche von jedem einzelnen von uns mitgestaltet wird, stellt sich die Frage, wie sich unsere eigenen optimistischen, pessimistischen oder pragmatischen Gefühle zu einem kollektiven Gefühl der Hoffnung (oder auch nicht) in Bezug auf die Zukunft verhalten. Diese Frage haben wir allen unseren Gesprächspartnern gestellt, als wir sie fragten, was sie optimistisch stimmt und wie sich dies in einer positiven Erzählung niederschlagen könnte.

Die Menschen haben ein unterschiedliches Verständnis davon, was mit Optimismus und Pessimismus gemeint ist. Wörtlich: Optimismus ist die Erwartung eines guten Ergebnisses, Pessimismus ist das Gegenteil. Aber es ist auch eine Einstellung: Optimismus wird als Tugend angesehen und ist positiv besetzt, während Pessimismus die gegenteilige Wirkung erzielt. Die Philosophin Amie Thomasson formuliert es wie folgt: „Ich würde sagen, dass jemand eine optimistische Sichtweise hat, wenn er erwartet, dass es besser wird, und eine pessimistische Sichtweise, wenn er erwartet, dass es schlechter wird. Wir halten jemanden für einen Optimisten, wenn er zu solchen Einschätzungen neigt, vielleicht sogar unabhängig von den tatsächlichen Fakten. Optimisten neigen dazu, das positive Potenzial zu überschätzen, und Pessimisten neigen dazu, es zu unterschätzen, wenn man es auf eine Person und nicht nur auf eine Reihe von Überzeugungen anwendet." Aber haben wir eine moralische Verpflichtung, optimistisch in die Zukunft zu blicken? O'Neill bejaht diese Frage, wie er uns in einem Gespräch mitteilte:

> Optimismus kann eine Pflicht oder eine Verantwortung sein, während Pessimismus als eine Art

> Luxus erscheinen mag (...). Aber ich denke, die Idee des Optimismus ist eher eine praktische Ausrichtung auf die Welt, als eine Ansammlung von Überzeugungen darüber, wie sich die Dinge entwickeln werden. Die oft Antonio Gramsci zugeschriebene Idee, „Pessimismus des Verstandes, Optimismus des Willens“ zu fordern, scheint diese Unterscheidung perfekt zu beschreiben. Seine Idee ist überzeugend: Unsere praktische Ausrichtung muss aktiv und hoffnungsvoll sein, auch wenn unsere Einschätzung der Fakten negativ ist. Unsere aktive, praktische Ausrichtung auf die Welt darf nicht unserer erkenntnisbezogenen Einschätzung der Erfolgswahrscheinlichkeit unterworfen werden (...). Ob man nun von „Optimismus des Willens“ oder von sozialer Hoffnung spricht, ich denke, es handelt sich nicht um eine epistemische Einstellung, sondern um eine moralische und politische Verpflichtung. Sie ergibt sich nicht aus unserer Einschätzung der Möglichkeiten, sondern aus unserer Ausrichtung auf ein gerechtes Miteinander und darauf, dass wir für die, die nach uns kommen, gute Vorfahren sind.

Gayatri Chakravorty Spivak hat es auf den Punkt gebracht: „Ich bin optimistisch, weil man optimistisch sein muss, um etwas zu erreichen.“

Viele der globalen Denker, die wir für dieses Buch interviewt haben, halten sich an die erste Aussage des Gramsci-Zitats („Pessimismus des Verstandes“) und sind besorgt über den Zustand der Welt und die enormen Herausforderungen, vor denen wir stehen. Helen Steward fasste dieses Gefühl mit den Worten zusammen: „Ich bin nicht sehr optimistisch. Ich befürchte, dass wir in einigen Bereichen zu spät gehandelt haben; wir haben nicht so früh gehandelt, wie wir es hätten tun sollen, und so sind jetzt einige negative Folgen eingetreten, gegen die wir nichts unternehmen können. Ich bin nicht im Geringsten zuversichtlich, was die Zukunft angeht - es wird sehr, sehr schwierig werden.“ Mehrere ihrer Kollegen gaben an, heute pessimistischer zu sein als noch vor ein paar Jahren, darunter Anita Allen-Castellitto: „Ich war mein ganzes Leben lang extrem optimistisch (...), aber in den letzten drei Jahren hat die Kombination aus den politischen Ereignissen in der Welt in Bezug auf anti-demokratische und rassistische Tendenzen (...) dazu geführt, dass ich meinen Optimismus verloren habe und nun zur angstvollen Mehrheit gehöre - zu den Menschen, die das Gefühl haben, dass das, was wir haben, brüchig ist und verloren gehen könnte.“ Ari Waldman schloss sich ihrer Meinung an: „Es ist schwierig, optimistisch zu sein, wenn man weiß, wie weit wir gefallen sind.“

Bestätigen die Daten und die daraus abgeleiteten Analysen ihren Pessimismus? Die öffentliche Debatte darüber, wo wir stehen, wie weit wir gefallen sind und wie viel Fortschritt wir erreicht haben, wurde vor etwa 10 Jahren durch die Veröffentlichung von Büchern wie *The Better Angels of Our Nature,*[210] *Enlightenment*

Now[211] und *Factfulness*[212] ausgelöst. Unter anderem plädierten sowohl Pinker als auch die Roslings leidenschaftlich dafür, dass die Geschichte insgesamt gesehen immer zu Verbesserungen führte und dass die heutige Welt reicher, gesünder und sicherer ist als je zuvor. Das ist richtig: Wenn wir - basierend auf den meisten Kennzahlen - die Zeit der Menschheitsgeschichte wählen müssten, in der es sich am besten leben lässt, dann wäre das tatsächlich immer noch die heutige Zeit. Es stimmt, dass wir länger leben als je zuvor, sicherer sind als je zuvor (die Wahrscheinlichkeit eines gewaltsamen Todes war noch nie so gering) und reicher sind als je zuvor (im letzten Jahrhundert ist das weltweite BIP stark angestiegen, während die extreme Armut dramatisch zurückgegangen ist). Andere Kennzahlen bestätigen dies, und wie es so schön heißt: „Es ging uns noch nie so gut." Nur einige Beispiele, die dies belegen: Die Kindersterblichkeit ist drastisch gesunken, und mehr Kinder als je zuvor gehen zur Schule; die Zahl der Todesfälle durch Krieg und Terrorismus ist heute auf einem historischen Tiefstand; mehr Menschen als je zuvor haben genug zu essen (trotz der nach wie vor weit verbreiteten Ernährungsunsicherheit hat sich das Problem inzwischen umgekehrt: es gibt zu viele Menschen, die zu viel essen); und weniger Mütter als je zuvor sterben bei der Geburt. All diese harten Fakten veranlassten Präsident Barack Obama 2016 zu der Aussage: „Jetzt ist die beste Zeit, um zu leben"[213] und Philosophen wie Michel Serres und Psychologen wie Steven Pinker spotteten über unsere angeborene Tendenz, zu denken, dass es früher besser war,[214] und folgerten häufig, es sei falsch, zu behaupten, dass die Dinge schlechter werden.

Es scheint jedoch ebenso stichhaltig zu sein, zu behaupten, dass vieles nicht in die richtige Richtung geht. Der erste Teil des Buches hat diese Realität aufgezeigt, wobei Umweltzerstörung und Klimawandel an erster Stelle standen. Es ist daher zwar möglich, anzuerkennen, dass sich die meisten Dinge enorm verbessert haben, und sich dennoch Sorgen über die Entwicklung anderer Aspekte zu machen. Ungleichheit ist ein solches Beispiel. Ja, in der Welt gibt es heute weniger Ungleichheit als im Mittelalter, in der Renaissance oder im frühen Industriezeitalter, aber das ist ein schwacher Trost für diejenigen, die heute täglich darunter leiden. Außerdem sind sowohl die Welt als auch unser Verhältnis zu ihr ganz anders als in der Vergangenheit. Bezeichnenderweise sind wir uns der Situation anderer sehr viel stärker bewusst, und unsere Erwartungen steigen, je reicher wir als Kollektiv werden. Die Ungleichheit (gemessen am Gini-Koeffizienten bzw. am Anteil des Gesamteinkommens, der an die obersten 1 % geht) mag gegenüber den extremen Niveaus der vergangenen Jahrhunderte zurückgegangen sein, aber sie ist jetzt für alle sichtbar, und zwar nahezu in Echtzeit (Geschwindigkeit bei der Arbeit). Transparenz, Globalisierung und Vernetzung machen das Problem der Ungleichheit deutlich sichtbar, und die Toleranzschwelle ist viel niedriger als in der Vergangenheit, was bedeutet, dass historische Vergleiche uns nur bedingt weiterhelfen. Natürlich spielen die Daten eine Rolle, aber auch unsere subjektive Erfahrung mit ihnen. Die USA sind der Beweis dafür. Obwohl es sich um eines der reichsten und wirtschaftlich erfolgreichsten Länder der Welt handelt, beurteilen die Bürger selbst ihr Glücksempfinden seit einiger Zeit als rückläufig.[215] Sollten wir also optimistisch oder pessimistisch sein, was den aktuellen Zustand der Welt und unsere gemeinsame Zukunft angeht? Die Antwort muss relativiert werden und erfordert Nuancen: Einige Dinge laufen gut, während andere schlecht laufen, und einige sogar sehr schlecht (wie das Klima). Letztendlich können wir bei bestimmten Dingen optimistisch und bei anderen pessimistisch sein. Man kann durchaus auch anerkennen, dass sich die Dinge zwar verbessert haben, dies aber nicht unbedingt in Zukunft der Fall sein wird. Man könnte sogar so weit gehen, anzuerkennen, dass sich die Dinge enorm verbessert haben, und dennoch die Lage der Welt und die Richtung, in die sie sich jetzt bewegt, deutlich vorsichtiger beurteilen. In einem Gespräch mit Steven Pinker über Optimismus und Pessimismus stellt der Historiker Yuval Noah Harari fest, dass wir unsere gegenwärtige und zukünftige Situation „realistisch" (andere würden sagen „pragmatisch") einschätzen müssen. Harari stimmt Pinker im Großen und Ganzen zu, argumentiert aber auch, dass der berühmte Kognitionspsychologe ein etwas unvollständiges Bild zeichnet: „Den Menschen geht es besser als je zuvor (...), aber vieles ist immer noch ziemlich schlimm. Und es kann noch viel, viel schlimmer werden."[216] Die im ersten Teil dieses Buches beschriebenen speziellen Herausforderungen machen es schwer, dem zu widersprechen. Doch die Hoffnung stirbt zuletzt, und darin liegt die Möglichkeit zu handeln und Lösungen zu finden.

Wo finden die Befragten ihre eigene Quelle der Hoffnung? Wo sehen sie eine kollektive Fähigkeit, die Dinge zum Besseren zu wenden? Was macht sie optimistisch? Ihre Antworten lassen sich in drei Hauptbereiche gliedern.

(1) Der erste bezieht sich auf unseren angeborenen menschlichen Einfallsreichtum, unsere Flexibilität und Anpassungsfähigkeit. Die meisten der 50 von uns befragten globalen Denker und Intellektuellen haben erkannt, dass die Probleme zwar beängstigend sind, dass es aber auch Lösungen gibt und dass unsere Spezies über das intellektuelle Rüstzeug verfügt, diese zu finden. Wir sind das Problem, aber wir sind auch die Lösung, und, wie Sadhguru sagte: „Ich bin optimistisch, was die Menschen angeht. Sie sind zwar das einzige Problem auf dem Planeten, aber das können wir umkehren, weil wir mit einem gewissen Maß an Intelligenz ausgestattet sind.“ David Krakauer betonte, dass unsere Fähigkeit, positiv zu reagieren, grenzenlos ist: „Die Flexibilität und Anpassungsfähigkeit des Menschen und die Unbegrenztheit seiner Intelligenz stimmen mich optimistisch. Sie sind irgendwie grenzenlos.“ Ähnlich äußert sich Hela Cheikhrouhou: „Ich bin optimistisch hinsichtlich der Anpassungsfähigkeit und Kreativität der Menschen. In jeder Phase der Geschichte dachten die Menschen, dass wir auf ein bestimmtes Problem zusteuern, z. B. dass die Mechanisierung die Fähigkeit, Arbeitsplätze zu schaffen, zerstören wird oder etwas anderes. Wir haben unsere Resilienz als Spezies durch Innovation, Anpassungsfähigkeit und Kreativität bewiesen (...). Die menschliche Spezies hat das Umweltproblem geschaffen, aber ich vertraue darauf, dass wir es schaffen werden, es zu lösen.“ Die

Befürworter dieses „Optimismus des Willens“ fallen nicht einem unvernünftigen, panglossischen Optimismus zum Opfer. Vielmehr argumentieren sie, dass die Menschheit mit kreativem Denken und kollektivem Willen Lösungen finden und sich die Zeit verschaffen wird, um eine Katastrophe abzuwenden. Wie Justin Lin Yifu sagte: „Die Menschen haben immer die Absicht, sich zu verbessern.“

(2) Der zweite Punkt ist das Innovationstempo und die Rolle der Technologie, die in diesem Buch ausführlich behandelt werden. Patricia Churchland verknüpft diesen Aspekt mit dem vorherigen: „Der menschliche Einfallsreichtum ist weitreichender als der von Schimpansen. Die meiste Zeit über hatte der Homo sapiens nur ein paar Steinwerkzeuge. Ich bin optimistisch. Ohne mich intensiver mit der Technologie zu beschäftigen, denke ich, dass diese, und insbesondere die Informationstechnologie, für viele Menschen ein enormer Segen ist.“ Moisés Naím stimmte diesem Urteil zu, schränkte es aber ein: „Ich bin optimistisch, was Technologie und Wissenschaft angeht. Das Verhalten der Wissenschaftler angesichts der Pandemie war bewundernswert und rettete Leben (im Gegensatz dazu verhielten sich die Politiker angesichts der Pandemie schlicht wie Politiker - einige leugneten die Pandemie, schoben Entscheidungen hinaus oder versuchten, sie zu vertuschen), so dass die Begeisterung für Wissenschaftler groß war. Natürlich brauchen die Wissenschaftler auch die Unterstützung der Regierung und des öffentlichen Sektors, eine Rechenschaftspflicht und Aufsicht. Aber ich

bin begeistert von der Fähigkeit der heutigen Menschen, technologische Lösungen für sehr schwierige Probleme zu finden." Amy Zalman brachte es auf den Punkt, indem sie feststellte: „Die wissenschaftlichen Fortschritte sind derzeit einfach unglaublich."

(3) Der dritte und letzte Punkt betrifft die Rolle der jungen Generation und ihre Neigung zum Aktivismus. Helen Steward erklärte: „Wenn es Hoffnung gibt, dann kommt sie von der Jugend; auf sie stützt sich mein Optimismus. Im Laufe der Geschichte gab es immer wieder generationsübergreifende Verschiebungen im Denken, in der Kultur und in den Ideen, wie wir sie erst kürzlich in den 1960er Jahren erlebt haben. Die Menschen, die in diesem Jahrzehnt aufwuchsen, dachten ganz anders als frühere Generationen, wodurch sich unsere Handlungs- und Denkweise enorm verändert hat." Diane Coyle machte eine ähnliche Bemerkung:

> [Ich bin optimistisch, was die jungen Leute angeht - den echten Mentalitätswandel bei der heutigen Generation. Sie werden aktiver und akzeptieren, dass es große gesellschaftliche Herausforderungen gibt, die sie als Einzelne nicht ignorieren können. Es ist das Engagement für die Gesellschaft, das sich wirklich verändert hat, ob es nun um Klimaaktivismus oder etwas anderes geht. Man mag mit den jungen Menschen nicht in allem übereinstimmen, aber ich denke,

> ihre Energie und ihr Engagement sind der größte Grund für Optimismus. Sie sind verständlicherweise verärgert, weil sie von der Generation der Babyboomer ungerecht behandelt wurden. Jeder, der heute in seinen Zwanzigern ist, hat nach dem Studium Schulden, tut sich schwer auf dem Wohnungsmarkt, hat einen sehr viel unsichereren Start ins Berufsleben und sieht sich mit einer angespannten Politik, einem rauen Ton im politischen Diskurs und den Geschehnissen bei Klima und Artenvielfalt konfrontiert. Ich glaube, das mobilisiert sie. Und das ist eine wirklich gute Sache.

Carlota Perez denkt ähnlich: „Ich bin optimistisch, was die Jugend angeht. Sie verstehen sich auf ein intelligentes, grünes, faires und globales Wachstum. Und sie sehen einen digitalen grünen Lebensstil als ihr Ziel in einer gerechteren Welt." Wie von Ilona Szabó de Carvalho erwähnt, beruht dieser Optimismus in Bezug auf die junge Generation auf der Hoffnung und Zuversicht, dass wir „bei ihnen bereits das Erwachen einer aktiveren Bürgerschaft spüren" und dass sie verstehen, dass „der beste Weg, die Zukunft zu verändern, darin besteht, sie zu gestalten".

Wie in der Einleitung erwähnt, besteht der Zweck von *Das große Narrativ* letztlich darin, die Grundlage für einen Aufruf zum Handeln zu schaffen. Die Mischung aus kreativem Denken (das die Befragten reichlich beisteuerten) und einer gemeinsamen

Entschlossenheit, die in den verschiedenen Erzählungen zum Ausdruck kommt, soll uns als Kollektiv inspirieren und einen Weg in die Zukunft weisen. Aber wie wäre es, bei uns selbst anzufangen? Zuerst uns selbst zu ändern? Leo Tolstoi schrieb: „Jeder denkt daran, die Welt zu verändern, aber niemand denkt daran, sich selbst zu ändern."[217] Zyniker mögen einwenden, dass persönliches Handeln trivial und eine Ablenkung sei, insbesondere wenn es um ein so großes Problem wie Klimawandel und Umweltzerstörung geht. Aber das ist falsch - sowohl moralisch als auch philosophisch. Gerade weil die Probleme, mit denen wir als Gemeinschaft konfrontiert sind, so groß sind und so unlösbar erscheinen, muss jeder Einzelne von uns, sowohl als Individuum als auch als Mitglied der Gemeinschaft, alles in seiner Macht Stehende tun, um Lösungen für diese Probleme zu finden. Wir befinden uns in einer Notsituation, und dies ist die einzig angemessene Reaktion. Wie der Historiker, Denker und Aktivist Edward Everett Hale 1871 treffend sagte: „Ich bin nur einer, aber ich bin einer. Ich kann nicht alles tun, aber ich kann doch etwas tun. Und weil ich nicht alles tun kann, werde ich gerne das tun, was ich tun kann."[218] Die Lösung eines Problems, das überwältigend zu sein scheint, beginnt mit der praktischen Umsetzung - damit, dass jeder von uns handelt und sich auf die Dinge konzentriert, die in unserer Verantwortung liegen, wie z. B. Empathie für unsere Mitmenschen zu zeigen, den Bedürftigen die Hand zu reichen, die richtigen Entscheidungen darüber zu treffen, wie wir mit anderen umgehen, essen, einkaufen, reisen, wählen und vieles mehr. Wir brauchen ein neues Bewusstsein für unsere Verantwortung und die Bereitschaft, uns ihr zu stellen. Dazu müssen wir bereit sein, uns auf der Mikroebene zu ändern und auf der Makroebene selbstlos genug sein, um neue Maßnahmen (im weitesten Sinne des Wortes) zu akzeptieren.

Es handelt sich um den Glauben an eine Verbesserung der Lage, der von einer niemals endenden Sehnsucht nach einer besseren Zukunft getragen und von Hoffnung genährt wird und erfolgreich sein kann, wenn die entscheidenden Maßnahmen ergriffen werden. Nelson Mandela hat die Kraft einer solchen Denkweise auf den Punkt gebracht: „Es scheint immer unmöglich, bis es geschafft ist."[219]

5. Anhang

Liste der führenden globalen Denker und Meinungsmacher, die zum Projekt *Das große Narrativ* beigetragen haben

- Anita Allen-Castellitto, Henry R. Silverman-Professorin für Recht und Philosophie; Vize-Provost (2013-2020), University of Pennsylvania, USA
- Margaret Chan, Gründungsdekanin, Tsinghua Vanke School of Public Health, Volksrepublik China; emeritierte Generaldirektorin, Weltgesundheitsorganisation
- Hela Cheikhrouhou, Vizepräsidentin, Naher Osten und Nordafrika, International Finance Corporation, USA
- Patricia Churchland, Professorin, Fachbereich Philosophie, University of California, San Diego, USA
- Diane Coyle, Bennett Professor of Public Policy, University of Cambridge, UK
- Jennifer Doudna, Professorin für Chemie und Molekular- und Zellbiologie, University of California, Berkeley, USA
- Niall Ferguson, Senior Fellow, Hoover Institution, Stanford University, USA

- Rana Foroohar, Kolumnistin und stellvertretende Redakteurin, Financial Times, USA
- Mohammad Al Gergawi, Minister für Kabinettsangelegenheiten, VAE
- Marina Gorbis, Geschäftsführende Direktorin, Institute for the Future, USA
- Leonid Grinin, Senior Research Professor, HSE Universität, Russische Föderation
- Anton Grinin, Forschungsstipendiat, Staatliche Universität Moskau, Russische Föderation
- David Grinspoon, Astrobiologe, USA
- John Hagel, Schriftsteller, USA
- Graham Harman, Professor für Philosophie, Southern California Institute of Architecture, USA
- Rebecca Henderson, John und Natty McArthur Universitätsprofessorin, Harvard University, USA
- Michio Kaku, Professor, City University of New York, USA
- David Krakauer, Präsident und William H. Miller Professor für Komplexe Systeme, Santa Fe Institute, USA
- Justin Lin Yifu, Dekan, Institut für Neue Strukturelle Ökonomie, Universität Peking, Hongkong SAR
- Lu Zhi, Geschäftsführender Direktor, Zentrum für Natur und Gesellschaft, Universität Peking, Volksrepublik China
- Mariana Mazzucato, Professorin, University College London, UK
- Jamie Metzl, Gründer und Vorsitzender, OneShared.World, USA

- Branko Milanovic, Gastprofessor, Graduate Center, City University of New York, USA
- Dambisa Moyo, Globale Ökonomin, Co-Principal, Versaca Investments, USA
- Jun Murai, Distinguished Professor, Universität Keio, Japan
- Moisés Naím, Distinguished Fellow, Carnegie Endowment for International Peace, USA
- Chandran Nair, Gründer und Vorstandsvorsitzender, Global Institute for Tomorrow, Hongkong SAR
- Martin O'Neill, Professor of Political Philosophy, University of York, UK
- Megan Palmer, Geschäftsführer, Bio Policy & Leadership Initiatives, Department of Bioengineering, Stanford, USA
- Minxin Pei, Tom and Margot Pritzker ,72 Professor of Government, Claremont McKenna College, USA
- Carlota Perez, Honorarprofessorin, Institute for Innovation and Public Purpose, University College London, UK
- Raghuram Rajan, Katherine Dusak Miller Distinguished Service Professor of Finance, University of Chicago Booth School of Business, USA
- Johan Rockström, Direktor, Potsdam-Institut für Klimafolgenforschung, Deutschland
- Sadhguru, Gründer, Isha Foundation, Indien
- Landry Signé, Geschäftsführender Direktor und Professor, Thunderbird School of Global ManagementSenior Fellow, Global Economy and Development Program und Africa Growth Initiative, Brookings Institution, USA

- David Sinclair, Direktor, International Longevity Centre, UK
- Peter Singer, Professor of Bioethics, Princeton University, USA
- Gayatri Chakravorty Spivak, Professorin, Columbia University, USA
- John Steele, Herausgeber und Redaktionsleiter, Nautilus, USA
- Helen Steward, Professor of Philosophy of Mind and Action, University of Leeds, UK
- Ilona Szabó de Carvalho, Mitbegründerin und Präsidentin, Igarape-Institut, Brasilien
- Amie Thomasson, Professor of Intellectual and Moral Philosophy, Dartmouth College, USA
- Ari Waldman, Professor für Recht und Informatik, Northeastern University, USA
- Wang Yi, Vizepräsident, Institutes of Science and Development, Chinese Academy of Sciences; Vizevorsitzender, National Expert Panel on Climate Change, People's Republic of China
- Amy Webb, Chief Executive Officer, Future Today Institute; Professor of Strategic Foresight, NYU Stern School of Business, USA
- Xue Lan, Dekan, Schwarzman College, Universität Tsinghua, Volksrepublik China
- Shu Yamaguchi, Autor und Redner, Japan
- Shinya Yamanaka, Direktor und Professor, Zentrum für iPS-Zellforschung und -anwendung, Universität Kyoto, Japan
- Amy Zalman, Adjunct Professor, Georgetown University, USA

Danksagungen

Die Autoren möchten Mary Anne Malleret für ihren unschätzbaren Beitrag zum Manuskript und Hilde Schwab für ihre Stimme des „sozialen Gewissens" danken. Sie danken auch Rachel Houchin vom Monthly Barometer für die effiziente Unterstützung bei den Interviews und Fabienne Stassen, die das Buch mit viel Sorgfalt und einem scharfen Blick für Details redigiert hat.

Dank gebührt auch den vielen Kollegen des Weltwirtschaftsforums, die bei diesem Buch beraten, es gelesen, geprüft, formatiert, gestaltet, veröffentlicht und gefördert haben. Dazu gehören Kollegen in den Büros in San Francisco, New York, Genf, Peking und Tokio, die sich auf die Bereiche Wirtschaft, Umwelt, Geopolitik, Gesellschaft, Technologie, Industrie und öffentliche Ordnung spezialisiert haben. Ein besonderer Dank geht an Kelly Ommundsen und Jaci Eisenberg.

Nicht zuletzt gebührt ein großer Dank der Autoren den 50 globalen Denkern und Meinungsmachern, die sich Zeit für die bereichernden Gesprächen über *Das große Narrativ* genommen haben. Große Anerkennung und Dank gebührt auch der Regierung der Vereinigten Arabischen Emirate und insbesondere Minister Gergawi für die Ausrichtung einer zweitägigen Brainstorming-Sitzung in Dubai im November 2021 mit den meisten der 50 globalen Denkern und einigen ihrer Kollegen.

Endnoten

1 Margaret Chan, im Gespräch mit den Autoren.

2 Allan Brandt, ein Professor der Harvard University, zitiert in: Gina Kolata, „Past Pandemics Remind Us Covid Will Be an Era, Not a Crisis That Fades“, *The New York Times*, Aktualisierung vom 14. Oktober 2021, https://www.nytimes.com/2021/10/12/health/when-will-covid-end.html.

3 Die Arbeit des Global Risks Network des Weltwirtschaftsforums macht dies deutlich: Alle Risiken (seien sie wirtschaftlicher, ökologischer, geopolitischer, gesellschaftlicher oder technologischer Natur) beeinflussen sich gegenseitig durch ein Geflecht aus komplexen Wechselwirkungen. So werden beispielsweise wirtschaftliche Risiken zu politischen Risiken (indem die Inflation der Lebensmittelpreise soziale Unruhen auslöst), und Umweltrisiken zu geopolitischen Risiken (indem extreme Wetterereignisse eine unkontrollierte Migration und Grenzkonflikte verursachen). Siehe *Global Risks Report 2021*. In Abschnitt 2.1 dieses Buches wird dieser wesentliche Punkt näher erläutert.

4 Verschiedene Berichte sind auf der Website des Center for Countering Digital Hate zu finden, https://www.counterhate.com.

5 Merriam-Webster-Wörterbuch, https://www.merriam-webster.com/dictionary/narrative.

6 Interview mit John Hagel, und John Hagel, „Narratives Shape Our Emotions“, John Hagel Category Archives: Narratives, 23 May 2021, https://www.johnhagel.com/category/narratives.

7 Robert Shiller, "Narrative Economics", NBER Working Paper Series, Working Paper 23075, 2017, https://www.nber.org/system/files/working_papers/w23075/w23075.pdf.

8 Die wissenschaftliche Literatur über Narrative ist äußerst umfangreich. Eine überzeugende Einführung darüber, wie Geschichten unsere Gedanken und Erinnerungen formen und sogar unser Leben verändern, finden Sie in: Dan McAdams, *The Stories We Live By: Personal Myths and the Making of the Self*, Guilford Press, 1997. McAdams, ein Psychologieprofessor, der einen Großteil seiner Karriere mit der Erforschung von Geschichten verbracht hat, vertritt die Ansicht, dass wir unsere Identität nicht nur durch Geschichten aufbauen, sondern dass Geschichten unsere Identität sind.

9 Siehe Maurice Kugler, "The Economics of Ideas: Paul Romer, former Berkeley Economics Professor, receives the 2018 Nobel Prize", University of California, Berkeley, 17 October 2018, https://www.econ.berkeley.edu/

content/guest-post-economist-ideas-paul-romer-former-berkeley-economics-professor-receives-2018. Paul Romer ist ein Wirtschaftswissenschaftler, dessen wesentlicher Beitrag in der Erkenntnis besteht, dass neue Ideen den Kern des Wirtschaftswachstums bilden und dass ihr nicht rivalisierender Charakter zu steigenden Skalenerträgen führt.

10 Weltwirtschaftsforum, *The Global Risks Report 2021*, 16. Ausgabe, 2021, https://www3.weforum.org/docs/WEF_The_Global_Risks_Report_2021.pdf.

11 Interview mit Moisés Naím.

12 Herbert Simon, „The Architecture of Complexity", *Proceedings of the American Philosophical Society*, Bd. 106, Nr. 6, 1962, S. 467-482, https://www2.econ.iastate.edu/tesfatsi/ArchitectureOfComplexity.HSimon1962.pdf.

13 Der Grund dafür ist, dass wir normalerweise versuchen, eine Interpretation der Welt abzuleiten, indem wir Muster erkennen (selbst wenn es sie nicht gibt, wie bei Verschwörungstheorien), aber die Anzahl der Muster wächst viel schneller als die Menge der Inhalte (Informationen), die uns zur Verfügung stehen. Zwei einfache mathematische Formeln erklären dies: Eine arithmetische Zunahme der Anzahl von Elementen in einem System (wie Informationsbits) führt zu einer geometrischen Zunahme der Anzahl potenzieller Verbindungen (zwischen diesen Informationsbits) und zu einer exponentiellen Zunahme der Anzahl möglicher

Muster. Die Anzahl der potenziellen Verbindungen (L), die zwischen verschiedenen Elementen (N) hergestellt werden können, ergibt sich aus der folgenden Formel: L= N x (N-1)/2. Die Anzahl der Muster (P), die aus verschiedenen Verbindungen (L) gebildet werden können, ergibt sich aus der folgenden Formel: P = 2 hoch L. Wenn wir also nur vier Elemente (Informationsbits) betrachten, können wir 6 Verbindungen zwischen ihnen (4 x (4-1)/2) und 64 Muster (2 hoch 6) bilden. Dann stellt sich die Frage: Gibt es irgendein komplexes (oder gar einfaches!) System in der Welt, das nicht von der Berücksichtigung von mehr als vier Elementen oder Variablen abhängt? Die Antwort ist ganz klar nein. Beschließen wir also, der Realität zuliebe mehr als vier Variablen zu berücksichtigen, etwa 10. Zehn Elemente führen zur Erstellung von 45 Verknüpfungen und 3.500 Milliarden Mustern, ein Komplexitätsgrad, der die kognitiven Fähigkeiten eines Menschen um ein Vielfaches übersteigt. Siehe Thierry Malleret, *Disequilibrium: A World Out of Kilter*, BookBaby, 1. Auflage, 2012, https://www.barnesandnoble.com/w/disequilibrium-thierry-malleret/1113883823.

14 Interview mit David Krakauer. Informationen über die Arbeit des Santa Fe Institute finden Sie unter https://www.santafe.edu/about/overview.

15 Gilles Finchelstein war vor über 10 Jahren einer der ersten, der diesen Ausdruck in seinem 2011 erschienenen Buch *La Dictature de l'Urgence*verwendete.

16 Dieses Argument wird von Azeem Azhar in *The Exponential Age* entwickelt*: How Accelerating Technology Is Transforming Business, Politics and Society*, Diversion Books, 2021, https://www.amazon.com/Exponential-Age-Accelerating-Technology-Transforming/dp/1635769094/ref=zg_bs_10020719011_9?_encoding=UTF8&psc=1&refRID=FPS71NCG7R6JQT25MRKZ.

17 Wharton University of Pennsylvania, Risk Management and Decision Processes Center, „The Ostrich Paradox: Why We Underprepare for Disasters", Issue Brief, 2018, https://riskcenter.wharton.upenn.edu/wp-content/uploads/2019/03/Ostrich-Paradox-issue-brief.pdf.

18 William A. Wagenaar und Sabato D. Sagaria, "Misperception of exponential growth", *Perception & Psychophysics*, Bd. 18, 1975, S. 416-422, https://link.springer.com/article/10.3758/BF03204114.

19 Carmen Reinhardt, "This Time Is Truly Different", Project Syndicate, 23 March 2020, https://www.project-syndicate.org/commentary/covid19-crisis-has-no-economic-precedent-by-carmen-reinhart-2020-03.

20 Kurzfristig ist ein Abwägen zwischen Einschränkungen in unserem Alltag und der Wirtschaftstätigkeit möglich, aber langfristig ist die Vorstellung, dass eine Regierung zwischen der öffentlichen Gesundheit und einer Beeinträchtigung des Wirtschaftswachstums wählen könnte, ein Mythos. Wohlhabende Gesellschaften sind gesunde Gesellschaften.

21 Zum Zusammenhang zwischen Ungleichheit und Wachstum siehe Joseph Stiglitz, „Inequality and Economic

Growth", 2016, https://www8.gsb.columbia.edu/faculty/jstiglitz/sites/jstiglitz/files/Inequality and Economic Growth_0.pdf.

22 John F. Kennedy Presidential Library and Museum, "Robert F. Kennedy: Remarks at the University of Kansas", 18. März 1968, https://www.jfklibrary.org/learn/about-jfk/the-kennedy-family/robert-f-kennedy/robert-f-kennedy-speeches/remarks-at-the-university-of-kansas-march-18-1968.

23 OECD Better Life Index, "Worum handelt es sich beim Better Life Index?", https://www.oecdbetterlifeindex.org/de/about/better-life-initiative/.

24 Dieser Ansatz konzentriert sich auf die Bestände an Aktiva und Passiva, die in den Bilanzen enthalten sind (anstelle von Strömen, wie beim BIP). Seine Befürworter argumentieren, dass eine Eine-Erde-Bilanz die das Human- und Naturkapital berücksichtigt, die Welt in die Lage versetzen würde, die Ressourcenverteilung insgesamt zu verbessern, öffentliche Güter bereitzustellen und eine inklusivere Entwicklung zu gewährleisten. Siehe Andrew Sheng und Xiao Geng, „Building a One-Earth Balance Sheet", Project Syndicate, 30. November 2021 ,https://www.project-syndicate.org/commentary/one-earth-balance-sheet-support-inclusive-prosperity-and-climate-action-by-andrew-sheng-and-xiao-geng-2021-11?barrier=accesspaylog.

25 John F. Helliwell, et al., *World Happiness Report 2021*, Sustainable Development Solutions Network, 2021, https://worldhappiness.report/ed/2021.

26 Gespräch mit Shu Yamaguchi.

27 Der Dienstleistungssektor ist sehr vielfältig, weist aber insgesamt ein niedrigeres Produktivitätsniveau und geringere Wachstumsraten auf als das verarbeitende Gewerbe. Die Verlagerung auf den Dienstleistungssektor führt daher zu einer moderaten, aber anhaltenden Abbremsung des Produktivitätswachstums. Dies könnte sich jedoch dank neuer Technologien ändern. Siehe Stéphane Sorbe, Peter Gal und Valentine Millot, „Can productivity still grow in service-based economies? Literature overview and preliminary evidence from OECD countries", OECD, ECO/WKP(2018)79, 2018, https://www.oecd.org/officialdocuments/publicdisplaydocumentpdf/?cote=ECO/WKP(2018)79&docLanguage=En.

28 Gespräch mit Dambisa Moyo.

29 Diese Darstellung des Problems ist stark vereinfacht. Die Inflation wird die reale Schuldenlast nur dann senken, wenn sie die nominalen Einkommen schneller steigen lässt als die nominalen Zinssätze. In Schwellenländern mit einem hohen Anteil an Fremdwährungsschulden wird außerdem die Abwertung, die normalerweise mit Inflation einhergeht, die Schuldendienstlast erhöhen. Siehe M. Ayhan Kose, Franziska Ohnsorge, Carmen Reinhart and Kenneth Rogoff, "Developing economy debt after the pandemic", VOXeu, 3. November 2021, https://voxeu.org/article/developing-economy-debt-after-pandemic.

30 Sebastian Mallaby, "The Age of Magic Money: Can Endless Spending Prevent Economic Calamity?", *Foreign*

Affairs, Juli/August 2020, https://www.foreignaffairs.com/articles/united-states/2020-05-29/pandemic-financial-crisis.

31 Agustin Carstens, Leiter der Bank für Internationalen Zahlungsausgleich (BIZ), die als Zentralbank für die Zentralbanken der Welt bezeichnet wird, zitiert in Marc Jones, „Uneven global recovery creates ‚daunting challenges' for policymakers, BIS says", Reuters, 29. Juni 2021, https://www.reuters.com/business/uneven-global-recovery-creates-daunting-challenges-policymakers-bis-says-2021-06-29.

32 Sara Brown, "How to prepare for the AI productivity boom", MIT Management, 12. Juli 2021, https://mitsloan.mit.edu/ideas-made-to-matter/how-to-prepare-ai-productivity-boom.

33 Paul Krugman, *The Age of Diminished Expectations: U.S. Economic Policy in the 1990's*, MIT Press, 1990, https://www.amazon.com/Diminished-Expectations-Economic-Policy-1990s-dp-B000H571KA/dp/B000H571KA/ref=mt_other?_encoding=UTF8&me=&qid=1639585827.

34 Parag Khanna und Balaji Srinivasan, „Great Protocol Politics", *Foreign Policy*, 11. Dezember 2021, https://foreignpolicy.com/2021/12/11/bitcoin-ethereum-cryptocurrency-web3-great-protocol-politics.

35 Ein Problem des kollektiven Handelns (auch „soziales Dilemma" genannt) beschreibt eine Situation, in der alle Individuen besser daran täten, zu kooperieren, es aber

dennoch nicht tun. Seit dem 17. Jahrhundert haben sich Philosophen mit diesem Thema beschäftigt (ohne es „kollektives Handeln" zu nennen), doch erst der Volkswirt Mancur Olson theoretisierte es 1965 in seinem Buch *The Logic of Collective Action*t. Darin argumentiert er, dass bei rein öffentlichen Gütern, die nicht rivalisierend und nicht ausschließbar sind (der Klimawandel ist eines davon), ein oder mehrere Beitragende ihren Beitrag zum öffentlichen Gut verringern würden, wenn andere mehr beitragen.

36 Umweltprogramm der Vereinten Nationen, „Addendum to the Emissions Gap Report 2021", https://wedocs.unep.org/bitstream/handle/20.500.11822/37350/AddEGR21.pdf.

37 Umweltprogramm der Vereinten Nationen, *Emissions Gap Report 2021*, 2021, https://www.unep.org/resources/emissions-gap-report-2021.

38 Die Länder, die das Pariser Abkommen ratifiziert haben, haben NDCs vorgelegt, in denen sie ihre nationalen Anstrengungen zur Erreichung des langfristigen Temperaturziels des Abkommens, die globale Erwärmung auf deutlich unter 2°C zu begrenzen, darlegen. Die NDCs stellen somit die aktuellen Bestrebungen und die Zielvorgabe eines Landes für die Reduzierung seiner Emissionen auf nationaler Ebene dar.

39 Climate Action Tracker, „Glasgow's 2030 credibility gap: net zero's lip service to climate action", 9. November 2021, https://climateactiontracker.org/publications/

glasgows-2030-credibility-gap-net-zeros-lip-service-to-climate-action.

40 Leslie Hook, „Global warming of up to 2.7C by century's end forecast as COP26 pledges fall short", *Financial Times*, 9. November 2021, https://www.ft.com/content/b9a55763-f28a-46ad-b265-79db73efa658.

41 Tariq Fancy, "Tariq Fancy on the failure of green investing and the need for state action", *The Economist*, 4. November 2021, https://www.economist.com/by-invitation/2021/11/04/tariq-fancy-on-the-failure-of-green-investing-and-the-need-for-state-action.

42 *Nature* führte eine anonyme Umfrage unter den 233 lebenden IPCC-Autoren durch und erhielt Antworten von 92 Wissenschaftlern, das sind etwa 40 % der Gruppe. Insgesamt 60 % der Befragten erwarten, dass sich die Welt bis zum Ende des Jahrhunderts um mindestens 3°C erwärmen wird, verglichen mit den Bedingungen, die vor der industriellen Revolution herrschten. Immerhin 88 % der Befragten sind der Meinung, dass die globale Erwärmung eine „Krise" darstellt, und fast ebenso viele erwarten, dass sie die katastrophalen Folgen des Klimawandels noch zu ihren Lebzeiten erleben werden. Siehe Jeff Tollefson, "Top climate scientists are sceptical that nations will rein in global warming", *Nature*, 1. November 2021, https://www.nature.com/articles/d41586-021-02990-w.

43 Zwischenstaatlicher Ausschuss für Klimaänderungen (Intergovernmental Panel on Climate Change), „AR6

Climate Change 2021: The Physical Science Basis", 2021, https://www.ipcc.ch/report/ar6/wg1.

44 Vereinte Nationen, „Climate and weather-related disasters surge five-fold over 50 years, but early warnings save lives - WMO report", UN News, 1. September 2021, https://news.un.org/en/story/2021/09/1098662.

45 Dieses und die folgenden Zitate basieren auf unserem Gespräch mit Johan Rockström.

46 Energy Transitions Commission, „Keeping 1.5°C Alive: Closing the Gap in the 2020s", Kurzfassung, 2021, https://www.energy-transitions.org/wp-content/uploads/2021/09/ETC-Keeping-1.5C-Alive-Closing-the-Gap-in-the-2020s-Executive-Summary.pdf.

47 Myles Allen, et al., *Sonderbericht: 1,5°C Globale Erwärmung, Zusammenfassung für politische Entscheidungsträger*, Zwischenstaatlicher Ausschuss für Klimaänderungen, 2018, https://www.ipcc.ch/sr15/chapter/spm.

48 Der Ökonom William Nordhaus hat sie im Juli 2021 in einer Grundsatzrede in Venedig vor den G20-Außenministern und Zentralbankgouverneuren deutlich gemacht. Siehe "Why Climate Policy Has Failed", *Foreign Affairs*, 12. Oktober 2021, https://www.foreignaffairs.com/articles/world/2021-10-12/why-climate-policy-has-failed.

49 Ebd.

50 Tariq Fancy, "Tariq Fancy on the failure of green investing and the need for state action", *The Economist*, 4. November 2021.

51 Energy Transitions Commission, „Keeping 1.5°C Alive: Actions for the 2020s", 2021, https://www.energy-transitions.org/publications/keeping-1-5-alive.

52 Glasgow Financial Alliance for Net Zero (GFANZ), „Amount of finance committed to achieving 1.5°C now at scale needed to deliver the transition", 3. November 2021, https://www.gfanzero.com/press/amount-of-finance-committed-to-achieving-1-5c-now-at-scale-needed-to-deliver-the-transition.

53 Damian Carrington, „Climate crisis: economists ‚grossly undervalue young lives', warns Stern", *The Guardian*, 25. Oktober 2021, https://www.theguardian.com/environment/2021/oct/26/climate-crisis-economists-grossly-undervalue-young-lives-warns-stern.

54 Vitor Gaspar und Ian Parry, „A Proposal to Scale Up Global Carbon Pricing", Internationaler Währungsfonds, 18. Juni 2021, https://blogs.imf.org/2021/06/18/a-proposal-to-scale-up-global-carbon-pricing.

55 Bank of England, „Key elements of the 2021 Biennial Exploratory Scenario: Financial risks from climate change", 8. Juni 2021, https://www.bankofengland.co.uk/stress-testing/2021/key-elements-2021-biennial-exploratory-scenario-financial-risks-climate-change.

56 *The Economist*, "A third of Americans deny human-caused climate change exists", 8. Juli 2021, https://www.economist.com/graphic-detail/2021/07/08/a-third-of-americans-deny-human-caused-climate-change-exists.

57 David Sharp, „Mainers vote to stop $1B electric transmission line“, AP News, 3. November 2021, https://apnews.com/article/election-2021-maine-hydropower-line-54dea1a948e9fc57a667280707cddeb7.

58 Kantar Public, “Our planet issue: Accelerating behaviour change for a sustainable future”, Public Journal 04, 2021, https://kantar.turtl.co/story/public-journal-04/page/1.

59 Die Ungleichheit zwischen den Generationen wird viel diskutiert, gut verstanden und weithin bekannt gemacht (dank Greta Thunberg und einigen ihrer Kollegen). Die Rolle der ungleichen Vermögensverteilung ist weniger deutlich - zumindest im Moment. Doch der *UN-Emissions Gap Report 2020* stellt fest: „Eine Reihe von Schätzungen deuten auf eine starke Korrelation zwischen Einkommen und Emissionen hin, bei einer sehr ungleichen globalen Verteilung der konsumbezogenen Emissionen. In diesen Studien wird geschätzt, dass der Emissionsanteil der obersten 10 Prozent der Einkommensbezieher etwa 36-49 Prozent der globalen Gesamtemissionen ausmacht, während die untersten 50 Prozent der Einkommensbezieher für etwa 7-15 Prozent aller Emissionen verantwortlich sind.“ Siehe Umweltprogramm der Vereinten Nationen, *Emissions Gap Report 2020*, https://www.unep.org/emissions-gap-report-2020.

60 Dies verdeutlicht Chandran Nair in seinem Buch „Net Zero and Carbon Neutrality“: Unscientific Myths for an US and THEM World“, The Club of Rome, 18.

Oktober 2021, https://www.clubofrome.org/blog-post/nair-carbon-neutrality.

61 Simon Evans, "Analysis: Which countries are historically responsible for climate change?", CarbonBrief, 5. Oktober 2021, https://www.carbonbrief.org/analysis-which-countries-are-historically-responsible-for-climate-change.

62 Chandran Nair, "Net Zero and Carbon Neutrality: Unscientific Myths for an US and THEM World", The Club of Rome, 18. Oktober 2021.

63 Dieses Konzept vertrat der Harvard-Professor Graham Allison in seinem Buch *Destined for War: Can America and China Escape Thucydides's Trap?*, Mariner Books, 2017, https://www.amazon.com/s?k=Allison+graham&i=stripbooks-intl-ship&ref=nb_sb_noss_2.

64 John J. Mearsheimer, "The Inevitable Rivalry: America, China, and the Tragedy of Great-Power Politics", *Foreign Affairs*, November/Dezember 2021, https://www.foreignaffairs.com/articles/china/2021-10-19/inevitable-rivalry-cold-war.

65 Der Ausdruck wurde von Subrahmanyam Jaishankar, einem indischen Beamten für Außenpolitik, geprägt. Siehe Frederik Kempe, „The US is working through a ‚strategic contraction'", Heromag, 21. November 2021, https://heromag.net/the-us-is-working-through-a-strategic-contraction.

66 Der Quadrilaterale Sicherheitsdialog (kurz Quad) zwischen den USA, Indien, Japan und Australien ist ein

Beispiel für die Bemühungen, dem Einfluss Chinas entgegenzuwirken. Er wurde 2007 ins Leben gerufen und nach einer Pause im Jahr 2017 wieder aufgenommen, als er an Bedeutung gewann.

67 Jude Blanchette, „Xi's Confidence Game: Beijing's Actions Show Determination, not Insecurity", *Foreign Affairs*, 23. November 2021, https://www.foreignaffairs.com/articles/asia/2021-11-23/xis-confidence-game.

68 See Gillian Tett, "The US and China are already at war. But which kind?", *Financial Times*, 24. November 2021, https://www.ft.com/content/583b44f7-5eb5-4967-983d-70d0f5573f5c.

69 Vereinte Nationen, "Secretary-General's Nelson Mandela Lecture: 'Tackling the Inequality Pandemic: A New Social Contract for a New Era' [as delivered]", 18. Juli 2020, https://www.un.org/sg/en/content/sg/statement/2020-07-18/secretary-generals-nelson-mandela-lecture-%E2%80%9Ctackling-the-inequality-pandemic-new-social-contract-for-new-era%E2%80%9D-delivered.

70 Anthony Shorrocks, James Davies and Rodrigo Lluberas, *Global wealth report 2021*, Credit Suisse, Research Institute, 2021, https://www.credit-suisse.com/about-us/en/reports-research/global-wealth-report.html.

71 Lucas Chancel, Thomas Piketty, Emmanuel Saez and Gabriel Zucman (Hrsg.), *Bericht zur weltweiten Ungleichheit 2022*, World Inequality Database (WID.world), 2021, https://wir2022.wid.world/www-site/uploads/2021/12/Summary_WorldInequalityReport2022_German.pdf.

72 Die Einkommensungleichheit könnte eine partielle Ausnahme darstellen. In der Anfangsphase der Pandemie und in vielen Ländern erhöhten Unterstützungsleistungen zur Sicherung des Lebensunterhalts und andere Konjunkturmaßnahmen die Einkünfte der Arbeitnehmer und Haushalte mit den niedrigsten Einkommen und verringerten so die Einkommensungleichheit. Diese Situation wird sich jedoch wahrscheinlich umkehren, wenn die Fördermaßnahmen auslaufen.

73 Marc Kadir, "Student view: Covid's legacy will be an economically more unequal world", *Financial Times*, 3. Oktober 2021, https://www.ft.com/content/f5462084-f123-4bcf-b1a0-587b79a319b6.

74 Brooke Harrington, *Capital Without Borders: Wealth Managers and the One Percent*, Harvard University Press, 2020, https://www.amazon.com/Capital-without-Borders-Managers-Percent/dp/067424477X/ref=sr_1_1?keywords=Capital+Without+Borders:+Wealth+Managers+and+the+One+Percent&qid=1638022175&qsid=131-9078639-9083348&s=books&sr=1-1&sres=067424477X&srpt=ABIS_BOOK.

75 Armed Conflict Location & Event Data Project (ACLED), „A Year of COVID-19: The Pandemic's Impact on Global Conflict and Demonstration Trends", 2021, https://acleddata.com/acleddatanew/wp-content/uploads/2021/04/ACLED_A-Year-of-COVID19_April2021.pdf.

76 Manuel Rueda, "Colombia protesters: We're not scared anymore", BBC News, 14 May 2021, https://www.bbc.com/news/world-latin-america-57105000.

77 Zachariah Mampilly, "Protests Are Taking Over the World. What's Driving Them?", *The New York Times*, 3. Oktober 2021, https://www.nytimes.com/2021/10/03/opinion/covid-protests-world-whats-driving-them.html.

78 Minouche Shafik, *Was wir einander schulden: Ein Gesellschaftsvertrag für das 21. Jahrhundert*, Ullstein HC, 2021, https://www.amazon.co.uk/What-We-Owe-Each-Other/dp/1847926274/ref=sr_1_1?keywords=minouche+shafik&qid=1639625860&s=books&sr=1-1.

79 Dies geht insbesondere aus dem jährlichen Edelman Trust Barometer hervor, https://www.edelman.com/trustbarometer.

80 Zwei prominente Beispiele stammen aus dem International Panel on Social Progress, *Rethinking Society for the 21st Century*, 2018, https://www.cambridge.org/gb/academic/subjects/politics-international-relations/political-economy/rethinking-society-21st-century-report-international-panel-social-progress; und Maurizio Bussolo, Maria E. Davalos, Vito Peragine und Ramya Sundarm, *Toward a New Social Contract*, Weltbank, 2019, https://openknowledge.worldbank.org/bitstream/handle/10986/30393/9781464813535.pdf.

81 Henry A. Kissinger „The Coronavirus Pandemic Will Forever Alter the World Order", *The Wall Street Journal*, 3. April 2020, https://www.wsj.com/articles/

the-coronavirus-pandemic-will-forever-alter-the-world-order-11585953005.

82 Katherine Hu, „'I Just Don't Think We Have the Luxury to Have Dreams Anymore'", *The New York Times*, 24. März 2020, https://www.nytimes.com/2020/03/24/opinion/coronavirus-recession-gen-z.html.

83 Jennifer McNulty, „Youth activism is on the rise around the globe, and adults should pay attention, says author", UC Santa Cruz, 17. September 2019, https://news.ucsc.edu/2019/09/taft-youth.html.

84 So demonstrierten beispielsweise im September 2019 mehr als 4 Millionen junge Menschen gleichzeitig in 150 Ländern, um dringende Maßnahmen gegen den Klimawandel zu fordern. Siehe Somini Sengupta, "Protesting Climate Change, Young People Take to Streets in a Global Strike", *The New York Times*, 20. September 2019, https://www.nytimes.com/2019/09/20/climate/global-climate-strike.html. Außerdem ist das Problem wirklich global. Siehe Delger Erdenesanaa, "At COP26, Youth Activists From Around the World Call Out Decades of Delay", Inside Climate News, 10. November 2021, https://insideclimatenews.org/news/10112021/cop26-youth-activists.

85 Gespräch mit Niall Ferguson.

86 Durchgeführt am Leverhulme Centre for the Future of Intelligence an der Universität Cambridge. Die Zitate werden Kanta Dihal zugeschrieben, die sich mit KI-Erzählungen beschäftigt. Siehe Website des Leverhulme

Centre for the Future of Intelligence unter http://lcfi.ac.uk/projects/ai-narratives-and-justice/global-ai-narratives.

87 Madhumita Murgia, „Into the metaverse: how sci-fi shapes our attitudes to the future", *Financial Times*, 2. November 2021, https://www.ft.com/content/2f35be37-9da8-4cf6-89b2-8488b36c5a63.

88 Isaac Asimov und Jason Shulman (Hrsg.), *Isaac Asimov's Book of Science and Nature Quotations*Weidenfeld & Nicolson, 1988, https://www.amazon.com/Isaac-Asimovs-Science-Nature-Quotations/dp/1555844448.

89 Berühmte Psychologen, „Herbert Simon", https://www.famouspsychologists.org/herbert-simon.

90 In ihrem Buch „ *The Age of Surveillance Capitalism: The Fight for a Human Future at the New Frontier of Power* warnt die Wissenschaftlerin Shoshana Zuboff davor, dass Kunden als Datenquellen neu erfunden werden, wobei der Überwachungskapitalismus unsere Wirtschaft, Gesellschaft, Politik und unser Privatleben verändert, indem er zutiefst antidemokratische Asymmetrien des Wissens und der Macht, die mit dem Wissen einhergeht, erzeugt (PublicAffairs, 2020, https://www.amazon.com/Age-Surveillance-Capitalism-Future-Frontier/dp/1541758005/ref=sr_1_1?keywords=the+Alter+des+Überwachungs+Kapitalismus&qid=1639689529&s=books&sr=1-1).

91 In *The Age of AI And Our Human Future (Das Zeitalter der künstlichen Intelligenz und unsere menschliche Zuku-*

nft) argumentieren ein Staatsmann (Henry Kissinger), der ehemalige CEO von Google (Eric Schmidt) und ein Computerwissenschaftler (Daniel Huttenlocher), dass die künstliche Intelligenz die Vorrangstellung der menschlichen Vernunft, die seit den Anfängen der Aufklärung besteht, in Frage stellen wird (Little, Brown and Company, 2021, https://www.amazon.com/gp/product/0316273805?tag=hacboogrosit-20).

92 Steve Morgan, „Cybercrime To Cost The World $10.5 Trillion Annually By 2025“, *Cybercrime Magazine*, 13. November 2020, https://cybersecurityventures.com/cybercrime-damages-6-trillion-by-2021.

93 Marietje Schaake, „The Lawless Realm, Countering the Real Cyberthreat“, *Foreign Affairs*, November/Dezember 2020, https://www.foreignaffairs.com/articles/world/2020-10-13/lawless-realm.

94 D. Howard Kass, „500 Million Attempted Ransomware Attacks (So Far) In 2021“, MSSP Alert, 1. November 2021, https://www.msspalert.com/cybersecurity-research/500-million-attempted-ransomware-attacks-so-far-in-2021.

95 Joe Hernandez, „A Military Drone With A Mind Of Its Own Was Used In Combat, U.N. Sagt“, NPR, 1. Juni 2021, https://www.npr.org/2021/06/01/1002196245/a-u-n-report-suggests-libya-saw-the-first-battlefield-killing-by-an-autonomous-d.

96 Madhumita Murgia, „AI weapons pose threat to humanity, warns top scientist“, *Financial Times*, 29. November

2021, https://www.ft.com/content/03b2c443-b839-4093-a8f0-968987f426f4.

97 Institut für die Zukunft des Lebens [Website], https://futureoflife.org.

98 AI Scientists 4 Peace, „Die Bewaffnung von Drohnen für die Bundeswehr stoppen - autonome Waffensysteme ächten!“, https://aiscientists4peace.org.

99 Joseph S. Nye, “It’s not too late to exert human control over artificial intelligence, this book argues”, Project Syndicate, 7 December 2021, https://www.marketwatch.com/story/its-not-too-late-to-exert-human-control-over-artificial-intelligence-this-book-argues-11638382862.

100 Jamie Metzl, „Miraculous mRNA Vaccines are only the Beginning“, *Newsweek*, 12. Februar 2021, https://www.newsweek.com/miraculous-mrna-vaccines-are-only-beginning-opinion-1567683.

101 Zitiert von Jamie Metzl während unseres Gesprächs.

102 Gespräch mit John Steele.

103 Gespräch mit Jamie Metzl. Dieses Dilemma wird in seinem Buch „*Hacking Darwin*“ eingehend erforscht*: Genetic Engineering and the Future of Humanity* (Sourcebooks, 2020, https://www.amazon.com/Hacking-Darwin-Genetic-Engineering-Humanity/dp/1728214130/ref=sr_1_fkmr1_1?keywords=James+Metzl+hacking+darwin&qid=1639118263&s=books&sr=1-1-fkmr1).

104 Martin Wolf, “How we can share our divided world?”, *Financial Times*, 2. November 2021, https://www.ft.com/content/b371e181-eac3-41ef-88c5-ca2bb20edd99.

105 Richard Davidson, “Innate basic goodness”, Innerchange, https://innerchange.life/peace-media-library/richard-davidson-innate-basic-goodness.

106 John Hesch, „Fostering the development of compassion in young children“, *Pastoral Psychology*, Bd. 41, 1992, S. 31-37, https://link.springer.com/article/10.1007/BF01054775.

107 F. Diane Barth, “Can Empathy Be Taught?”, *Psychology Today*, 18. Oktober 2018, https://www.psychologytoday.com/us/blog/the-couch/201810/can-empathy-be-taught.

108 John F. Helliwell, et al. (Hrsg.), *World Happiness Report*, 2020, https://worldhappiness.report/ed/2020/#read.

109 Jessica Alexander, „America‘s Insensitive Children?“, *The Atlantic*, 9. August 2016, https://www.theatlantic.com/education/archive/2016/08/the-us-empathy-gap/494975.

110 Richard J Davidson, “About Richard J. Davidson”, https://www.richardjdavidson.com/about; and Richard Davidson, “Change your brain, change the world”, Innerchange, https://innerchange.life/peace-media-library/richard-davidson-change-your-brain-change-the-world.

111 Martin Wolf, “How we can share our divided world”, *Financial Times*, 2. November 2021.

112 United „Nations, *Unsere gemeinsame Agenda, Bericht des Generalsekretärs*, Vereinte Nationen, 2021, https://www.un.org/en/content/common-agenda-report/assets/pdf/Common_Agenda_Report_English.pdf.

113 Merriam-Webster, Definition "Imagination", https://www.merriam-webster.com/dictionary/imagination.

114 Graham Greene verwendete den Begriff in einem etwas anderen Zusammenhang, nämlich im Zusammenhang mit negativen Emotionen: „Der Hass war nur ein Versagen der Vorstellungskraft." Aber sein Ausdruck ist hängengeblieben.

115 Caleb A. Scharf, „A Failure of Imagination", *Scientific American*, 14. Mai 2020, https://blogs.scientificamerican.com/life-unbounded/a-failure-of-imagination.

116 David Graeber und David Wengrow, *Anfänge: Eine neue Geschichte der Menschheit*, Farrar, Klett-Cotta, 2021, https://www.amazon.com/dp/B09R4832TK/ref=sr_1_5?crid=3D0Y2F69QUODL&keywords=Eine+neue+Geschichte+der+Menschheit&qid=1643108252&s=books&sprefix=eine+neue+geschichte+der+menschheit%2Cstripbooks-intl-ship%2C115&sr=1-5.

117 Network for Greening the Financial System (NGFS), *Adapting central bank operations to a hotter world: Reviewing some options*, 2021, https://www.ngfs.net/sites/default/files/media/2021/06/17/ngfs_monetary_policy_operations_final.pdf.

118 Network for Greening the Financial System (NGFS), *NGFS Climate Scenarios for central banks and supervisors*, 2021, https://www.ngfs.net/sites/default/files/media/2021/08/27/ngfs_climate_scenarios_phase2_june2021.pdf.

119 Die neun wichtigsten Optionen für die Anpassung des Handlungsrahmens an klimabedingte Risiken sind

zusammengefasst im NGFS-Bericht *Adapting central bank operations to a hotter: Reviewing some options*, 2021, Tabelle 1, S. 5.

120 Insbesondere, Delton Chen, Joel van der Beek and Jonathan Cloud, "Climate mitigation policy as a system solution: addressing the risk cost of carbon", *Journal of Sustainable Finance & Investment*, vol. 7, no. 3, 2017, https://www.tandfonline.com/doi/abs/10.1080/20430795.2017.1314814; and Delton Chen, Joel van der Beek and Jonathan Cloud, "Hypothesis for a Risk Cost of Carbon: Revising the Externalities and Ethics of Climate Change", in H. Doukas, A. Flamos und J. Lieu (Hrsg.), *Understanding Risks and Uncertainties in Energy and Climate Policy*, Springer Nature, 2018, https://rd.springer.com/chapter/10.1007/978-3-030-03152-7_8.

121 Kim Stanley Robinson, "A climate plan for a world in flames", *Financial Times*, 20. August 2021, https://www.ft.com/content/ff94df96-b702-4e01-addd-f4253d0eecf6.

122 Frank Van Gansbeke, "Time For IMF Climate Coin (1/3)", *Forbes*, 17. Januar 2021, https://www.forbes.com/sites/frankvangansbeke/2021/01/17/time-for-imf-climate-coin-13/?sh=673c2ae8401d.

123 Nature4Climate, "The Global Value of Nature", https://nature4climate.org/the-global-value-of-nature.

124 Eine gute Zusammenfassung findet sich im Webinar „Valuing Nature": Whales, Elephants, and the Global Economy", Institute for International Economic Policy,

2020, https://iiep.gwu.edu/2020/11/12/valuing-nature-whales-elephants-and-the-global-economy. Die Dasgupta Review ist der einflussreichste offizielle Bericht zum Thema Naturkapital. Sie ist das Äquivalent zum *Stern-Report* über den Klimawandel aus dem Jahr 2006 zum Thema Natur und biologische Vielfalt. Siehe Gov.UK, „Final Report - The Economics of Biodiversity: The Dasgupta Review“, Update vom 20. August 2021, https://www.gov.uk/government/publications/final-report-the-economics-of-biodiversity-the-dasgupta-review.

125 Gov.UK, “The Economics of Biodiversity: The Dasgupta Review - Headline Messages“, 2021, https://assets.publishing.service.gov.uk/government/uploads/system/uploads/attachment_data/file/957629/Dasgupta_Review_-_Headline_Messages.pdf.

126 Dies beruht nicht auf einer gründlichen Analyse der Gegebenheiten, sondern auf Beobachtungen, die durch den „good4nature“-Preis ermöglicht wurden. Siehe Monthly Barometer, “good4nature: an international prize for a nature-positive economy”, 2021, https://monthlybarometer.com/wp-content/uploads/2021/05/GOOD4NATURE.pdf.

127 Ernährungs- und Landwirtschaftsorganisation der Vereinten Nationen (FAO), „How Sustainability Is Addressed in Official Bioeconomy Strategies at International, National and Regional Levels“, Environment and Natural Resources Management Working Paper, 2016, S.1, https://www.fao.org/3/i5998e/i5998e.pdf.

128 Schmidt Futures, *Public and Private Funding Opportunities to Advance a Circular U.S. Bioeconomy and Maintain U.S. Biotechnology Competitiveness*, Interim Report Informed by the Schmidt Futures Bioeconomy Task Force, 1. Dezember 2021, https://schmidtfutures.com/wp-content/uploads/Bioeconomy-Task-Force-Interim-Report-12.1.21.pdf.

129 David King and Jane Lichtenstein, "The need for Climate Repair: A plan for surviving and thriving", Centre for Climate Repair at Cambridge, Downing College, https://www.climaterepair.cam.ac.uk/files/jane_dave.pdf; und, allgemeiner gefasst, University of Cambridge, "Centre for Climate Repair at Cambridge", https://www.climaterepair.cam.ac.uk.

130 Gernot Wagner, *Geoengineering: The Gamble*, Polity, 2021, https://www.amazon.co.uk/s?k=gernot+wagner&i=stripbooks&crid=KD3F3E89A2V5&sprefix=gernot+%2Cstripbooks%2C173&ref=nb_sb_ss_ts-doa-p_1_7.

131 Gespräch mit Patricia Churchland.

132 Gespräch mit Rana Foroohar.

133 Gespräch mit Branko Milanovic.

134 Chandran Nair, *Dismantling Global White Privilege: Equity for a Post-Western World*, Berrett-Koehler Publishers, 2022, https://www.amazon.com/Dismantling-Global-White-Privilege-Post-Western/dp/1523000007.

135 Vereinte Nationen, „Allgemeine Erklärung der Menschenrechte", angenommen von der Generalversammlung

auf ihrer Plenarsitzung am 10. Dezember 1948, https://www.ohchr.org/EN/UDHR/Documents/UDHR_Translations/ger.pdf.

136 Gespräch mit Amie Thomasson.

137 Diane Coyle, „Change is needed in the next generation of economists", *Financial Times*, 4. Oktober 2021, https://www.ft.com/content/1ec4a6c3-b5db-4e9b-ab48-573541b9676b.

138 Gespräch mit Diane Coyle.

139 Damian Carrington, „Climate crisis: economists ‚grossly undervalue young lives', warns Stern", *The Guardian*, 25. Oktober 2021, https://www.theguardian.com/environment/2021/oct/26/climate-crisis-economists-grossly-undervalue-young-lives-warns-stern.

140 Nicholas Stern, „A time for action on climate change and a time for change in economics", Centre for Climate Change Economics and Policy Working Paper 397/Grantham Research Institute on Climate Change and the Environment Working Paper 370, 2021, https://www.lse.ac.uk/granthaminstitute/wp-content/uploads/2021/10/working-paper-370-Stern.pdf.

141 Guido Tabellini, "Morality matters for economic performance", VOXeu, 22 December 2007, https://voxeu.org/article/does-morality-affect-economic-performance-empirical-evidence.

142 The University of Chicago Booth School of Business, „Luigi Zingales, Robert C. McCormack Distinguished Service Professor of Entrepreneurship and Finance and

George G. Rinder Faculty Fellow", 2021, https://www.chicagobooth.edu/faculty/directory/z/luigi-zingales.

143 Gespräch mit Rebecca Henderson. Ihre Argumentation wird dargelegt in *Reimagining Capitalism in a World on Fire*, Penguin, 2021, https://www.amazon.com/Reimagining-Capitalism-World-Fire/dp/0241379687/ref=tmm_pap_swatch_0?_encoding=UTF8&qid=1638797612&sr=1-1.

144 Mark Carney, *Value(s): Building a Better World For All*, PublicAffairs, 2021, https://www.amazon.com/Value-Building-Better-World-All/dp/1541768701.

145 Der Staatsphilosoph Michael Sandel hat die These aufgestellt, dass einige Länder wie die USA von einer „Marktwirtschaft" zu einer „Marktgesellschaft" übergegangen sind. Siehe Michael Sandel, „What Isn't for Sale?", *The Atlantic*, April 2012, https://www.theatlantic.com/magazine/archive/2012/04/what-isnt-for-sale/308902.

146 Robert A. Huber, Esther Greussing und Jakob-Moritz Eberl, „From populism to climate scepticism: the role of institutional trust and attitudes towards science", *Environmental Politics*, 24 September 2021, https://www.tandfonline.com/doi/full/10.1080/09644016.2021.1978200.

147 Sania Nishtar, "Climate Policy Is Social Policy", Project Syndicate, 4 November 2021, https://www.project-syndicate.org/commentary/right-climate-fight-poverty-by-sania-nishtar-2021-11.

148 Dies ändert sich zwar, doch erst seit kurzem wird in den Wirtschaftswissenschaften der Beitrag des Natur- und

Sozialkapitals zu Wachstum und Entwicklung ernsthaft berücksichtigt.

149 Vereinte Nationen, Nachhaltige Entwicklung, „Die 17 Ziele“, https://sdgs.un.org/goals.

150 Nicholas Stern, „A time for action on climate change and a time for change in economics“, Centre for Climate Change Economics and Policy Working Paper 397/Grantham Research Institute on Climate Change and the Environment Working Paper 370, 2021, https://www.lse.ac.uk/granthaminstitute/wp-content/uploads/2021/10/working-paper-370-Stern.pdf.

151 Europäische Kommission, „Ein europäischer Grüner Deal“, https://ec.europa.eu/info/strategy/priorities-2019-2024/european-green-deal_en.

152 Lorna Hutchinson, "'Europe's man on the moon moment': Von der Leyen unveils EU Green Deal", *The Parliament Magazine*, 11. Dezember 2019, https://www.theparliamentmagazine.eu/news/article/europes-man-on-the-moon-moment-von-der-leyen-unveils-eu-green-deal.

153 Europäisches Parlament, „Klimaschutz: Europas Eine-Billion-Euro-Plan“, Aktuelles, Update vom 25. Juni 2021, https://www.europarl.europa.eu/news/de/headlines/society/20200109STO69927/klimaschutz-europas-eine-billion-euro-plan.

154 Europäisches Parlament, „A Just Transition Fund - How the EU budget can best support in the necessary transition from fossil fuels to sustainable energy“,

Fachabteilung für Haushaltsangelegenheiten, Generaldirektion Interne Politikbereiche der Union, 2020, https://www.bruegel.org/wp-content/uploads/2020/05/Bruegel-JTF-report-for-EP-BUDG2.pdf.

155 Organisation für wirtschaftliche Zusammenarbeit und Entwicklung (OECD), „Economic policies to foster green growth", 2021, https://www.oecd.org/green-growth/greeneco.

156 European Commission, "Press remarks by President von der Leyen on the occasion of the adoption of the European Green Deal Communication", 11. Dezember 2019, https://ec.europa.eu/commission/presscorner/detail/fr/speech_19_6749.

157 Jean Pisani-Ferry, „21-20 Climate Policy is Macroeconomic Policy, and the Implications Will Be Significant", Peterson Institute for International Economics (PIIE), 2021, https://www.piie.com/system/files/documents/pb21-20.pdf.

158 Vitor Gaspar und Ian Parry, „A Proposal to Scale Up Global Carbon Pricing", Internationaler Währungsfonds, IMFBlog, 18. Juni 2021, https://blogs.imf.org/2021/06/18/a-proposal-to-scale-up-global-carbon-pricingBank of England, "Key elements of the 2021 Biennial Exploratory Scenario: Financial risks from climate change", 8. Juni 2021, https://www.bankofengland.co.uk/stress-testing/2021/key-elements-2021-biennial-exploratory-scenario-financial-risks-climate-change.

159 Dieser Artikel aus der Zeit vor COVID macht deutlich, dass sozialer Aktivismus und Demonstrationen

„nur der Anfang" sind: Matthew Taylor, Jonathan Watts und John Bartlett, "Climate crisis: 6 million people join latest wave of global protests", *The Guardian*, 27. September 2019, https://www.theguardian.com/environment/2019/sep/27/climate-crisis-6-million-people-join-latest-wave-of-worldwide-protests.

160 Gespräch mit Chandran Nair.

161 Margaret Thatcher Foundation, "Interview for *Woman's Own*", Thatcher Archive, 23. September 1987, https://www.margaretthatcher.org/document/106689.

162 Mariana Mazzucato, "The Covid-19 crisis is a chance to do capitalism differently", *The Guardian*, 18. März 2020, https://www.theguardian.com/commentisfree/2020/mar/18/the-covid-19-crisis-is-a-chance-to-do-capitalism-differently.

163 Joseph Stiglitz, „A Lasting Remedy for the Covid-19 Pandemic's Economic Crisis", *The New York Review of Books*, 8. April 2020, https://www.nybooks.com/daily/2020/04/08/a-lasting-remedy-for-the-covid-19-pandemics-economic-crisis.

164 Europäische Kommission, „Europäischer Aufbauplan", 2020, https://ec.europa.eu/info/strategy/recovery-plan-europe_de.

165 Takatoshi Ito, "Beware of Japan's 'New Capitalism'", Project Syndicate, 19 November 2021, https://www.project-syndicate.org/commentary/new-capitalism-under-kishida-is-plain-old-socialism-by-takatoshi-ito-2021-11.

166 Gespräch mit Raghuram Rajan.
167 Gespräch mit Mariana Mazzucato.
168 Mariana Mazzucato, "The Creative State", Project Syndicate, 16. April 2015, https://www.project-syndicate.org/commentary/government-investment-innovation-by-mariana-mazzucato-2015-04.
169 Markus Brunnermeier, *The Resilient Society*, Endeavor Literary Press, 2021, https://www.amazon.com/Resilient-Society-Markus-Brunnermeier/dp/1737403609/ref=tmm_pap_swatch_0?_encoding=UTF8&qid=1637398883&sr=8-1.
170 Peter Coy, „How a Princeton Economist Teaches Resilience", *The New York Times*, 27. September 2021, https://www.nytimes.com/2021/09/27/opinion/resilience-princeton-economist.html.
171 Markus Brunnermeier, *The Resilient Society*, Endeavor Literary Press, 2021.
172 UK Government, G7 United Kingdom 2021, "Economic Resilience Panel", 13. Oktober 2021, https://www.g7uk.org/economic-resilience-panel.
173 UK Government, G7 Panel on Economic Resilience, *Global Economic Resilience: Building Forward Better*, 2021, https://www.g7uk.org/wp-content/uploads/2021/10/G7-Economic-Resilience-Panel-Report.pdf.
174 James Manyika, et al., „A new look at how corporations impact the economy and households", McKinsey & Company, Diskussionspapier, 31. Mai 2021,

https://www.mckinsey.com/business-functions/strategy-and-corporate-finance/our-insights/a-new-look-at-how-corporations-impact-the-economy-and-households.

175 Milton Friedman, „A Friedman doctrine - The Social Responsibility Of Business Is to Increase Its Profits", *The New York Times*, 13. September 1970, https://www.nytimes.com/1970/09/13/archives/a-friedman-doctrine-the-social-responsibility-of-business-is-to.html.

176 Ebd.

177 Klaus Schwab, "Davos Manifesto 1973: A Code of Ethics for Business Leaders", World Economic Forum Agenda, 2. Dezember 2019, https://www.weforum.org/agenda/2019/12/davos-manifesto-1973-a-code-of-ethics-for-business-leaders.

178 Gordon Gekko in dem Film *Wall Street* (1987), einer kraftvollen Erzählung, die die Atmosphäre dieser Jahre perfekt einfängt.

179 Diese Zahlenangaben stammen aus Diane Coyle, „The Revolution Will Not Be Privatized": Corporate Responsibility and Its Limits", *Foreign Affairs*, Januar/Februar 2022, https://www.foreignaffairs.com/articles/world/2021-12-14/revolution-will-not-be-privatized.

180 Business Roundtable, „Business Roundtable Redefines the Purpose of a Corporation to Promote ‚An Economy That Serves All Americans'", 19. August 2019, https://www.businessroundtable.org/business-roundtable-redefines-the-purpose-of-a-corporation-to-promote-an-economy-that-serves-all-americans.

181 Alan Murray, „America's CEOs Seek a New Purpose for the Corporation", *Fortune*, 19. August 2019, https://fortune.com/longform/business-roundtable-ceos-corporations-purpose.

182 Klaus Schwab, „Davos Manifesto 2020: The Universal Purpose of a Company in the Fourth Industrial Revolution", World Economic Forum Agenda, 2. Dezember 2019, https://www.weforum.org/agenda/2019/12/davos-manifesto-2020-the-universal-purpose-of-a-company-in-the-fourth-industrial-revolution.

183 US-Präsident Reagan sagte bekanntlich: „Die neun furchteinflößendsten Wörter der englischen Sprache sind: I'm from the government and I'm here to help." (Ich bin von der Regierung und ich bin hier, um zu helfen.) Siehe Ronald Reagan Presidential Foundation and Institute, „Reagan Quotes and Speeches", 12. August 1986, https://www.reaganfoundation.org/ronald-reagan/reagan-quotes-speeches/news-conference-1.

184 Weltwirtschaftsforum in Zusammenarbeit mit Deloitte, EY, KPMG und PwC, „Measuring Stakeholder Capitalism": Towards Common Metrics and Consistent Reporting of Sustainable Value Creation", Weißbuch, 2020, https://www3.weforum.org/docs/WEF_IBC_Measuring_Stakeholder_Capitalism_Report_2020.pdf.

185 Colm Kelly und Dennis J. Snower, „Capitalism recoupled", *Oxford Review of Economic Policy*, vol. 37, no. 4, Winter 2021, S. 851-863, https://academic.oup.com/oxrep/article/37/4/851/6423485.

186 Kearney, „Shareholder vs. Stakeholder Value: CEO debate", World Economic Forum session, https://www.kearney.com/web/world-economic-forum/shareholder-vs-stakeholder-value.

187 Die Tatsache, dass Engine No. 1, ein von Aktivisten gegründeter Hedge-Fonds, zwei Sitze im Exxon-Verwaltungsrat erhalten hat, obwohl er nur 0,02 % am Unternehmen hält, ist ein bemerkenswerter Ausdruck dieses Trends. Siehe Clifford Krauss, „Exxon Board to Get a Third Activist Pushing Cleaner Energy", *The New York Times*, Update vom 9. Juni 2021, https://www.nytimes.com/2021/06/02/business/exxon-board-clean-energy.html.

188 Klaus Schwab, „Global Corporate Citizenship", *Foreign Affairs*, Januar/Februar 2008, https://ciaotest.cc.columbia.edu/journals/fa/v87i1/0000792.pdf.

189 Klaus Schwab, "Capitalism Must Reform to Survive: From Shareholders to Stakeholders", *Foreign Affairs*, 16. Januar 2020, https://www.foreignaffairs.com/articles/2020-01-16/capitalism-must-reform-survive.

190 Azeem Azhar, *The Exponential Age: How Accelerating Technology is Transforming Business, Politics and Society*, Diversion Books, 2021, https://diversionbooks.com/books/the-exponential-age.

191 Zoë Corbyn, „Peter Diamandis: 'In the next 10 years, we'll reinvent every industry'", *The Guardian*, 25. Januar 2020, https://www.theguardian.com/technology/2020/jan/25/peter-diamandis-future-faster-think-interview-

ai-industry. Peter Diamandis vertritt dasselbe Argument über den beschleunigten/exponentiellen Wandel wie Azeem Azhar, in seinem Buch *The Future Is Faster Than You Think: How Converging Technologies Are Transforming Business, Industries, and Our Lives* (Exponential Technology Series), Simon & Schuster, 2020.

192 Gespräch mit Michio Kaku.

193 SYSTEMIQ, "The Paris Effect: How the Climate Agreement Is Reshaping the Global Economy", 9. Dezember 2020, https://www.systemiq.earth/paris-effect.

194 Dies geht aus einem Bericht hervor, der vom Institute for New Economic Thinking (INET) an der Oxford Martin School veröffentlicht wurde: *A new perspective on decarbonising the global energy system*, 2021, https://www.inet.ox.ac.uk/news/report-a-new-perspective-on-decarbonising-the-global-energy-system.

195 Diese Behauptungen werden in dem in der vorigen Endnote erwähnten Bericht und in verschiedenen Analysen des INET Oxford Complexity Economics Teams aufgestellt („INET Oxford's programmes, Complexity Economics: Overview", https://www.inet.ox.ac.uk/research/programmes/complexity-economics). Ihre Schlussfolgerungen werden auch von der maßgeblichen Energy Transitions Commission (Kommission für die Energiewende) aufgegriffen. Siehe insbesondere „Keeping 1.5°C Alive: Closing the Gap in the 2020s", Kurzfassung, 2021, https://www.energy-transitions.org/wp-content/uploads/2021/09/ETC-Keeping-1.5C-

Alive-Closing-the-Gap-in-the-2020s-Executive-Summary.pdf.
196 Institute for New Economic Thinking, "Report: 'A new perspective on decarbonising the global energy system'", 19. April 2021, https://www.inet.ox.ac.uk/news/report-a-new-perspective-on-decarbonising-the-global-energy-system.
197 Energy Transitions Commission, "Our ambition", 2021, https://www.energy-transitions.org/ambition.
198 Internationale Energieagentur (IEA), "Renewable electricity growth is accelerating faster than ever worldwide, supporting the emergence of the new global energy economy", Pressemitteilung, 1. Dezember 2021, https://www.iea.org/news/renewable-electricity-growth-is-accelerating-faster-than-ever-worldwide-supporting-the-emergence-of-the-new-global-energy-economy.
199 Ebd.
200 Klaus Schwab, *The Fourth Industrial Revolution*, Currency, 2017, https://www.amazon.com/Fourth-Industrial-Revolution-Klaus-Schwab/dp/1524758868/ref=tmm_hrd_swatch_0?_encoding=UTF8&qid=1639156166&sr=8-1.
201 Die Designerin und Architektin Neri Oxman bietet dafür ein faszinierendes Beispiel. Ihr Forschungslabor arbeitet an der Schnittstelle von Computergestaltung, additiver Fertigung, Werkstofftechnik und synthetischer Biologie. Siehe TED, Ideas worth spreading, "Neri Oxman, Design at the intersection of technology and biology",

2015, https://www.ted.com/talks/neri_oxman_design_at_the_intersection_of_technology_and_biology.

202 Erik Brynjolfsson and Andrew McAfee, *The Second Machine Age: Work, Progress, and Prosperity in a Time of Brilliant Technologies*, W.W. Norton & Company, 2014, https://www.amazon.com/Second-Machine-Age-Prosperity-Technologies/dp/0393239357/ref=tmm_hrd_swatch_0?_encoding=UTF8&qid=1639201006&sr=1-1.

203 Drew Endy, Professor für Bioengineering an der Stanford University, in „Can Synthetic Biology Save Us? This Scientist Thinks So", *The New York Times*, 23. November 2021, https://www.nytimes.com/2021/11/23/business/dealbook/synthetic-biology-drew-endy.html.

204 Gespräch mit Jennifer Doudna.

205 International Genetically Engineered Machine (iGEM), "Welcome to the iGEM 2021 Competition Website", https://2021.igem.org/Main_Page.

206 SynBioBeta, „2Q 2021 Synthetic Biology Venture Investment Report", 6. Oktober 2021, https://synbiobeta.com/2q-2021-synthetic-biology-venture-investment-report.

207 McKinsey & Company, "The top trends in tech", 2021, https://www.mckinsey.com/business-functions/mckinsey-digital/our-insights/the-top-trends-in-tech.

208 Weltwirtschaftsforum, in Zusammenarbeit mit dem UC Berkeley Center for Human-Compatible AI und Roland Berger, *Positive AI Economic Futures*, Insight Report,

2021, https://www3.weforum.org/docs/WEF_Positive_AI_Economic_Futures_2021.pdf.

209 Gespräch mit Raghuram Rajan.

210 Steven Pinker, *The Better Angels of Our Nature: A History of Violence and Humanity*, Penguin, 2012, https://www.amazon.co.uk/Better-Angels-Our-Nature-Violence/dp/0141034645/ref=sr_1_5?keywords=pinker&qid=1637136175&s=books&sr=1-5.

211 Steven Pinker, *Enlightenment Now: The Case for Reason, Science, Humanism, and Progress*, Viking, 2018, https://www.amazon.com/Enlightenment-Now-Science-Humanism-Progress/dp/0525427570.

212 Hans Rosling, Ola Rosling and Anna Rosling Rönnlund, *Factfulness: Ten Reasons We're Wrong About The World - And Why Things Are Better Than You Think*, Sceptre, 2018, https://www.amazon.co.uk/Factfulness-Reasons-Wrong-Things-Better/dp/1473637465/ref=tmm_hrd_swatch_0?_encoding=UTF8&qid=1637136426&sr=1-1.

213 Wired, „Barack Obama: Now Is the Greatest Time to Be Alive", 18. Dezember 2016, https://www.wired.com/2016/10/president-obama-guest-edits-wired-essay.

214 Michel Serres, *C'était mieux avant! (Früher war alles besser!)*, Pommier [auf Französisch], 2017, https://www.amazon.com/Cétait-mieux-avant/dp/2746512882.

215 Jean Twenge, „The Sad State of Happiness in the United States and the Role of Digital Media", in *World Happiness Report 2019*, Kapitel 5, 20. März 2019,

https://worldhappiness.report/ed/2019/the-sad-state-of-happiness-in-the-united-states-and-the-role-of-digital-media.

216 Yuval Noah Harari und Steven Pinker im Gespräch, moderiert von Maksym Yakovlyev, YouTube, September 2019, https://www.youtube.com/watch?v=qHSzeijQ95I.

217 LibQuotes, Leo Tolstoy, "Three Methods of Reform" in *Pamphlets* [in Russian], 1900.

218 Edward Everett Hale, *Lend a Hand*, um 1871, in Margaret Miner und Hugh Rawson (Hrsg.), *The Oxford Dictionary of American Quotations*, Second Edition, Oxford University Press, 2006.

219 In einer Rede aus dem Jahr 2001. Dieses Zitat wurde jedoch auch vielen anderen Führungspersönlichkeiten und Denkern zugeschrieben, darunter Seneca, Napoleon, Churchill, Disraeli, Burke und anderen.

Made in the USA
Monee, IL
04 November 2026

67386411R00164